CLIMA E CULTURA ORGANIZACIONAL: ENTENDER, MANTER E MUDAR

Fernando Lanzer

Publicado com o apoio de
LCO Partners BV
Meester F. A. van Hallweg 23
1181ZT – Amstelveen
Holanda

Clima e Cultura Organizacional: entender, manter e mudar

Primeira impressão abril 2017

ISBN-10: 1545249903
ISBN-13: 978-1545249901

Copyright © 2017 Fernando Lanzer Pereira de Souza
Todos os direitos reservados

Desenho da capa: Ju Pereira

Dedico esse livro aos meus chefes (por ordem de aparição) em diferentes organizações:

Roberto J. Porto Simões
Doralício Siqueira Filho
Dante Coutinho
José Maria Velho Cirne Lima
João Francisco Borges da Costa
Dinar Gigante
José Truda Palazzo
Hélio Prates da Silveira
Fernando Griebeler
Tarso de Pádua Dutra
Álvaro Novis
Luis Carlos Plaster
Ailton Barcelos Fernandes
Francisco Ramirez
Dennis Zing
Lex Kloosterman
Piet Eemsing
Floris Deckers
Jan Hein Van Joolen
Fábio C. Barbosa
Michiel Kerbert
Garmt Louw
Eltjo Kok
Pauline van der Meer Mohr

Obrigado por me ajudarem a aprender como se faz e como não fazer

Agradecimentos

Agradeço aos meus pais, Francisco Pedro Estrázulas Pereira de Souza e Edela Lanzer Pereira de Souza, que primeiro despertaram em mim o interesse pelos temas de clima e cultura ao discutir esses assuntos como parte da sua rotina de professores universitários e consultores organizacionais.

Sou grato também ao Professor Geert Hofstede pelo conjunto da sua obra inspiradora e pelo convívio esporádico conversando sobre esses assuntos.

Obrigado a Bob Waisfisz e Huib Wursten, fundadores do *ITIM – Institute for Training International Management*, pela amizade e mentoria por mais de vinte anos.

Obrigado ao Professor William J. Reddin pelo trabalho intenso durante três anos com a aplicação dos Seminários de Eficácia Gerencial.

Agradeço ao Professor Edgar H. Schein pela amável troca de correspondências e conversas via redes sociais.

Sou grato a Ailton Barcelos Fernandes e a Francisco Ropero Ramirez, por me acolherem na Brasilconsult quando eu fazia minha primeira transição de executivo para consultor.

Obrigado ainda a Sérgio Foguel, um dos pioneiros de Desenvolvimento Organizacional no Brasil, pelo apoio e participação nos programas de D.O. no Grupo Odebrecht, discutindo teoria e prática de clima e cultura.

Para finalizar, meu agradecimento a Mário Marrey Sanchez, parceiro de programas de cultura no Brasil; e à minha esposa Jussara, companheira pessoal e profissional de todas as horas, por ajudarem também com a elaboração deste livro.

Acknowledgements

Prefácio

Há quase 20 anos, quando trabalhei com o Fernando, não tinha muito ideia do impacto que a cultura nas organizações pode ter não só nos mais óbvios conceitos de motivação, dedicação, *performance*... mas como efetivamente a cultura pode influenciar o rumo e os resultados de uma organização.

Fernando foi o chefe que veio do exterior, logo após a aquisição do Banco Real pelo ABN AMRO, banco holandês de tradição secular, onde Fernando trabalhava há alguns anos na sede em Amsterdã. Em questão de dias, saímos de uma organização pequena, onde todos se conheciam pelo nome, para um gigante com mais de 25 mil funcionários no Brasil. Multiplicamos por 10 o tamanho da organização.

A cabeça do Fernando Lanzer sempre funcionou de maneira diferenciada. A preocupação obviamente passava pelas questões mais práticas e concretas de alinhamento das áreas funcionais, sinergias nas áreas de negócios, estrutura de cargos e salários, entre outras. Mas juntamente com a outra mente brilhante do nosso líder Fabio Barbosa, o Fernando tinha uma obsessão em garantir que as culturas dos dois bancos não entrassem em choque. O país havia passado por uma outra leva de aquisições e era notório o pouco preparo da maioria das instituições nas questões do respeito e construção de cultura. E no nosso caso foi muito diferente.

Fabio e Fernando se uniram para traçar um plano estratégico bastante simples. Garantir primeiro que nenhum cliente sentisse qualquer disfunção na sua experiência com a empresa; e em segundo lugar, que as culturas das duas companhias fossem respeitadas. Queríamos trazer o melhor do ABN AMRO para essa nova e enorme organização no Brasil, preservando ao mesmo tempo os aspectos positivos da cultura do Banco Real.

PREFÁCIO

Pouco antes da aquisição, eu atuava ao lado de um time incrível de Recursos Humanos. O time era dividido entre a área de produtos (treinamento & desenvolvimento, cargos e salário, departamento de pessoal, recrutamento e seleção) e a área de parceiros de negócios (na sigla do banco, em inglês: LPO – *Line Personnel Officer*). No ABN AMRO eu era encarregado de cuidar do relacionamento entre o RH e a área de *Corporate Banking*.

Com a chegada do Fernando, a organização mudou e eu fui escalado para o que seria uma das experiências mais enriquecedoras da minha carreira. Ajudá-lo a disseminar a cultura do ABN AMRO para as agências do Banco Real, em todo o Brasil.

Foi um trabalho muito inspirador, não só pela dedicação e conhecimento que Fernando trouxe para esse momento tão importante da empresa, pela inspiração e liderança do Fabio Barbosa, mas acima de tudo pelo respeito com que a organização lidou com os 25 mil funcionários do Banco Real, recém adquirido pelo ABN AMRO.

Essa experiência ficou marcada de maneira definitiva. E me acompanha desde o tempo em que peregrinava pelas mais remotas cidades do nosso Brasil, esperando as agências fecharem para poder compartilhar qual era o nosso plano de integração e como faríamos para respeitar as pessoas. A lição que ficou é que o respeito ao indivíduo está acima de qualquer interesse econômico de uma organização.

Muitos anos se passaram e com eles a capacidade de reter os ensinamentos mais importantes de nossa vida profissional. Os anos de trabalhos diversos, em organizações diferentes e com líderes tão inspiradores seguramente ajudaram a enfrentar desafios que jamais imaginaria encarar. E a experiência do trabalho com o Fernando foi o que precisava para encarar o desafio da construção de cultura das duas empresas mais disruptivas dos últimos tempos.

No Google e Facebook nada foi mais importante do que entender, construir e proteger culturas organizacionais tão enraizadas em crenças muitas vezes vindas de jovens visionários, como Larry Page e Sergei Brin no Google e Mark Zuckenberg, no Facebook.

Foram quase 15 anos nessas organizações, mais de 1.200 funcionários contratados na América Latina e o desafio de ser o guardião e promover a cultura nessas organizações tão emblemáticas.

A distância corporativa entre empresas como ABN AMRO, Google e Facebook existe. E são bem marcadas. O ambiente de trabalho é diferente. A informalidade existe mais em algumas do que em outras. O perfil do funcionário é diferente.

Mas algo que aprendi é que a cultura que se constrói está em linha com os valores de cada organização. Não há um modelo único. Não há uma formula mágica. E as empresas vencedoras têm a capacidade de adaptar essa realidade em cada organização.

Quando Fernando me convidou para escrever este prefácio senti grande satisfação por estar ainda conectado com alguém que teve tanta influência na minha formação profissional. Mas acima de tudo, me senti satisfeito porque acredito que o livro terá tremendo impacto nos profissionais que acreditam na importância da cultura organizacional dentro do contexto de uma empresa. Não importa em que setor, com que perfil, com qual método de produção.

O livro trata do assunto de maneira estratégica, didática e ao mesmo tempo prática, intercalando todo o conhecimento de quem acumula tamanha experiência de anos à frente do tema, bem como com casos reais vividos pelo Fernando em sua carreira como executivo e consultor.

O desafio que se segue é entender como mais organizações podem olhar para as questões de "cultura" de maneira produtiva e pragmática. E nessa matéria, Fernando é um mestre.

Espero que a leitura desperte o interesse que o assunto merece.

Alexandre Hohagen
Empresário
Ex-CEO do Facebook Brasil
e do Google Latin America

Índice

Agradecimentos, v

Prefácio, vii

Parte 1 – Clima e Cultura, 1

1. Clima e Cultura Organizacionais, 3
O que são e como se diferenciam, 3

2. Medindo o Clima e Suas Implicações, 9
Medidas de clima, 9
Liderança e clima organizacional, 13
Pesquisas de clima, 18
Anonimato e confidencialidade, 21
Apresentação dos resultados, 23

3. Mantendo e Mudando O Clima, 25
Mudando e mantendo o clima organizacional, 25
Relatórios específicos das unidades, 28

Parte 2 – O que é cultura?, 31

4. Cultura Anunciada e Cultura Verdadeira, 33
A Cultura Em Metáforas: o *iceberg*, a cebola e a pirâmide invertida, 33
O "Lanzerberg", 38
A cultura do discurso, 39
Valores de quem?, 43
O engajamento como desafio de gestão, 45
Fazer parte de algo maior, 49
Pertencer a um grupo, 51
Ter impacto e participar, 52
Primeiro caso: renovação da cultura anunciada, 54
Continuação do caso como aconteceu na vida real, 56

5. Cultura Organizacional e Liderança, 59
Comunicação ou gestão?, 59
Cultura Organizacional, 60
A cultura é importante, 61
Tal Presidente, tal organização, 63

6. Cultura Organizacional e Mudança, 66
A cultura organizacional pode ser mudada?, 66
O Eterno Triângulo, 67
Termômetro ou mão na testa?, 70
O "trilema" das multinacionais: a matriz de Ghoshal, 72
Segundo caso: (ABN AMRO na América Latina)
    Formação de uma nova cultura real, 76
Continuação do caso na vida real, 78
Terceiro caso: (Valores no ABN AMRO Mundial)
    Implantação de uma cultura desejada, 81
Continuação do caso na vida real, 83
Instrumentos e Viés Cultural: Walking The Talk e Barrett Values Centre, 84

Parte 3 – Cinco instrumentos, 89
7. As Perguntas de William Reddin, 91
Vantagens e desvantagens do método, 97
Raio-X ou fisioterapia?, 98
Ênfase no diagnóstico, 101
Ênfase na mudança, 103

8. O "modelo 5D" de Geert Hofstede, 104
O resumo das cinco dimensões, 105
A essencialidade das dimensões culturais, 111
O uso das dimensões na mudança da cultura organizacional, 113

9. Os "Seis conjuntos" ("clusters") de Huib Wursten, 115
A cultura de Competição, 116
A Engrenagem, 119
A Rede, 120
A Pirâmide Social, 122
O Sistema Solar, 123
A Família Tradicional, 125
O uso das imagens mentais no diagnóstico organizacional, 126

10. Os "Quatro Sistemas de Administração de Rensis Likert", 128
    Vantagens e desvantagens, 130

11. O "Organizational Culture Scan" de Bob Waisfisz, 134
    Vantagens e desvantagens, 136

Parte 4 – Mudança verdadeira, 139

12. **Antes de começar a mudar, 141**
    E agora, o que é que eu faço?, 141
    Quais são os seus valores?, 145
    O viés cultural americano, 146
    Diferenças e semelhanças no trabalho, 149
        Recrutamento e Seleção, 150
        A preparação do currículo, 150
        Como se espera que um candidato a emprego se comporte numa entrevista, 151
        Como é um bom gerente?, 152
        Como é um funcionário modelo, 152
        Estabelecimento de Metas, 153
        Treinamento, 153
        Avaliação de Desempenho, 153
        Remuneração, 154
    A cultura e a escolha da melhor abordagem para tratar da própria cultura, 154
    É possível mudar a cultura organizacional, sim, 157
    Édipo e a mudança organizacional, 158

13. **Como mudar a Cultura Organizacional, 161**
    A receita de bolo: como mudar a cultura, 161
    Executando a receita, 166
    A versão simplificada do plano de mudança, 169
    A versão germânica do plano de mudança, 171
    Pressupostos de uma abordagem holística, 173
        Construção Colaborativa, 173
        Cultura, personalidade e comportamento, 174
        As dimensões do ser humano, 176
        Dialognóstico, 177

14. Fazendo a mudança acontecer, 180

Primeiro passo, 180
A Árvore do Significado, 181
Alinhamento sem a árvore, 189
Segundo passo: o Seminário de Desenvolvimento Organizacional (SDO) com os executivos "Top 20", 190
Terceiro passo – Produto do SDO Top 20, 192
Quarto passo – Estabelecer o PMO, 192
Quinto passo – Acompanhamento, 193
Sexto passo – Revisão das políticas de gestão, 193
Sétimo passo – **SETAR, 194**
Oitavo passo – Remuneração e benefícios, 195
Nono passo – Avaliação de desempenho, 196
Décimo passo – Plano estratégico de comunicação, 196
Passo 11 – Revisão de outras políticas relevantes, 197
Passo 12 – Outros SDO's, 198
Passo 13 – Produto dos SDO's, 198
Passo 14 – Coaching de líderes, 198
Passo 15 – Revisão de rituais, 199
Passo 16 – Desenvolvimento Gerencial, 201
Passo 17 – Temas transversais, 202
Passo 18 – Pesquisa de Clima, 203
Passo 19 – Divulgação de Resultados, 204
Passo 20 – Workshops de análise e ação em cima de clima e renovação da cultura, 205
Passo 21 – Produtos "N": novos planos de ação, 208
Passo 22 (Final) – Renovação Perene (Gente e Gestão), 209

15. Considerações gerais para garantir o sucesso de qualquer programa de mudança, 211

Erros comuns ao tentar mudar a cultura, 211
- Ênfase exagerada nos aspectos humanos, 212
- Ênfase exagerada nos aspectos técnicos, 212
- Falta de informação, 213
- Falta de planejamento no processo de implantação, 213
- Benefícios invisíveis, 214
- Percebida como uma questão pessoal, 216

    Como vencer a resistência à mudança, 218
    A mudança organizacional como fórmula matemática, 222
    A mudança e o medo, segundo Schein, 224
    O período de transição, 228

Parte 5 – Três casos, três mudanças, 231

16. Primeira mudança: ABN AMRO no Brasil, 233
    Continuação do caso na vida real, 238
    Enquanto isso, no "front" paulista..., 247

17. Segunda mudança: Banco Real adquirido pelo ABN AMRO, 253
    Continuação do caso na vida real, 263

18. Terceira mudança: ABN AMRO como GUNBO – ascensão e queda de um cíclope, 279
    Continuação do caso na vida real, 286

Epílogo, 299

Destaques, 301

Bibliografia, 309

Sobre o autor, 313

Parte 1 – Clima e Cultura

1. Clima e Cultura Organizacionais

O que são e como se diferenciam

Falar de clima e cultura numa organização pode parecer, à primeira vista, que se está falando de coisas etéreas, abstratas, impossíveis de medir e manejar. Isso talvez fosse verdade nos anos sessenta e setenta, quanto o assunto começou a despontar interesse. De lá para cá, entretanto, a verdade é que as ciências do comportamento evoluíram muito e a prática de gestores e consultores acrescentou uma enormidade de informações sobre ambos os temas. Resultado: hoje em dia se pode definir, medir, manejar, mudar e manter tanto o clima quanto a cultura organizacionais. Já passamos da fase do deslumbramento inicial e da fase das grandes consultorias ganharem milhões vendendo sofisticação inútil aos gestores incautos.

Entretanto, persiste alguma confusão sobre o que é clima e o que é cultura. Essa confusão se mantém quando alguém tenta dissipá-la pesquisando na literatura existente e na internet. A Wikipedia, por vezes bendita, por vezes maldita, nos diz que *"Organizational climate (sometimes known as Corporate Climate) is the process of quantifying the "culture" of an organization, it precedes the notion of organizational culture"* (Clima organizacional [às vezes conhecido como Clima Corporativo] é o processo de quantificar a cultura de uma organização, precede a noção de cultura organizacional). A fonte citada é uma obra de Ivancevich, Konopaske, e Matteson: *Organizational Behavior & Management*.

Ora, isso não ajuda muito a diferenciar um do outro... É verdade que a mensuração do clima organizacional pode ser uma forma de monitoramento indireto da cultura organizacional. Na realidade, é mais correto dizer que ***a cultura é um conjunto de valores que rege o comportamento de um grupo e clima é um dos efeitos causados pela cultura.***

Sumantra Ghoshal, brilhante professor da *London Business School* e autor renomado, falecido em 2004, não ajudou a dissipar a confusão quando, numa bela apresentação que fez num evento do *World Economic Forum* em Lyon (disponível no *YouTube* https://www.youtube.com/watch?v=UUddgE8rIoE), descreveu o que chamou de "contexto" organizacional fazendo uma analogia com o clima meteorológico e misturando aspectos de cultura e clima.

Ghoshal falou de algo "difícil de descrever" e que um gestor teria chamado de "o cheiro do lugar". Essa linguagem não é nada acadêmica, mas faz sentido para gestores, pessoas que tocam seus negócios no dia-a-dia e que se interessam mais em ações e resultados do que em conceitos abstratos. Ele mencionou quatro dimensões bipolares: *Constraint* e *Stretch*, (no sentido por ele empregado, esses termos seriam melhor traduzidos como Restrição e "Fazer Mais"), *Compliance* e *Discipline* (Cumprimento e Autodisciplina), *Control* e *Support* (Controle e Apoio), e finalmente *Contract* e *Trust* (Contrato e Confiança).

Deliberadamente, Ghoshal evitou falar de clima ou de cultura, tangenciando essa discussão conceitual: falou simplesmente de contexto, um termo abrangente que, para uma plateia de gestores, poderia englobar tanto clima quanto cultura organizacionais.

O que interessa para o gestor, portanto, é como entender e mudar esse contexto difícil de explicar, de maneira a melhorar o desempenho. Seria melhor chamar esse contexto de clima organizacional? Ou se trata na verdade de cultura organizacional? Seria "o cheiro do lugar"? Ou talvez "o jeito como a gente trabalha por aqui"? Os gestores não sabem e pedem ajuda aos universitários. Os universitários, todavia, enfrentam suas próprias dificuldades em tentar discernir o que é clima e o que é cultura. Poucos autores escrevem sobre ambos os assuntos; na maioria dos casos preferem se aprofundar num dos temas ou no outro e se especializam em clima organizacional sem falar de cultura, ou se dedicam à cultura organizacional sem falar de clima.

Clima organizacional é simplesmente, na minha definição, uma medida coletiva de **como os integrantes de um grupo (ou departamento, ou organização) se sentem**, como percebem e descrevem as características desse sentimento grupal, num determinado momento. Para descrever o clima, costuma ser útil oferecer um conjunto de critérios previamente definidos para servir de linguagem descritiva, ou uma escala de fatores que ajude nessa descrição: algo que ajude a ir além de "o cheiro do lugar."

O clima organizacional pode mudar rapidamente, de um dia para o outro, devido a um acontecimento importante (por exemplo, quando a organização recebe um prêmio de qualidade, ou quando um colega muito bem quisto vem a falecer num acidente). Já a cultura organizacional é mais durável, muda muito devagar. A cultura não muda com o anúncio de um prêmio ou com a notícia de um falecimento.

Jussara Nunes Pereira de Souza, consultora de gestão, minha colega, sócia e esposa, define a diferença de maneira brilhantemente simples, de uma forma difícil de traduzir para outros idiomas além do português e do espanhol: *"a cultura é; o clima está."*

Fazendo uma analogia com uma pessoa individual: clima é como você está se sentindo num determinado momento; cultura são os seus valores, que fazem parte da sua personalidade. Você pode mudar de sentimento com frequência, mas sua personalidade não muda com suas mudanças de humor. Sua personalidade pode determinar que você esteja de bom humor com mais frequência, ou que você se sinta deprimido com mais frequência, ou mesmo que seu humor seja mais estável ou que tenha frequentes altos e baixos. Mas sua personalidade é uma coisa e seus sentimentos são apenas uma parte dela.

Numa pessoa, a personalidade é composta por valores, emoções e raciocínio. A "personalidade" de uma organização, mal comparando, é composta por cultura organizacional (valores), clima organizacional (emoções) e tecnologia de gestão (raciocínio). O que chamo tecnologia de gestão abrange os aspectos racionais da organização do trabalho, tais como estruturas, processos e procedimentos.

Na sua obra "Clima e Cultura Organizacionais – como se manifestam e como se manejam", Edela Lanzer Pereira de Souza falou em Preceitos, Caráter e Tecnologia de maneira análoga ao que chamo de Valores, Emoções e Raciocínio. A autora estendeu a analogia aos conceitos de Análise Transacional de Eric Berne, comparando os Preceitos ao Ego Parental, o Caráter ao Ego Criança e Tecnologia ao Ego Adulto.

Nos anos setenta e oitenta a confusão continuou porque diversos autores se dedicavam a escrever sobre clima organizacional, enquanto cometiam o erro de descrever a cultura organizacional (e não o clima) ao falar de medidas de clima. Vide o exemplo de uma escala de mensuração de clima, como a seguinte, usada frequentemente pelos consultores do Grupo Hay, baseada no trabalho de McClelland e McBer:

Flexibilidade – a burocracia é minimizada e a inovação é encorajada;

Responsabilidade – existe suficiente autonomia e se encoraja assumir riscos razoáveis;

Padrões de desempenho – a excelência é o padrão desejado e se encorajam melhorias contínuas;

Recompensas – o bom desempenho é reconhecido e as recompensas/reconhecimento são baseados no desempenho;

Clareza – a missão da unidade de trabalho é clara e se compreende como os papéis se relacionam com ela;

Compromisso com a equipe – Há orgulho, dedicação e cooperação entre os integrantes da unidade de trabalho

Essa escala se baseou numa anterior, criada por David Kolb, que usava sete dimensões:

Conformidade com as normas

Responsabilidade

Padrões de desempenho

Recompensas

Clareza dos objetivos organizacionais

Calor humano e apoio

Liderança

Nas definições da escala de McBer, se vê com clareza que o que se descreve na verdade são valores (portanto, cultura) ao invés de clima (sentimentos causados pela interação entre cultura/valores, tecnologia/estruturas e os próprios sentimentos de pessoas e grupos). É preciso dizer que nessa época (de 1970 a 1985) a maioria dos autores americanos estava tateando no escuro e confundindo clima e cultura. Os consultores, por sua vez, não sabiam realmente do que estavam falando, mas como os clientes que os contratavam sabiam menos ainda, vendiam gato por lebre (até sem saber disso) e ninguém reclamava.

Daniel R. Denison, das universidades de Michigan e de Hitotsubashi (Japão), num belo trabalho publicado em 1996 no *Academy of Management Review*, expôs essa confusão e descreveu como inicialmente os autores usavam o termo clima organizacional para, na verdade, descrever fenômenos de cultura organizacional, gerando a confusão. Com o passar do tempo, notoriamente no período de 1986 a 1999, os estudos sobre cultura organizacional tiveram maior ímpeto e começaram a esclarecer a diferença entre clima e cultura.

Ficou mais claro que o clima é um fenômeno mais temporário, que pode mudar rapidamente e é mais suscetível à influência do líder de uma equipe, por exemplo, com reflexos imediatos na maneira como essa equipe se sente e percebe o ambiente psicológico coletivo num dado momento. Adiante do seu tempo, a Professora Edela (página 75 da obra anteriormente citada) já dizia em 1978 que "embora clima seja uma resultante da cultura, tem também sobre ela efeito. Há, portanto, uma causalidade circular entre cultura e clima." Entretanto, os dois são entidades distintas.

A cultura organizacional, por sua vez, na minha própria definição, *é o conjunto de valores e normas escritas e não escritas que dão a um grupo de pessoas a noção do que é certo e errado, do que é aceito e não aceito naquele grupo* (vide "Cruzando Culturas", de minha autoria, publicado em 2013). A cultura é mais perene, muda mais devagar e é menos suscetível à influência imediata do líder.

Se o chefe chega de manhã, de mau humor, pode com isso criar um clima pesado durante o dia todo na equipe. A cultura da equipe, entretanto, somente mudará após meses de comportamento repetido do chefe e dos seus integrantes. Se a equipe tem uma cultura de estímulo às brincadeiras e ao bom humor, um dia de clima pesado não mudará a cultura. Entretanto, se todos os dias, durante meses, o chefe estiver de mau-humor, isso pode fazer com que, aos poucos, o grupo todo acabe por não mais estimular brincadeiras e a cultura do grupo eventualmente mudará.

Como veremos mais adiante ao nos aprofundarmos na cultura organizacional, o que se percebe ao analisar as definições de clima usadas acima por McBer é que (1) se tratam de descrições de valores/cultura, ao invés de clima e (2) apresentam um claro viés cultural anglo-saxônico, conforme os estilos culturais descritos por Huib Wursten (Wursten, Huib e Lanzer, Fernando – "The EU: the third great European cultural contribution to the world" artigo disponível no site www.itim.org) com base nas dimensões culturais criadas por Geert Hofstede. Se quisermos analisar o clima, seria melhor adotar uma abordagem mais neutra do ponto de vista cultural. A maioria das grandes empresas de consultoria (não apenas o Grupo Hay) não têm consciência do viés cultural inerente às suas próprias abordagens sobre clima e cultura organizacionais, infelizmente. Acham que suas escalas são neutras e universais, quando na verdade elas denotam valores específicos da cultura anglo-saxônica e, como tal, funcionam muito bem para medir o clima organizacional nessas culturas, mas não em outras, sem falar no fato que não estão medindo clima e sim uma mistura de dimensões culturais, clima e tecnologia de gestão.

Questões para refletir e exercitar os conceitos

Para resumir as ideias abordadas nesse primeiro capítulo, pense nas seguintes questões:

Como você explicaria a diferença entre clima e cultura, com suas próprias palavras, para um amigo que nada conhece sobre o assunto?

Pense na sua família, em termos de seus pais e seus irmãos. Como você descreveria *a cultura* da sua família para alguém que vai visitar essa família pela primeira vez? O que é considerado aceitável e o que é considerado inaceitável? Existem certos assuntos "tabu", que não se costuma discutir nessa sua família e que um visitante deveria evitar num primeiro encontro? Quais são esses assuntos e porquê são evitados?

Pense no último encontro que você teve com seus pais e irmãos: como foi *o clima* desse encontro? Como você se sentiu? Como você acha que os outros que estavam presentes se sentiram?

Agora que diferenciamos *clima* de *cultura*, vamos nos aprofundar mais um pouco no tema do clima. Posteriormente, nos estenderemos bastante sobre o tema da cultura.

Para abordar o tema do clima, comecemos por verificar como ele pode ser descrito e medido, para remover um pouco a ideia de que se trata de um assunto excessivamente etéreo e vago.

2. Medindo o Clima e Suas Implicações

Medidas de clima

Como se mede o clima organizacional, quer se tenha ou não um acordo sobre se estamos medindo na verdade clima ou cultura?

Através de um questionário, com uma série de perguntas indiretas, respondido anonimamente por todos os integrantes de um grupo ou organização.

Como o clima é um atributo coletivo, ou seja, uma pessoa só, como indivíduo, não possui um "clima", deveremos envolver necessariamente duas pessoas ou mais. Em se tratando de grupos de 100 pessoas ou mais, é possível também trabalhar com amostras, desde que sejam estatisticamente válidas, permitindo que se tirem conclusões a partir das amostras para generalizar em relação ao grupo todo que se deseja examinar.

As perguntas devem ser indiretas, para evitar que os respondentes, ao falar de como percebem seus próprios sentimentos e os atributos do grupo, ofereçam respostas que consideram ser socialmente aceitas, ao invés de responder com sinceridade. Isso é necessário fazer para pesquisar o clima em qualquer cultura, mas é especialmente importante em culturas hierárquicas e coletivistas (como por exemplo, no Brasil) onde a tendência a fornecer respostas socialmente aceitáveis é ainda maior do que em outras culturas.

Verifiquei isso ao discutir o assunto com consultores especializados em pesquisas de clima em organizações internacionais, como o ISR – *Institute for Social Research*, de Nova York, e confirmei esse fato também na minha própria experiência como executivo. Ao realizarmos pesquisas de clima no ABN AMRO, comparando as respostas colhidas no Brasil com as respostas colhidas em outras filiais no resto do mundo, as respostas brasileiras eram cerca de 15 a 20% mais positivas do que as de outros países. Eu adoraria poder dizer que a diferença positiva no Brasil se devia à brilhante gestão da diretoria brasileira, da qual eu fazia parte... Mas ao conversar com meus colegas diretores de Gente & Gestão em outras empresas e ao discutir os resultados com os consultores do ISR, que comparavam os resultados de um banco de dados contendo mais de 200,000 pessoas de diferentes pessoas em todo o mundo, todos me diziam simplesmente que, no Brasil, era preciso dar um desconto em função de que a cultura nacional afeta as respostas de clima positivamente, enquanto que, por exemplo, na Holanda e na França, a cultura nacional afeta as respostas para o lado negativo, pois o pensamento crítico é mais valorizado.

No Brasil, conforme verificado, entre outros, por Hofstede, o respeito à hierarquia leva as pessoas a expressarem opiniões favoráveis aos seus superiores e à instituição como um todo. O aspecto coletivista da nossa cultura também influencia as respostas no mesmo sentido, pois temos uma tendência a evitar a confrontação e o conflito dentro dos grupos que integramos (já o conflito do nosso grupo com outro grupo é um acontecimento mais fácilmente aceito).

Por isso tudo, as perguntas sobre clima devem ser indiretas e fazerem referência a comportamentos. Na prática, no entanto, se vêem muitas pesquisas de clima que simplesmente fazem perguntas diretas, do tipo: "você sente orgulho em trabalhar nessa organização?". O que ocorre é que as respostas tendem a ser mais positivas do que sinceras. Isso não invalida a pesquisa em si, desde que se leve esse fenômeno em consideração ao analisar os dados.

Por e exemplo, se na empresa Xistrosa 78% dos empregados responderam que sentem orgulho de trabalhar na instituição, essa informação poderia encher de satisfação os seus diretores... até que soubessem que na empresa Sestrosa 88% dos empregados responderam positivamente a essa mesma questão e que todas as organizações pesquisadas no Brasil colhem respostas positivas de, em média, 85% dos funcionários. Diante disso, se pode dizer que a empresa Xistrosa tem um problema: seu clima está abaixo da média, em relação ao quesito "orgulho em trabalhar na organização".

As medidas de clima, portanto, **devem ser sempre relativas e não absolutas**. Ao invés de dizer que o clima está "ruim" ou que está "bom", é preciso comparar as medidas com um padrão de referencia. O método mais comumente utilizado é o de comparar o clima atual com uma situação desejada, conforme expressa pelo próprio respondente. Desta forma, a pergunta seria formulada da seguinte maneira.

"Quanto orgulho você acha que as pessoas sentem em trabalhar na organização? Responda numa escala de 1 a 10, na qual "1" seria o valor mínimo e "10" seria o valor máximo."

Em seguida, seria feita a pergunta em termos da situação ideal:

"Quanto orgulho você acha que as pessoas deveriam sentir em trabalhar na organização? Responda numa escala de 1 a 10, na qual "1" seria o valor mínimo e "10" seria o valor máximo."

Note-se que o "ideal" não é necessariamente sempre o valor máximo. Em certos temas, mais do que em outros, o valor ideal pode ser um valor intermediário ou, dependendo de como a pergunta é formulada, o ideal pode ser um número mais baixo do que aquele que expressa a situação atual.

No exemplo citado, a pergunta foi feita em termos de "o que você acha que as pessoas sentem". Essa é uma forma de fazer as perguntas. Outra forma é perguntar "como você se sente". Há uma diferença importante.

Na primeira maneira de indagar, estamos perguntando a cada indivíduo como ele percebe o clima, como percebe o sentimento dos outros. Na segunda maneira estamos perguntando à pessoa como ela própria se sente. Ambos os estilos de perguntas têm os seus defensores.

Os defensores do primeiro estilo alegam que, se a maioria das pessoas descreve o que os outros estão pensando, essa é uma medida mais verdadeira de clima. Eu próprio posso ser uma pessoa alegre e positiva, mas posso descrever que os outros nesse departamento se sentem deprimidos e tristes. A percepção das pessoas sobre "o clima" é assim aceita como uma medida válida.

Os defensores do segundo estilo alegam que descrever o sentimento dos outros é algo duplamente subjetivo e, como tal, é uma medida inválida. A minha percepção já é subjetiva e quando se refere ao sentimento dos outros (ao invés de se referir ao comportamento observado) estou lidando com subjetivismo demais. Melhor, portanto, é perguntar o que cada um sente. Ao tabular o que todos os indivíduos dizem sentir, teremos um retrato coletivo dessas respostas e podemos tomar isso como medida válida do clima.

Um terceiro estilo de pergunta é a pergunta indireta. Ao invés de perguntar "você sente orgulho?", se fazem perguntas sobre comportamento (no lugar de sentimento), como por exemplo, "quando alguém critica a minha organização, você procura defender a instituição discutindo com quem fez a crítica?"

Esse método pretende evitar a subjetividade de indagar sobre sentimentos. Mesmo assim, como se pode deduzir examinando o exemplo citado, é possível que o respondente ofereça uma resposta socialmente aceitável, respondendo aquilo que considera ser o que seus superiores ou os seus colegas gostariam de ver como resposta. Isso acontece mesmo que as respostas sejam anônimas, pois responder o que se acha que os outros querem ouvir é um mecanismo inconsciente. O anonimato ajuda a evitar esse fenômeno em parte, mas não o elimina totalmente, principalmente em culturas hierárquicas e coletivistas como a brasileira.

Do ponto de vista da pesquisa científica, acadêmica, portanto, existem muitos obstáculos a serem vencidos pelo pesquisador dedicado a medir o clima. É preciso diferenciar clima de cultura, para não medir um fenômeno diferente daquele que se pretende medir; é preciso também identificar, à priori, escalas de dimensões de clima que realmente se refiram a clima e não a cultura. É preciso formular um questionário de pesquisa com perguntas que adotem um dos três estilos descritos acima e que possam ser claramente classificadas nas respectivas escalas de dimensões de clima previamente escolhidas.

Do ponto de vista da pesquisa aplicada, usada por consultores e por funções de Gente & Gestão nas organizações, o que se vê é que a tolerância é muito maior, em termos de metodologia científica; talvez essa tolerância seja grande até demais e resulte em relatórios com pouca ou nenhuma consistência técnica. Infelizmente isso acontece com grande frequência e faz com que aumente o ceticismo de muitos gestores em relação aos estudos de clima e cultura organizacionais.

Vejamos, mais uma vez, o exemplo da escala de avaliação de clima criada por McBer, a qual tem sido largamente empregada e imitada no mundo inteiro. Se atentarmos para as definições utilizadas, veremos que

"Flexibilidade", "Responsabilidade", "Padrões" e "Recompensas" na verdade descrevem valores culturais. "Clareza" é um atributo de tecnologia de gestão. Apenas "Compromisso" é, realmente, uma característica verdadeira de clima organizacional.

Denison, no artigo já citado, considera que "o clima organizacional se refere a uma situação e sua conexão com pensamentos, sentimentos e comportamentos dos seus integrantes... A cultura, por contraste, se refere a um contexto evoluído."

Em última análise, no entanto, o que interessa para os gestores não é se estão medindo clima, cultura ou tecnologia organizacionais. *O que lhes interessa é mudar o comportamento de seus funcionários para melhorar o desempenho.*

Nesse sentido, querem receber informações sobre quaisquer fatores que afetam o desempenho de suas equipes e saber o que podem fazer, como líderes e gestores, para influenciar positivamente esse desempenho.

"Os debates epistemológicos que consumiram os pesquisadores de cultura na última década tipicamente nada significam para os gestores. Não conseguem discernir qual é a diferença." (Denison, mesmo artigo).

A comparação entre o atual e o ideal é um tipo de informação sobre o clima. A comparação entre uma organização e outra, ou entre um departamento e outro dentro da mesma organização, fornece outro tipo de informação para análise. Um terceiro tipo é a comparação histórica, ou seja, fazer uma pesquisa e dois anos mais tarde fazer outra, verificando em que aspectos o clima está melhorando ou piorando. Todos esses três tipos de comparação podem ser úteis para direcionar ações dos gestores visando melhorar o clima, o desempenho e os resultados.

Liderança e clima organizacional

Uma vez que o clima organizacional é mais suscetível à influência do líder, isso interessa aos gestores. O que precisam fazer para afetar o clima e com isso criar um ambiente mais propício à obtenção de melhores resultados?

Os consultores da equipe de McBer estabeleceram uma conexão entre os estilos de liderança de Daniel Goleman e o tipo de clima que cada estilo tende a estimular, usando um modelo bastante difundido a partir do ano 2000.

Deixando de lado o fato de que usam, até hoje, a mesma escala de clima que na verdade não descreve clima, mas sim aspectos de cultura, vejamos o que tem sido largamente utilizado, em que pese a sua inconsistência acadêmica.

O modelo alinha os seis estilos de Goleman (Diretivo, Afiliativo, Participativo, Coaching, Modelo e Coercitivo) com as seis dimensões (erradamente chamadas de) clima: Clareza, Padrões, Responsabilidade, Flexibilidade, Recompensas e Compromisso, catalogando o seu impacto geral na motivação das equipes de modo a formar o seguinte quadro:

Quadro 1: Estilos de liderança e motivação

	Coercitivo	Modelo	Coaching	Participativo	Afiliativo	Diretivo
Clareza	−	− −	+++	+++	+++	++++
Padrões	+	− −	+++	++	+++	+++
Responsabilidade	− − −	+	+	++	+	++
Flexibilidade	− −	−	+	++	++	+++
Recompensas	−	− −	++++	++++	++++	++++
Compromisso	−	− −	++	++	+++	+++
Impacto geral	Muito negativo	Negativo	Positivo	Positivo	Positivo	Muito positivo
Ranking	6	5	4	3	2	1

O que o quadro diz é que, por exemplo, o estilo Participativo tem um impacto muito positivo na dimensão Recompensas, bastante positivo na dimensão Clareza e positivo nas demais dimensões. O impacto geral do estilo Participativo é considerado positivo e esse estilo foi classificado como o terceiro melhor estilo de liderança, em termos gerais.

O quadro foi geralmente bem recebido pelos gestores de empresas, porém foi duramente criticado no meio acadêmico. Os gestores gostam da sua simplicidade e estilo direto de comunicar informação. Todavia, dizer uma mentira com firmeza e sem rodeios não a transforma de mentira em verdade.

Do ponto de vista técnico, o quadro tem falhas gritantes, que o próprio McBer em seguida corrigiu com uma série de considerações complementares. Quando o quadro é tomado fora de contexto, no entanto, suas falhas são enormes.

É muito enganador afirmar de maneira tão simplista que um estilo de liderança tem impacto geral "positivo" ou "negativo", sem levar em conta a situação da equipe em tela, inclusive o clima vigente.

Olhando para o quadro, a conclusão é de que o estilo Diretivo tem sempre impacto positivo, sobre todas as dimensões de clima, enquanto que o estilo Coercitivo tem sempre impacto negativo, com exceção de um pequeno impacto positivo sobre padrões. Ora, nada mais afastado da verdade.

Fica evidente um enorme viés cultural anglo-saxônico contra o estilo coercitivo e a favor do estilo Diretivo. O quadro carece de neutralidade cultural.

Mesmo que ficássemos restritos à cultura americana, onde o quadro foi originado, é óbvio que situações diferentes requerem estilos diferentes. O argumento de McBer seria o de que, por exemplo, em situações de crise ou emergência, o estilo coercitivo seria eficaz para obter resultados imediatos, mas mesmo assim teria impacto negativo sobre o clima. Esse argumento seria preconceituoso. Ocorre que, numa crise e também em muitas outras situações, o estilo coercitivo contribui bastante para a Clareza e para Padrões, servindo para "dar limites" por vezes necessários. Pode ajudar também em termos de Recompensa, mostrando consequências positivas e negativas de certos comportamentos. De maneira semelhante, há situações em que o estilo Diretivo é inadequado, quando a equipe e a situação demandam algo diferente.

De qualquer forma, não cabe fazer um ranking de estilos, pois seu impacto depende de muitos fatores. Não há como dizer que um estilo qualquer tem primazia sobre os outros.

O próprio McBer acrescentou um segundo quadro, no qual resumia as situações em que um estilo teria impacto positivo ou negativo. Aqui já não há menção específica a cada um dos diferentes fatores de clima, reduzindo-o aos princípios básicos da Liderança Situacional. Pelo menos, nesse quadro complementar, fica claro que cada estilo pode ter impactos positivos e impactos negativos, eliminando a noção simplista e equivocada de que um estilo é sempre bom ou sempre ruim. Mesmo assim, é visível o preconceito cultural desse quadro também, que reforça valores anglo-saxônicos e carece de neutralidade cultural. Não se leva em conta que em certas culturas o estilo coercitivo, por exemplo, é desejado e admirado.

Quadro 2A – Impactos positivos e negativos de estilos de liderança

Coercitivo	Modelo	Coaching
Negativos		
- decisões de cima para baixo se sobrepõem a ideias novas - equipe incapaz de agir por si mesmos, perdem sentimento de propriedade - prejudica o sistema de recompensas - diminui a motivação dos funcionários	- exagero de exigência de qualidade; a moral cai - funcionários perdem a confiança em si mesmos e não tomam iniciativa por temerem a crítica do chefe - o trabalho se torna focado na execução, dependente e rotineiro, sem flexibilidade ou senso de responsabilidade	- ineficaz se os funcionários são resistentes a aprender ou mudar seu modo de trabalhar - pode gerar temor ou apatia se houver feedback contínuo sobre o desempenho
Positivos		
- adequado em situações severas e de emergência, p.ex.: se a empresa precisa mudar dramaticamente ou se está ameaçada por uma aquisição hostil - capaz de quebrar hábitos ineficientes e chocar as pessoas para mudar o modo de trabalhar - pode funcionar com funcionários problemáticos quando todas as outras opções não adiantaram	- funciona bem quando todos os funcionários são auto-motivados, competentes e precisam de pouca direção ou coordenação - executar tarefas de acordo com o prazo e até mesmo antes do tempo	- ajuda os funcionários a identificar suas forças e fraquezas; estabelece metas de desenvolvimento a longo prazo e ajuda a atingí-las - os funcionários são mais responsáveis quando sabem o que se espera deles e o seu modo de trabalhar combina com isso

2. MEDINDO O CLIMA E SUAS IMPLICAÇÕES

Quadro 2B – Impactos positivos e negativos de estilos de liderança

Participativo	Afiliativo	Diretivo
Negativos		
- funcionários podem não ser bem informados ou competentes o suficientes para oferecer boas contribuições - situação incapaz de chegar a uma decisão por consenso	- foco exclusivo em elogios pode deixar que o mau desempenho fique sem correção - percepção de que a mediocridade é tolerada - raramente oferece conselhos construtivos sobre como melhorar (sem direção)	- não funciona quando se trata de uma equipe de especialistas ou colegas mais experientes - pode prejudicar uma equipe eficaz se o líder se tornar diretivo demais
Positivos		
- aumenta a flexibilidade e a responsabilidade ao permitir que os funcionários influenciem as decisões - os funcionários tendem a ser bem realistas sobre o que podem ou não podem realizar	- obtém forte lealdade ao formar um elo emocional resistente - aumenta a flexibilidade e não impõe limites desnecessários ao modo de trabalhar - oferece feedback positivo `vontade para motivar - gera um senso de pertencimento nos funcionários	- estilo mais eficaz de todos os seis - motiva as pessoas e é capaz de leva-los numa direção clara - maximiza o compromisso com os objetivos do negócio e com a estratégia, com padrões de desempenho definidos - dá aos funcionários liberdade para inovar, experimentar e assumir riscos calculados

O viés cultural é evidente ao exagerar as qualidades do estilo Diretivo. Em cada uma das descrições de aspectos positivos e negativos também se detectam distorções ditadas pela cultura das nações anglo-saxônicas. Exemplo:

O estilo Coaching é indicado para desenvolver a equipe e não para focar nas tarefas. Nas culturas mais igualitárias e voltadas para o desempenho, como a anglo-saxônica, os funcionários desejam mais autonomia e menos supervisão, como diz o quadro 2^A; mas em culturas mais hierárquicas e mais voltadas para o bem-estar, dificilmente o feedback frequente seria considerado negativo, pois os funcionários valorizam a atenção do chefe e apresentam menos necessidade de autonomia.

O importante aqui é apenas registrar que, efetivamente, o estilo do líder afeta o clima da equipe. Todavia, a maneira como esse fenômeno é descrito na literatura tende a ser fortemente influenciada por vieses culturais. O leitor deve exercer sua análise crítica ao se deparar com esse material, pois caso contrário terá surpresas desagradáveis, na prática. É preciso entender os estilos com neutralidade cultural e compreender os efeitos que eles terão na cultura brasileira, que tem características bem diferentes da americana e da inglesa. Portanto, os efeitos sobre o clima serão diferentes daqueles que se lê na literatura sobre clima produzida nos Estados Unidos e na Inglaterra.

Pesquisas de clima

As pesquisas de clima são a melhor maneira de avaliar o clima de grandes grupos como departamentos numerosos ou de toda a organização quando se fala de 20 funcionários ou mais. Fazer uma pesquisa de clima é uma atividade cada vez mais vista em organizações de todo o mundo, inclusive no Brasil.

Entretanto, ainda se veem pesquisas mal desenhadas, mal planejadas, mal executadas. Na sede de saber como estão as coisas em termos de clima (ou "contexto", como já vimos) por vezes a Direção de uma instituição termina por fazer as perguntas erradas, ou fazer perguntas demais, ou fazer perguntas mal escritas. Uma pesquisa de clima precisa ser elaborada com cuidado, pois será distribuída a todos os funcionários; qualquer erro poderá ter impacto negativo sobre o clima de toda a organização.

O cuidado começa com a elaboração das perguntas. Estas precisam ser bem pensadas, em termos de conteúdo, de estilo e de formato.

Em termos de conteúdo, é importante ter claro exatamente o que é que se está querendo saber: queremos conhecer o clima da organização, sua cultura, o nível de satisfação dos funcionários, o nível de engajamento? Ou queremos saber sua opinião a respeito de determinadas políticas da instituição?

Do ponto de vista acadêmico, caso o propósito da pesquisa seja uma indagação científica, essas distinções são totalmente relevantes e até fundamentais. Uma pesquisa de clima com perguntas sobre cultura pode levar a conclusões equivocadas, por exemplo.

Do ponto de vista dos gestores da organização, o mais importante é ter clareza sobre os resultados esperados e o que se pretende fazer com eles. A partir daí, se pode fazer uma espécie de engenharia inversa: se houver clareza quanto ao tipo de relatório que se gostaria de ver, se podem desenhar perguntas num estilo que conduza ao estilo de relatório esperado. Não se trata de induzir as respostas para que tenham uma conotação mais positiva; se trata simplesmente de desenhar um formato de relatório e desenhar perguntas num formato consistente com esse relatório.

Há quem faça questionários de escolha simples, com uma pergunta e quatro ou cinco respostas possíveis dentre as quais o respondente deve escolher uma das opções disponíveis para representar seu próprio pensamento. Esse formato é o mais fácil de tabular, porém ele tem um grande defeito: limita as opções do respondente, restringindo-as a uma escolha dentre as alternativas apresentadas. Por esse motivo, é o formato menos desejável, pois as respostas não representarão, necessariamente, o pensamento dos respondentes, uma vez que eles são forçados a escolher apenas dentre as opções imaginadas por quem elaborou cada questão. Este formato é muito utilizado em pesquisas de opinião pública, mas não é adequado para pesquisas de clima.

Exemplo:

Na nossa empresa, as possibilidades de promoção que eu tenho são:

a. *limitadas à minha especialização*
b. *amplas, desde que eu apresente bom desempenho*
c. *variadas para que eu faça minha própria escolha*
d. *condicionadas ao meu relacionamento com meu chefe*

Perguntas desse tipo não são muito úteis para revelar nada sobre o clima, a cultura, a satisfação ou o que quer que seja na organização. Portanto, não devem ser utilizadas.

Outro tipo de pergunta a ser evitado é a pergunta que tem como resposta um simples "sim" ou "não". Tais perguntas, mais uma vez, restringem a capacidade de respostas do respondente.

Uma variação que é aceitável, é a pergunta que usa a chamada "escala de Likert" (em homenagem ao seu inventor, o Professor Rensis Likert, da Universidade de Michigan). Trata-se de uma afirmação, ao invés de uma pergunta, em relação à qual o respondente pode concordar ou discordar com diferentes graus de intensidade. Eis um exemplo.

Na nossa organização, as possibilidades de promoção que eu tenho são pequenas.

a. *concordo plenamente*
b. *concordo em parte*
c. *não concordo nem discordo*
d. *discordo em parte*
e. *discordo plenamente*

A escala de Likert tem sido muito utilizada no mundo inteiro e tem suas vantagens e desvantagens. É fácil de ser tabulada, mas o uso de expressões como "concordo em parte" e "discordo em parte" é muito criticado por alguns especialistas, que consideram-nas demasiadamente sujeitas a interpretações subjetivas. Dizer que "concordo em parte" é o mesmo que dizer que "discordo em parte""? É válido agrupar as respostas "concordo plenamente" e "concordo em parte" como sendo formas de concordância, enquanto que "discordo plenamente" e "discordo em parte" seriam formas de discordância? Digamos que é difícil haver consenso sobre essas abordagens.

As perguntas que solicitam como resposta uma graduação numa escala numérica tendem a possibilitar uma maior precisão. Todavia, são um pouco mais difíceis de tabular, uma vez que exigem um cálculo da resposta média para cada questão, ou uma distribuição de frequência sobre a escala toda de cada pergunta.

Vejamos um exemplo.

Na nossa organização, as possibilidades de promoção que eu tenho são: (marque sua resposta numa escala de 1 a 10, na qual "1" corresponde a "muito pequenas" e "10" corresponde a "muito grandes."

1 2 3 4 5 6 7 8 9 10

O uso dessa escala permite uma precisão maior na expressão de cada resposta, mas é preciso pensar antecipadamente no formato do relatório final. Será preferível ver no relatório algo como "os respondentes responderam, na média, o valor equivalente a 4.72 em relação a essa pergunta? Ou ver uma distribuição de frequência das respostas, sabendo que 68% dos respondentes marcaram abaixo de "4" nessa questão? O que se vê mais amiúde é uso de uma média das respostas, mas existem argumentos válidos também para o emprego da distribuição de frequências.

Uma vantagem do uso da escala numérica é que ela permite que se peça ao respondente que marque em cada escala duas respostas: uma correspondente à situação atual e outra correspondente à situação ideal, ou desejada, na opinião de cada um. A partir daí se pode medir também as diferenças (ou "gaps") entre o atual e o desejado, para cada questão, algo que pode ser muito útil posteriormente, para priorizar quais questões merecem atenção prioritária.

Todo esse cálculo, por outro lado, é mais trabalhoso, porém o resultado final é mais valioso para a organização.

O erro mais comum é o de fazer uma pesquisa extensa demais, com perguntas que nada têm a ver com clima. Por uma questão de praticidade, muitas empresas aproveitam a oportunidade de fazer uma pesquisa e incluem assuntos sobre políticas de Gente e Gestão, questões de segurança, comunicação e muitos outros. É perfeitamente possível incluir outros assuntos num questionário, desde que se mantenha a simplicidade e clareza de redação e desde que o preenchimento da pesquisa não se transforme num castigo. O recomendável é que a pesquisa não exceda 50 perguntas, de preferencia que tenha bem menos do que isso.

Anonimato e confidencialidade

Para que se possa obter respostas autênticas e sinceras dos respondentes, é preciso poder garantir que eles não sofrerão qualquer tipo de represália ou consequência negativa pelo fato de participar da pesquisa. Isso é tanto mais importante quando o pesquisador já sabe de antemão, mesmo antes de fazer a pesquisa, que existe na organização um certo clima de medo, ou ainda uma cultura na qual se atribui um grande poder às figuras de autoridade.

Muitas vezes a simples taxa de participação dos empregados numa pesquisa de clima já nos diz alguma coisa sobre o clima e a cultura da organização. Por exemplo, quando realizamos uma grande pesquisa de clima no ABN AMRO Bank, no mundo inteiro, se verificou que em todas as unidades do banco de investimento a participação era muito menor do que nas unidades do banco comercial. Nestas últimas, o índice de participação variava entre um mínimo de 75% a um máximo de 95%. Já no banco de investimento, o mínimo ficava em apenas 45% do quadro e o máximo não ultrapassava 65%.

Ao se conversar com as pessoas sobre os resultados da pesquisa, mencionando também a taxa de participação, ficou evidente que no banco de investimento os funcionários não acreditavam que o anonimato fosse realmente garantido. Entendiam que os gestores das suas unidades tinham meios de descobrir quem havia respondido de maneira crítica ou negativa, e que haveriam represálias.

Por esse motivo, muitas organizações realizam pesquisas de clima através de consultores externos e os questionários preenchidos são encaminhados diretamente a eles ou são preenchidos via internet em sites que garantem o anonimato dos respondentes. Mesmo assim, muitas pessoas não confiam na garantia de anonimato e têm receio de responder às pesquisas de forma sincera.

Estatisticamente já se sabe que nas culturas de alta distância de poder (Brasil, América Latina em geral), onde o respeito à hierarquia é mais forte ao ser comparado com culturas mais igualitárias (Estados Unidos, Norte da Europa), as respostas de pesquisas de clima tendem a ser mais positivas. Há que se dar um certo "desconto" ao comparar o clima vigente em uma cultura com o clima vigente numa outra cultura, nesses casos. Existe um receio de que o chefe venha a saber quem foi que falou mal dele e que esse chefe venha a castigar, de alguma forma, os infratores. Pelo sim, pelo não, as pessoas nessas culturas tendem a ser menos críticas com seus superiores e com a organização em geral. Já em culturas como a da Holanda ocorre o inverso: o pensamento crítico e a expressão de opiniões negativas são ambos muito valorizados. Por esse motivo, há que dar um certo "desconto" na interpretação dos dados, agora no sentido oposto. Nessas culturas, as opiniões tendem a ser mais negativas do que em outros países.

Qualquer que seja a cultura, é importante garantir, efetivamente, o anonimato e a confidencialidade. Um rompimento desses aspectos, por menor que seja, destruirá a credibilidade da pesquisa e de futuras pesquisas na mesma organização.

Apresentação dos resultados

A pesquisa não deve ser realizada apenas com o propósito de obter informações para a Diretoria sobre o clima da organização. Se trata de uma interação entre a Direção da organização (o Presidente/CEO, a Diretoria, seus principais executivos) e o quadro em geral de empregados/funcionários/colaboradores. Não deve ficar apenas resumida a uma pergunta (da Direção, indagando como vão as coisas) e uma resposta (dos funcionários, respondendo que as coisas estão mais ou menos). Deve ser parte de um diálogo, uma conversa com o objetivo de melhorar ainda mais, de melhorar sempre.

Ao fazer uma pesquisa, se está começando uma intervenção de Desenvolvimento Organizacional. Seria um desperdício deixar que essa intervenção terminasse apenas com a resposta da pesquisa. Deve-se tentar obter o máximo dessa intervenção e isso significa continuar a interação para chegar a um entendimento compartilhado sobre as questões de clima e cultura que incomodam. A seguir, se deve aproveitar o ensejo e desenvolver planos de ação que ataquem as questões de clima e cultura identificadas.

Os resultados da pesquisa, portanto, não devem ser reportados e analisados apenas pela Direção. Devem ser divulgados ao quadro em geral, com isso oferecendo um retorno a todos que contribuíram ao processo respondendo à pesquisa. A meta-mensagem é: "obrigado por ter respondido à pesquisa de clima; aqui está o relatório compilando as respostas de todos que participaram, como você; eis o que as pessoas pensam atualmente sobre o clima da nossa organização." O impacto dessa mensagem não deve ser subestimado.

Questões para refletir e exercitar os conceitos

Nada como colocar a teoria em prática para melhor entender os conceitos. Vejamos o que pode ser feito para medir o clima de um grupo de pessoas.

Escolha um grupo com o qual você pode exercitar a ideia de medir o clima; para fins desse exercício, o ideal é que o grupo deva ter no mínimo quatro pessoas e no máximo vinte. Como você poderia medir o clima atual desse grupo?

Elabore um questionário simples e sucinto, com no mínimo três e no máximo dez perguntas. Pense primeiro em como você imagina o relatório final dessa pesquisa simples: como você tabularia os dados? Como apresentaria as informações?

Elabore questões de acordo com um formato definido e consistente. Qual formato você irá selecionar para esse exercício?

Em seguida, pense em como você convidará as pessoas a participar do seu exercício. O que você irá dizer? Como irá assegurar os aspectos de anonimato e confidencialidade?

Aplique a pesquisa, tabule os resultados e faça um pequeno relatório, resumindo a apresentação dos dados e sua análise em no máximo cinco páginas. Discuta seu relatório com os respondentes e colha subsídios para aperfeiçoar o trabalho numa próxima oportunidade: o que você mudaria, numa próxima vez?

Depois de cobrir o tema da mensuração do clima, é hora de nos aprofundarmos no pós-diagnóstico. Uma vez descrito e mensurado o clima, o que se faz com essas informações? É o que veremos a seguir.

3. Mantendo e Mudando O Clima

Se o objetivo maior de uma pesquisa é, na verdade, melhorar o clima, para com isso melhorar o desempenho, pode-se dizer inclusive que a parte mais importante do processo é: o que fazer com os resultados, depois de aplicada a pesquisa?

De nada adianta fazer um diagnóstico, seja de clima, cultura, ou do que quer que seja. Imagine um médico que examina o paciente, colhe informações sobre sangue, urina, batimentos cardíacos, ausculta diferentes pontos do corpo com um estetoscópio, etc. Reúne tudo e conclui: "o senhor está com pneumonia e, se não receber tratamento, deve falecer nas próximas semanas; passe muito bem e até a próxima consulta!"

A finalidade do diagnóstico é o tratamento. A finalidade da pesquisa de clima é manter e melhorar o clima, não apenas se restringir ao diagnóstico. Há que analisar o que pode e deve ser mantido, bem como e que pode e ser mudado. Tudo isso precisa ser feito com a participação dos gestores da organização e também com a participação daqueles que responderam à pesquisa.

Mudando e mantendo o clima organizacional

Para mudar o clima, o primeiro passo necessário é envolver os participantes da pesquisa na análise dos resultados, para chegar a um ***diagnóstico compartilhado***. Isso é importante por dois motivos: (1) ***a participação é a forma mais eficaz de motivar uma equipe***; e (2) ***sem concordar com o problema é impossível chegar a um acordo sobre a solução***.

Portanto, é preciso planejar como será feito esse envolvimento dos participantes na análise dos resultados.

Os líderes da organização influenciam o clima mais do que qualquer outro fator isolado. Devem ser os primeiros a receber os relatórios sobre a pesquisa, quer tenha sido feita por consultores externos ou se tiver sida desenvolvida internamente. Devem participar da análise e da formação das conclusões.

Alguns consultores (internos e externos) cometem o erro de fazer sua própria análise dos dados e entregar um relatório chamado de "pronto", com todas as análises e conclusões já completadas. Se enganam ao relegar os líderes organizacionais a um papel passivo, de meros leitores das brilhantes análises feitas pelos especialistas.

O engano acontece quando esses especialistas cedem à tentação de alimentar seu próprio ego, exibindo seu grande conhecimento técnico. Colocam sua necessidade de prestígio à frente do que é mais útil para a organização. Preferem sentir-se superiores aos líderes organizacionais do que facilitar uma verdadeira mudança para melhor na instituição que os contratou.

Os maus líderes, por outro lado, podem achar conveniente o engano dos maus especialistas. Assumem o papel passivo, pois isso lhes permite culpar os especialistas por qualquer coisa que aconteça de errado mais tarde no tratamento das questões de clima. Deu errado? É culpa dos especialistas de clima que havíamos contratado.

Isso é o mesmo que culpar o sujeito que apresenta a previsão do tempo pela ocorrência de enchentes ou secas. No caso do clima meteorológico, é óbvio para todos que o apresentador da TV não influi sobre o clima. No clima organizacional a situação é bem outra: o comportamento do líder é o principal fator a influir sobre o clima. Portanto, o líder precisa participar ativamente das análises e conclusões sobre o clima dos seus liderados, para que se sinta corresponsável pelas mudanças requeridas em decorrência das conclusões do relatório.

Cabe aos especialistas técnicos que conduziram a pesquisa apresentar os seus resultados de maneira a dar espaço aos líderes no processo de análise e conclusão. Afinal de contas, serão os líderes os principais protagonistas na manutenção e/ou mudança do clima, a partir das conclusões do relatório.

Uma boa forma de fazer isto é, uma vez feita a tabulação dos dados, levar essas informações para uma discussão conjunta com o principal líder da organização, que geralmente é o presidente da diretoria, ou CEO. Nessa reunião, as primeiras análises e conclusões podem ser alinhavadas.

A seguir, programa-se uma reunião com a diretoria ou equipe dirigente da unidade em questão, conforme o caso. Nessa reunião, quem apresenta o relatório geral de resultados é o CEO, demonstrando que é ele (ou ela) quem lidera o processo como um todo. O especialista pode ajudar para esclarecer algum detalhe ou algum aspecto técnico, mas a liderança da reunião deve ser do CEO.

Uma vez apresentados os resultados, abre-se a discussão na reunião para análise e conclusões iniciais. O CEO e o especialista devem dar espaço aos diretores para que expressem suas ideias e assumam suas responsabilidades de liderança. O especialista pode agir como facilitador dessa discussão, mas deve guardar suas próprias interpretações para si, auxiliando a equipe de líderes a chegar às conclusões cabíveis.

O resultado disso tudo deve ser uma análise que é efetivamente compartilhada, sendo que os líderes devem se sentir efetivamente "donos" das conclusões.

A etapa seguinte, que pode ocorrer na mesma reunião, se houver tempo disponível, ou numa próxima reunião, se refere à discussão de ações a serem engendradas para mudar o clima na direção desejada, ou manter aquilo que está indo bem. Definidas essas ações, deve-se de imediato designar responsáveis e prazos para implantar tais ações.

O ideal é focar a atenção da equipe dirigente em dois ou três fatores de clima apenas e em duas ou três ações, para evitar dispersão. É melhor sair da reunião com duas ou três ações concretas que possam ser implantadas nos próximos noventa dias, do que sair com um plano excessivamente ambicioso, incluindo seis a dez iniciativas diferentes, de difícil implantação ao longo dos próximos dois anos. A experiência mostra que quando o plano é abrangente demais, aumenta o risco de dispersão e abandono das iniciativas pela metade.

A efetiva implantação de ações concretas é um fator muito importante para que a pesquisa de clima tenha credibilidade perante o quadro total de funcionários. Isso fará com que aumente a taxa de participação na próxima pesquisa. Quando as pessoas percebem que alguma coisa está acontecendo na organização em decorrência da pesquisa de clima, isso por si só já é um fator que influencia o clima como um todo, mesmo em relação a aspectos aparentemente distantes da ação específica. O grande motivador é o fato de que a direção escutou os empregados e agiu em função do que ouviu.

Logo que os resultados gerais da pesquisa forem apresentados à equipe dirigente, mesmo que não se tenha ainda decidido sobre as ações a implantar, deve-se tratar da divulgação desses resultados totais para o quadro total de funcionários.

Uma vez que todos foram convidados a participar da pesquisa, dedicando seu tempo para preencher os questionários, todos devem receber os resultados da mesma.

Não é necessário publicar todo o relatório detalhado apresentado ao CEO e à equipe dirigente. Muitas vezes esse relatório detalhado é bastante extenso, podendo exceder facilmente a cinquenta páginas. O que se deve divulgar é um resumo, com os principais quadros e tabelas de informações. Isso geralmente pode ser sintetizado em três ou quatro páginas de fácil leitura.

Hoje em dia, com a disponibilidade da internet, uma boa alternativa é publicar esse resumo na intranet, a rede interna da organização. A transparência no tratamento do assunto também beneficia o clima geral.

Relatórios específicos das unidades

Dependendo do tamanho da empresa, vários relatórios específicos podem e devem ser feitos, para que cada gerente de nível médio, cada líder de uma equipe com dez ou mais integrantes, tenha a oportunidade de discutir o clima da sua unidade com seus funcionários, fazendo com eles uma análise conjunta e decidindo sobre uma ou duas ações que estejam a seu alcance para melhorar o clima.

Nesse sentido, a pesquisa de clima adquire características de um poderoso instrumento de desenvolvimento organizacional. Em cada unidade, o processo deve imitar aquele que ocorreu com a diretoria, ou seja: cabe ao líder da unidade tomar conhecimento, em primeira mão, dos resultados específicos da sua unidade, discutí-los com um especialista (interno ou externo) e alinhavar uma primeira análise e conclusões.

Em seguida, o líder da unidade apresenta o relatório ao seu quadro de pessoal e faz uma análise conjunta, chegando a conclusões compartilhadas e decidindo sobre ações a serem implantadas, com responsáveis e prazos.

Quando se faz esse processo com uma empresa de dez mil funcionários, por exemplo, os relatórios específicos podem ser mais de cinquenta, em diferentes níveis da estrutura organizacional, descendo pela estrutura "em cascata" do topo até os níveis operacionais.

Cada empresa deve decidir, de antemão, quantos relatórios específicos serão gerados em função das divisões em diretorias, departamentos, setores, unidades, etc. A única restrição a observar é a de que um relatório não deve ser elaborado para um grupo menor do que dez pessoas que tenham preenchido a pesquisa. Isso se faz para garantir o anonimato dos respondentes.

Questões para refletir e exercitar os conceitos

Que tal melhorar o clima de um grupo ao qual você pertence? Poderia ser um grupo de estudos, do qual você faz parte, ou toda a sua turma de sala de aula, se você está cursando uma cadeira na faculdade. Pode ser também a equipe ou departamento no qual você trabalha.

Comece por descrever, para si próprio(a), como está o clima desse grupo? Quais são os aspectos do clima que lhe agradam e quais aqueles que desagradam? Como você descreveria o clima ideal, desejado por você para esse grupo?

O que poderia ser feito para mudar o clima nos aspectos que você gostaria que fossem diferentes, mantendo aqueles aspectos que lhe agradam atualmente? Quem é capaz de fazer acontecer as mudanças desejadas? O que você pode fazer, pessoalmente, para que essas mudanças aconteçam? Você pode influenciar outras pessoas para que ajudem as mudanças a acontecer? Como você pode exercer essa influência?

Esse pode ser apenas um exercício mental, que você pode fazer consigo mesmo(a). Ou pode ser algo a conversar com um colega, para talvez transformar em ação conjunta, envolvendo ainda outras pessoas. É assim que as mudanças de clima acontecem.

Como já vimos, o clima está ligado à cultura, mas é diferente dela. O clima está, enquanto que a cultura é. A cultura é mais permanente e ainda mais complexa do que o clima. Vamos nos aprofundar nesse tema na segunda parte deste livro, a seguir.

Parte 2 – O que é cultura?

4. Cultura Anunciada e Cultura Verdadeira

A Cultura Em Metáforas: o *iceberg*, a cebola e a pirâmide invertida

Existem muitas definições de cultura, vamos examinar algumas delas e esclarecer qual é a definição que iremos utilizar aqui.

Quando se fala o termo "cultura" imediatamente surgem na mente do ouvinte uma série de associações a outras ideias e experiências passadas. Há quem diga que o significado de uma palavra é simplesmente esse conjunto de associações que as pessoas fazem, consciente e inconscientemente, ao ouvir um termo qualquer.

O Professor Geert Hofstede, da Universidade de Maastricht, foi o pioneiro dos estudos culturais e suas pesquisas serviram de base a todos os estudiosos do assunto que o seguiram.

No início dos anos 70, Hofstede definiu a cultura como sendo **um conjunto de valores e normas não escritas que definem, para um grupo de pessoas, aquilo que é aceitável e "certo"; e aquilo que não é aceitável e é "errado"**. Ele comparou a cultura a um *iceberg*, dizendo que a parte visível da cultura, como a parte visível de um *iceberg*, que fica acima da superfície, é menor e menos importante do que a parte não vista, que fica submersa. (Figura 1)

A parte visível da cultura é composta pelo comportamento das pessoas, pelos símbolos, heróis e rituais da cultura. Tudo isso pode ser observado com facilidade.

Figura 1 – O iceberg cultural

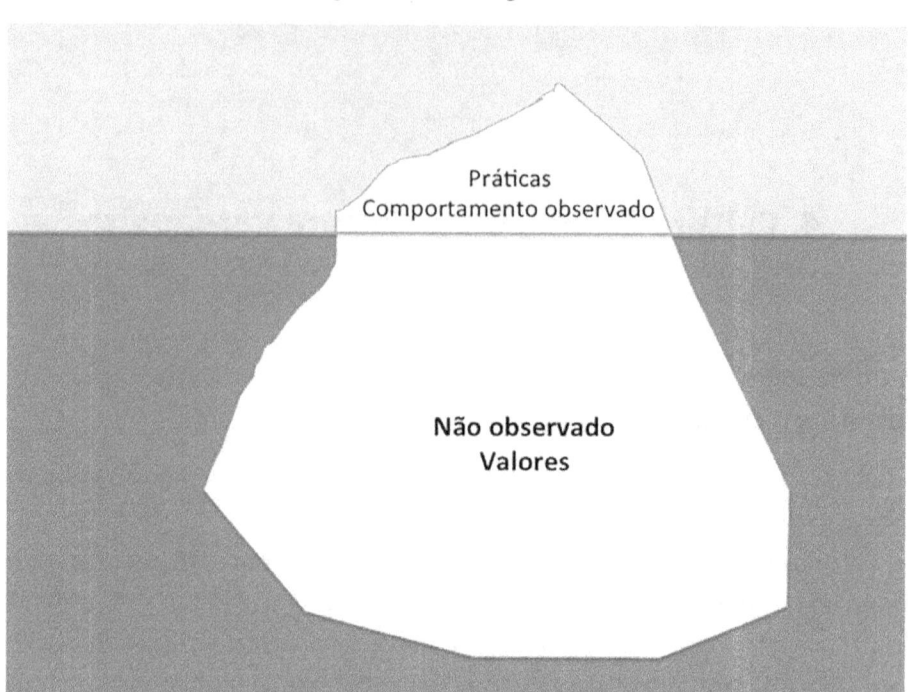

A parte não-visível da cultura é constituída pelos valores, que o professor holandês definiu como sendo simplesmente uma preferencia geral sobre um estado de coisas em relação a outro estado de coisas.

Hofstede destacou que a cultura influencia tudo o que fazemos e também nossa percepção e atitudes. Comparou também a cultura a uma cebola, com várias camadas. As camadas externas correspondem aos símbolos, heróis e rituais, visíveis com mais facilidade. A camada mais interna de todas, ou seja: o **núcleo** da cultura, corresponde aos valores. Estes determinam as práticas ou comportamentos das pessoas. A conduta é observável, porém ela é determinada pelos valores, que não podem ser vistos. (Figura 2)

Figura 2 – A "cebola" cultural

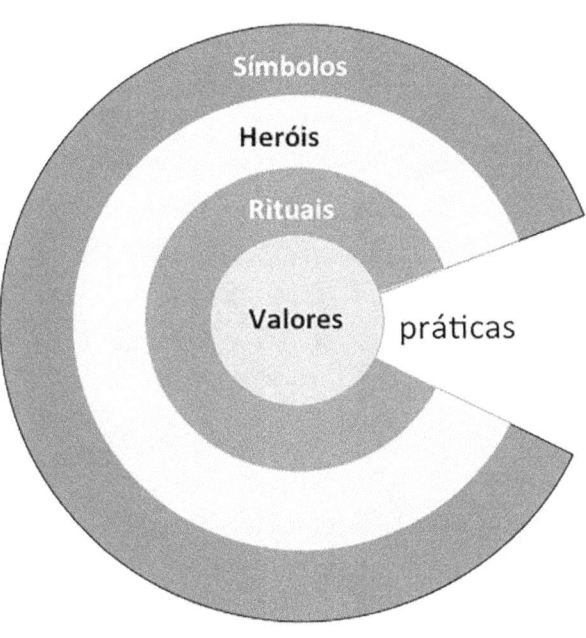

Hofstede pesquisou, inicialmente, as diferenças culturais entre países e mediu estatisticamente essas diferenças. Suas pesquisas causaram grande impacto, pois ele identificou cinco dimensões de valores e publicou scores mensurados de mais de 100 países. Esses scores estão até hoje disponíveis livremente na internet através do seu website www.geert-hofstede.com.

Embora ele nunca tenha afirmado isto usando estes termos, pode-se dizer que Hofstede conseguiu **medir o inconsciente coletivo**, uma proeza notável que faria Jung dar pulinhos de alegria...

As pesquisas de Hofstede foram repetidas, atualizadas, replicadas e expandidas por milhares de estudiosos e continuam sendo objeto de grande interesse. Foram aplicadas a culturas nacionais e a culturas organizacionais, influenciado o trabalho de vários autores e especialistas no mundo inteiro.

Um desses autores foi Edgar H. Schein, professor e consultor americano, que havia sido um dos fundadores do movimento de Desenvolvimento Organizacional originado no NTL – National Training Laboratories, em Bethel, Maine, nos Estados Unidos, na década de 60. Uma década ou duas depois, no começo dos anos 80, Schein voltou-se para o estudo da cultura organizacional e publicou um modelo inspirado em Hofstede, composto por três camadas: artefatos, valores e pressupostos. (Figura 3).

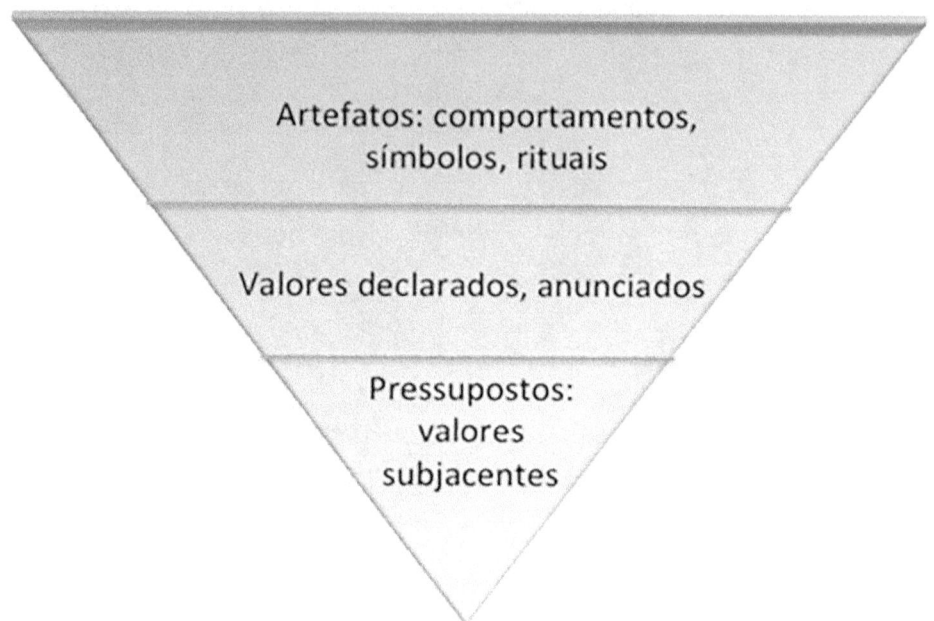

À semelhança da cebola de Hofstede, Schein afirmou que a cultura era composta por camadas, que se diferenciavam por seu grau de visibilidade ao observador externo.

A camada mais visível é a dos artefatos, que correspondem aos comportamentos, símbolos, heróis e rituais da cebola holandesa. Até aí, tudo igual entre os dois modelos, exceto pelo diferente uso de nomenclatura.

A camada intermediária de Schein, que ele chamou de "valores", diz respeito aos valores esposados, ou seja: os valores e as regras de conduta que uma organização adota conscientemente e anuncia publicamente. "Esses valores são seguidamente expressos em declarações oficiais e públicas de identidade e filosofia de trabalho." (Schein, *Organizational Culture and Leadership* (1985) ISBN 1-55542-487-2.

A terceira camada de Schein corresponde àquilo que Hofstede havia chamado de valores e que o professor americano preferiu denominar de "pressupostos". Corresponde aos "comportamentos geralmente inconscientes, com raízes profundas, que constituem a essência da cultura (Schein, obra citada).

Os valores de Hofstede correspondem aos pressupostos de Schein. Os valores de Schein correspondem a um dentre os diversos rituais de Hofstede. Esse uso ligeiramente diferente do termo "valores" tem causado alguma confusão entre os interessados no assunto... Hofstede, entretanto, explica o porquê dessa diferença. Melhor dizendo: se pode entender a diferença ao analisar as diferenças culturais entre holandeses e americanos, usando para tanto as dimensões de Hofstede.

O professor holandês dedicou sua vida ao estudo das dimensões culturais aplicadas às culturas nacionais. Debruçou-se sobre a influência das diferentes culturas nacionais sobre os estilos de gestão e de liderança. Descreveu como os valores subjacentes (que Schein chamou mais tarde de pressupostos) influenciam tudo o que se percebe, se pensa e se cria numa nação. E descreveu também como a cultura americana influencia a literatura especializada de gestão dos Estados Unidos e de boa parte do mundo. Portanto, possibilitou que se entendesse a influência da cultura americana nas ideias de Schein e de todos os gurus de gestão americanos.

Se pode dizer que, de certa forma, **Hofstede tem uma abordagem macrocultural, enquanto que Schein tem uma abordagem microcultural.** Hofstede se concentrou na essência da cultura e como essa essência influencia todo o demais; Schein se concentrou no papel das lideranças na formação e mudança da cultura organizacional.

Schein não identificou dimensões culturais per se, restringiu seus estudos ao comportamento dos líderes e dos integrantes das organizações. Embora seja um dos grandes pensadores sobre cultura organizacional e tenha dedicado anos de sua vida à consultoria com grandes empresas, enfrentando questões práticas do mundo da gestão, a verdade é que Schein nunca transcendeu seu próprio viés cultural americano. Focou suas obras no papel dos líderes na gestão da cultura organizacional e não tanto na análise da cultura, muito menos na análise das culturas das nações e suas diferenças.

Schein também destacou os valores esposados como algo diferente dos pressupostos, que são difíceis de serem vistos. Como produto de sua própria cultura americana, Schein colocou ênfase no que é visível e que na representação gráfica do seu modelo é a parte maior: os artefatos e os valores são uma parte bem maior do que os pressupostos, invisíveis.

A cultura americana valoriza a imagem, o prestígio e tudo aquilo que pode ser observado e medido diretamente. Tende a desprezar aquilo que não é observável e que é mais difícil de ser administrado. Ao se falar em "valores organizacionais", nos Estados Unidos, as associações de significado remetem aos valores declarados, ao pôster na parede e aos anúncios publicitários.

Já na cultura holandesa, conforme as dimensões medidas por Hofstede, se busca o nivelamento entre as partes ao invés do destaque individual pelo prestígio. Se valoriza revelar a essência que se esconde por trás da imagem. Os pressupostos são considerados mais importantes do que os valores declarados. (Vide Lanzer, Fernando – "Cruzando Culturas", São Paulo: Editora Évora, 2013; e "Tire os seus óculos", New York: Create Space, 2013).

As diferenças culturais explicam a preferencia por duas representações gráficas distintas: o *iceberg* holandês versus a pirâmide invertida americana. Na figura holandesa a parte maior é o que não se vê. Na figura americana, a parte maior é aquilo que pode ser visto.

Schein destacou os artefatos e os valores anunciados, que as empresas americanas costumam promover com grande alarde. Ele afirmou que os pressupostos, ou valores subjacentes, são muito difíceis até de ter sua existência reconhecida por integrantes da própria cultura, o que dirá serem mensurados. Por este motivo, autores e consultores americanos tendem a deixar os pressupostos de lado, pela dificuldade em lidar com os mesmos.

Hofstede, no entanto, não só identificou os pressupostos como mensurou sua intensidade em diferentes culturas. Por este motivo, os autores e consultores que seguem essa linha de abordagem dedicam maior atenção aos valores subjacentes e tendem a desprezar os valores anunciados como sendo parte dos rituais e símbolos, "apenas um exercício de propaganda".

O "Lanzerberg"

Na minha própria prática profissional como executivo e consultor de organizações, integrei os conceitos de Schein e Hofstede na mesma figura, um iceberg no qual os valores corporativos (anunciados) aparecem como fazendo parte do segmento visível, acima da superfície; enquanto que os valores subjacentes (aquilo que Schein chamou de pressupostos) ficam abaixo da superfície e não são visíveis a olho nu.

Embora não sejam visíveis, os valores subjacentes são o componente mais importante da cultura. São eles que determinam o comportamento e o desempenho das pessoas, são eles que definem aquilo que é considerado prioridade no local de trabalho, aquilo que é aceitável ou não no dia-a-dia de uma organização. (Figura 4)

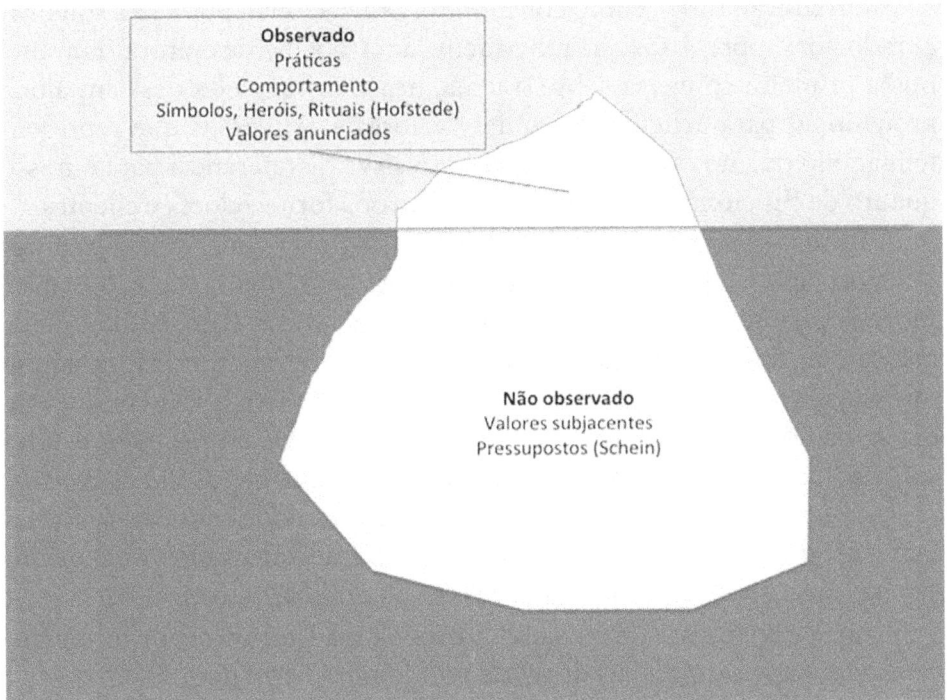

A cultura do discurso

Ao falar-se de cultura e valores, portanto, é preciso distinguir se estamos nos referindo à cultura esposada, aos valores declarados e anunciados como parte do discurso organizacional; ou se estamos falando da cultura real, dos valores subjacentes e dos pressupostos, que são os verdadeiros determinantes da conduta.

Queremos discutir o discurso ou queremos discutir os determinantes do comportamento nessa organização?

Nos Estados Unidos tem se propagado a noção de que a cultura de uma organização é o conjunto de valores, princípios e ideais que uma organização declara adotar e respeitar. Esses valores e princípios podem ser vistos nas campanhas de comunicação institucional dessas organizações, feitas para consumo de seus públicos internos e externos. A mensagem propagada é a de que o comportamento das pessoas que integram a organização é regido por essas ideias, que representam ao mesmo tempo aquilo que a organização é e aquilo que ela quer ser, cada vez mais.

Em função disso, como consultor organizacional, por vezes sou procurado por empresários que me pedem "um trabalho de cultura". Durante nossa primeira conversa sobre o tema, fica claro que eles desejam ajuda profissional para articular/formular "valores e princípios que representem aquilo que nós somos" para que isso sirva de referência para o nosso quadro de funcionários e também para nossos fornecedores e clientes.

Tudo isso é muito bonito: o desejo de articular valores inspiradores que norteiem o comportamento das pessoas, sem dúvida é algo louvável. Entretanto, é fundamental que se entenda a distinção entre aquilo que se coloca nos anúncios e nos cartazes dos corredores, de um lado, e aquilo que as pessoas realmente usam como referência para a sua conduta no dia-a-dia do trabalho. Como diz o baiano, uma coisa é uma coisa e outra coisa é outra coisa. Numa organização razoavelmente sadia, essas duas coisas diferentes podem ser bastante parecidas (embora nunca sejam exatamente iguais). Na maioria das empresas, contudo, os valores anunciados são bastante diferentes daquilo que se vê na prática, na rotina diária.

Ao conduzir essa discussão dentro de uma instituição, os interlocutores têm papéis diferentes dependendo do nosso enfoque.

Se estamos falando da cultura e dos valores esposados, declarados no discurso institucional, a liderança do processo cabe à área de Marketing e Comunicação Institucional. A essência da discussão e do produto dessa discussão é definir as mensagens a serem emitidas para os diversos públicos externos e internos, versando sobre o que a instituição quer dizer a esses públicos. A imagem institucional é o foco e cabe à área de marketing zelar por essa imagem.

Já quando falamos da cultura real e dos pressupostos (valores subjacentes) que determinam os estilos de gestão e a maneira das pessoas trabalharem na organização, a liderança do processo cabe á área de Gente

4. CULTURA ANUNCIADA E CULTURA VERDADEIRA

& Gestão, ou de Recursos Humanos (denominação utilizada antigamente, no século passado). A essência e o produto dessa discussão é o desempenho no ambiente de trabalho, a maneira como as pessoas comunicam, interpretam e executam a estratégia de negócios da organização. Formalmente, cabe aos gestores de linha zelar para que isso aconteça, assessorados pela área de Gente & Gestão. Schein diz que "todo líder organizacional é um líder de cultura" (Schein, obra citada, 1985) quer saiba ou não. Informalmente, se sabe que geralmente cabe á área de Gente & Gestão lembrar os gestores acerca dessa sua responsabilidade essencial, caso contrário eles desviarão sua atenção para o lado técnico de suas funções (produção, vendas, engenharia, finanças, etc.) ao invés da gestão propriamente dita.

A cultura do discurso, entretanto, não é apenas um exercício de Relações Públicas; ela tem impacto, também, sobre o comportamento dos integrantes da organização. Toda comunicação externa é, ao mesmo tempo, comunicação interna. Portanto, a área de Gente & Gestão precisa estar igualmente envolvida no processo de discussão da cultura esposada, mesmo que eventualmente não lidere essa discussão. Em muitas instituições, a discussão dos valores esposados é liderada por Gente & Gestão, trabalhando com a assessoria de Marketing Institucional. Independente de quem lidere o processo, as duas áreas precisam trabalhar em sintonia.

Da mesma forma, com respeito à cultura real precisa haver sintonia de Marketing & Comunicação com a área de Gente e Gestão. Embora nesse caso a liderança esteja sempre com os gestores de linha em parceria com G & G, Marketing & Comunicação fornecem instrumentos fundamentais para se trabalhar a cultura real e os valores subjacentes.

Para discutir a cultura anunciada e os valores esposados, a sintonia com Gente e Gestão é importante para evitar que o discurso acabe sendo elaborado de maneira muito distante da realidade. Se isso acontecer, o público logo verá que o discurso é falso, que não corresponde ao que a instituição realmente é e isso terminará por despir a organização de credibilidade. O público interno, especialmente, é potencialmente o mais crítico, pois os colaboradores conhecem os valores reais, coisa que nem sempre acontece com os clientes, fornecedores e reguladores governamentais.

Um exagero de propaganda, pintando a empresa com cores muito mais favoráveis do que a sua verdadeira identidade, desfere um golpe mortal na credibilidade da diretoria e de todos que estejam envolvidos na elaboração dessas mensagens excessivamente positivas.

A área de marketing precisa ser especialmente alertada, pois tende a exagerar as qualidades dos produtos e serviços da instituição, imbuída de uma noção equivocada: acha que sua missão é ajudar a vender mais, no curto prazo e pensa que isso se consegue simplesmente apregoando as virtudes dos produtos em voz alta e persistente, como um camelô. Esses profissionais não se dão conta de que os camelôs têm uma imagem negativa junto às pessoas de maior senso crítico: são percebidos como mentirosos, enganadores, desonestos.

As vendas que aumentam no curto prazo devido à propaganda enganosa, logo se convertem em desastre para a imagem da empresa a médio e longo prazo. O mesmo ocorre com os valores anunciados, quando não correspondem ao comportamento praticado pelos colaboradores da organização. O resultado é que a empresa toda é vista como mentirosa, desonesta, enganadora. O tiro sai pela culatra: uma agressiva campanha de marketing institucional, se percebida como fraudulenta, destrói a imagem da empresa rapidamente.

Portanto, ao discutirem-se os valores organizacionais que se pretende anunciar como algo que representa a identidade da empresa, é preciso zelar para que sejam aspiracionais e ambiciosos, mas nunca tão distantes da realidade atual que acabem por projetar uma imagem de falsidade. Isso exige tipicamente um facilitador habilidoso e firme, que possa desafiar o grupo a escolher valores que inspirem aos públicos a que se destinam. E, para tanto, terão de equilibrar uma dose de realidade com uma (ou melhor: meia) dose de idealismo.

A marca comercial de um produto é uma promessa. A marca de uma empresa também é. Os valores anunciados fazem parte da marca institucional, fazem parte da promessa institucional. É fundamental que essa promessa seja autêntica e seja cumprida. Não se deve prometer o que não se pode cumprir.

4. CULTURA ANUNCIADA E CULTURA VERDADEIRA

Valores de quem?

Ao se discutir quais serão os valores organizacionais explicitados como "nossos valores", cabe perguntar, antes de mais nada: "como assim, 'nossos', cara-pálida?"...

O mais comum de se ver nas organizações, principalmente no Brasil, é que "nossos" se refere aos valores da diretoria da instituição. Na melhor das hipóteses, se refere à interpretação que a diretoria tem a respeito dos valores de toda a organização. Melhor seria dizer que "nossos" se refere aos valores que a diretoria gostaria que todos os colaboradores da organização esposassem como sendo "de todos".

Todavia, se esses valores forem articulados pela diretoria a portas fechadas, sem consultar ninguém mais; e se a sensibilidade dos integrantes dessa diretoria for relativamente baixa, é muito provável que o produto será desastroso. É muito provável que esses valores sejam esposados apenas pela diretoria e não pela organização como um todo. E quem vai cumprir a promessa dos valores é a organização como um todo, não apenas os seus principais gestores.

É natural que a diretoria tenha o desejo de ver os seus valores adotados por toda a organização. Todavia, se houver uma tentativa de simplesmente impor esses valores aos demais colaboradores, de forma autoritária, é bem provável que muitos resistam a essa imposição e comecem a sabotar a prática desses valores no dia-a-dia. Logo, logo esses valores podem se tornar motivo de piadas nas rodas informais da instituição. Passam a ser motivo de chacota e se tornam um símbolo da falta de conexão entre a diretoria, os colaboradores e a organização como um todo. Essa é uma receita para o fracasso.

Por isso tudo, é importante que os valores articulados incluam alguma forma de consulta a outros públicos internos e externos. Se eu quero, como indivíduo, articular minhas qualidades em mensagens públicas, é bom verificar se aquilo que eu penso de mim mesmo tem alguma coerência com o que os outros pensam de mim. É bom verificar se a minha autopromoção não será percebida como uma mentira ridícula, diante da imagem que as pessoas já têm de mim. O mesmo ocorre com as instituições.

As consultas organizacionais a outros públicos podem ser feitas usando instrumentos de diagnóstico cultural, como veremos adiante.

Esses instrumentos ajudam a descrever a cultura real, calcada nos pressupostos/valores subjacentes e compará-la com a cultura desejada, calcada nos valores esposados.

Essa comparação pode ser fundamental para dar uma necessária dose de realismo aos valores endossados enquanto ainda estão sendo discutidos. Os valores anunciados precisam ter credibilidade, caso contrário, serão usados para atacar a organização, pelos seus desafetos.

Exemplo: se um banco é o campeão de queixas de clientes, segundo os órgãos de defesa do consumidor, é bem possível que esse banco queira mudar essa situação. Não é difícil de imaginar, também, que alguém na diretoria tenha a brilhante ideia de fazer uma campanha publicitária enfatizando que esse banco valoriza muito seus clientes e coloca a sua satisfação em primeiro lugar. Essa seria, aos olhos desse diretor, uma forma de estimular os funcionários a cumprirem com o dever de tornar essa promessa uma realidade. Seria também uma forma de enviar ao público uma mensagem diferente daquela que recebem do noticiário adverso. Se alguém fala mal de você, cabe a você falar bem de si mesmo para contrabalançar as mensagens negativas.

Entretanto, se a campanha for lançada com essas afirmações positivas sem qualquer mudança prévia na qualidade do atendimento, a publicidade será usada pelos críticos para aumentar as suas críticas: "Vejam como esse banco, além de tudo, é mentiroso: alega que valoriza a satisfação dos clientes, mas me tratou muito mal!"

Seria mais eficaz começar um processo de melhoria do atendimento, antes de qualquer outra coisa. Tendo verificado que a qualidade do atendimento melhorou, poderia então anunciar o fato com mensagens correspondentes. Talvez fosse o caso de articular valores usando termos como "buscamos melhorar sempre", ou "almejamos dar o melhor atendimento". Isso dá a ideia de um processo em andamento, de um esforço para atingir um resultado futuro. Mensagens desse tipo costumam ser percebidas com maior simpatia.

O importante é ter credibilidade. Para os públicos internos e externos, mais vale uma promessa tímida cumprida integralmente, do que uma promessa ambiciosa cumprida pela metade. **É melhor uma promessa curta cumprida do que uma promessa comprida de pernas curtas...**

O engajamento como desafio de gestão

Os líderes de quaisquer organizações querem que seu pessoal esteja capacitado e motivado para atingir os objetivos organizacionais. Capacitar é fácil, comparativamente. O difícil é motivar, engajar. Como fazer para que as pessoas se esforcem para atingir os objetivas da organização "além do exigido por uma questão de dever e obrigação? O que se deve fazer, como líder, para que as pessoas façam um "esforço discricionário", para que façam "aquele algo mais", para que se esforcem sem serem mandadas?

Na cultura anglo-saxônica se falou, durante décadas, em "*commitment*", traduzido como compromisso ou comprometimento. A tradução, como quase todas as traduções de qualquer idioma para qualquer outro, deixa a desejar. Sempre se perde alguma coisa na tradução e, nesse caso, não houve exceção.

A palavra compromisso tem no Brasil uma conotação negativa de obrigação, de algo que você faz porque está obrigado a fazer e não porque deseja fazer. Essa conotação não é a mesma no original da língua inglesa, onde *commitment* implica em assumir voluntariamente uma responsabilidade e desejar cumprir o combinado com outra pessoa. É claro que essas diferentes conotações estão ligadas aos valores culturais subjacentes nas respectivas culturas: as sociedades anglo-saxônicas são mais igualitárias do que a brasileira, que é mais hierárquica.

Nas sociedades igualitárias, o pressuposto da igualdade inclui a noção de que as pessoas combinam coisas entre si e se esforçam para cumprir com o combinado. Nas sociedades hierárquicas o pressuposto é de que uns mandam nos outros e as pessoas fazem aquilo que fazem por que estão obedecendo a alguém. Veremos isso mais adiante, ao tratar dos modelos culturais de Hofstede e de Wursten. Por enquanto, vale destacar que a palavra "engajamento" é relativamente nova na literatura de gestão americana e inglesa, surgiu nos anos 1990 quando o fenômeno da globalização revelou aos nossos amigos do Norte que a palavra "*commitment*" tinha uma conotação diferente.

Passou-se a utilizar mais amiúde o termo *engagement*, este sim bem traduzido como engajamento, e que denota um comportamento voluntário, discricionário, movido por emoções e um profundo desejo de fazer, não por uma questão de hierarquia, mas por uma questão de identificação com o propósito do que se deseja atingir.

Engajamento é mais do que motivação; tradicionalmente se considerava que para motivar as pessoas, para fazer com que elas fizessem aquilo que se desejava (para atingir as metas da empresa), era preciso oferecer uma recompensa ou punição ligadas ao comportamento desejado: se você fizer o que se quer, ganha uma recompensa; se não fizer o que se quer, receberá uma punição.

Ora, essa é uma visão behaviorista e bastante simplória do comportamento humano. Foi difundida no mundo inteiro a partir de valores anglo-saxões, disseminados especialmente nas faculdades de administração e escolas de negócios que se desenvolveram acreditando que o estilo de gestão inglês/americano é o estilo "certo" e todos os demais estão errados. Todavia, essa visão behaviorista de condicionamento e reforço é válida especialmente nas culturas anglo-saxônicas, que valorizam o desempenho e as consequências de curto prazo, mas não necessariamente em outras culturas.

Os próprios americanos e ingleses, ao expandir seus negócios para outras terras e se defrontarem com culturas diferentes, se deram conta, após algum tempo, que o conceito de motivação precisava ser ampliado para além dessa abordagem de "cenoura e vara".

No conceito tradicional, por muitos anos se ensinou que a maneira de motivar as pessoas seria, em outras palavras, tratá-las como burros de carga. Era comum se ver instrutores de treinamento demonstrando esse conceito de reforço por recompensa ou punição ilustrando a situação de um camponês que pendurava uma cenoura na ponta de uma vara e, montado no jumento, estendia essa vara na frente da cabeça do animal, o qual na tentativa de alcançar a cenoura, andava na direção desejada. Bastava apontar a vara para onde se queria ir e o burro se movia no sentido desejado.

O curioso é que essa metáfora foi muito difundida inclusive por professores e consultores do chamado movimento de Relações Humanas, na década de 1950, que usavam essa representação para advogar que um gestor não devia dirigir as pessoas com base no medo da sua autoridade, mas sim oferecendo-lhes a perspectiva de uma recompensa.

4. CULTURA ANUNCIADA E CULTURA VERDADEIRA

É claro que hoje podemos fazer a crítica de que tratar os integrantes de uma equipe como se fossem burros era, em si, uma burrice. Entretanto, numa perspectiva histórica, se tratava de uma evolução: se estava tentando passar de uma abordagem autocrática e militarista, utilizada com grande entusiasmo na época das grandes guerras, para uma abordagem mais pacifista e benevolente.

Essa benevolência não durou muito; já no final da década de 1960 a abordagem de Relações Humanas foi sendo abandonada, vista como benevolente demais. Os gestores reinterpretaram a metáfora da cenoura pendurada na vara e passar a se referir à mesma como sendo *the carrot and stick approach* (a abordagem da cenoura e vara), onde se dizia que se o burro/funcionário fazia o que se desejava, ganhava a cenoura; caso contrário, apanhava da vara.

Sem dúvida existe verdade no conceito: as pessoas agem para obter satisfação, prazer, recompensas, e evitam punições, dor, desprazeres. Entretanto, isso tudo ocorre no curto prazo e tende a se esvanecer a médio e longo prazo. Gerir pessoas apenas com esses conceitos significa ter sempre recompensas atraentes e/ou castigos temidos disponíveis para serem utilizados. Na prática, as pessoas que são diferentes dos jumentos desenvolvem uma perda de sensibilidade a esses estímulos, com o passar do tempo. O uso repetido do mesmo prêmio (ou do mesmo castigo) não obtém mais o mesmo efeito.

Essa visão curto-prazista, entretanto, continua bastante popular até hoje nas culturas anglo-saxônicas e levou a uma outra distorção, que é a noção falsa de que as pessoas somente se motivam por dinheiro. Vem daí a popularidade, no mundo inteiro, da remuneração por desempenho e dos planos de bônus.

Ocorre, entretanto, como já havia demonstrado Frederick Herzberg em 1956 (Herzberg, Frederick and Mausner, Bernard; Snyderman, Barbara B. - The Motivation To Work – New York: John Wiley and Sons, 1956.), que o dinheiro é um fator dito "de higiene" e não "de motivação", ou seja: quem ganha pouco, se sente insatisfeito; porém quem ganha muito, passa a buscar motivação em outras coisas e não apenas em ter mais dinheiro. Quem ganha muito deixa de sentir-se insatisfeito, mas atinge um estado de neutralidade. Para sentir-se satisfeito, passa a buscar outras recompensas, de cunho psicológico, como reconhecimento e prestígio.

Inclusive na sociedade americana os planos de bônus hoje em dia servem muito mais como uma forma de valorização e reconhecimento, sendo um símbolo de sucesso e vitória, que transcende o valor pecuniário do prêmio atribuído.

O desafio dos gestores passou a ser: como motivar o desempenho no longo prazo, sem precisar de um arsenal de prêmios? Como motivar o desempenho quando não há nenhum castigo disponível para instaurar a gestão pelo medo?

Ao trabalharem em culturas do terceiro mundo, os gestores de multinacionais começaram a observar que havia pessoas que trabalhavam com grande dedicação, mesmo com a ausência de prêmios (quando o orçamento não permitia esse tipo de despesa) e de castigo (quando as pessoas tinham proteção legal contra demissões arbitrárias, transferências indesejadas e outras medidas comuns no mundo organizacional anglo-saxão).

O interesse pelo conceito de engajamento cresceu ao se observar o chamado "comportamento discricionário": pessoas que iam além daquilo que se lhes pedia fazer, se dedicavam mais do que o considerado necessário. Essas pessoas apresentavam sugestões, ideias novas, inovações; faziam algo extraordinário para satisfazer seus clientes ou para obter uma qualidade superior de um produto.

O que movia essas pessoas a fazerem mais do que o padrão estabelecido? O que fazia com que buscassem não apenas atingir metas, mas superá-las? Por que essas pessoas criavam formas diferentes de trabalhar, atingindo resultados melhores do que seus chefes esperavam?

Acontece que as pessoas não são jumentos, por incrível que isso possa parecer... Uma vez satisfeitas as necessidades básicas, de fatores ditos "higiênicos", como ter um salario digno, condições físicas adequadas e segurança no emprego, as pessoas buscam então os fatores "motivacionais": seu comportamento se dirige a obter outro tipo de satisfação, que não depende da conduta do seu chefe imediato no curto prazo e sim de fatores que tocam em aspectos mais profundos da condição humana. Isso é o engajamento, o qual, por isso mesmo, é mais difícil de ser entendido e gerenciado, uma vez que se trata de administrar coisas mais amplas, mais profundas e de efeito mais longo do que a gestão de um burro de carga.

Obter uma grande vantagem pessoal ou recompensa é algo que funciona no curto prazo. Ser reconhecido/respeitado por ser o "vendedor do mês" também funciona no curto prazo. Todavia, o engajamento vai mais longe e transcende a atuação do chefe direto.

Na minha experiência encontrei três aspectos que levam ao engajamento:

Fazer parte de algo maior que nos faz sentido em termos de propósito e valores

Pertencer a um grupo

Ter impacto e participar

Vejamos cada um desses aspectos em mais detalhe.

Fazer parte de algo maior

O engajamento está muito ligado ao sentimento de identidade, ao mecanismo de identificação e à noção de "ego ideal".

Todos nós temos uma identidade, um sentimento de ser alguém que se diferencia de todas as outras pessoas no mundo. Podemos até ser parecidos com outros, mas ninguém é exatamente igual a mim; sou uma pessoa única, como todas as pessoas são únicas, de uma forma ou de outra.

Aliado a essa noção de que "eu sou eu", existe a noção do ego ideal, que significa quem eu gostaria de ser. Existe uma versão melhor de mim mesmo, uma ideia inconsciente (ou semiconsciente) de como eu deveria ser. Essa versão melhor de mim mesmo norteia meu comportamento em termos de valores e orienta minha conduta em termos do que eu considero ser o "ideal" em cada situação que enfrento no dia-a-dia. **Entre aquilo que sou e aquilo que desejo ser, passo a vida fazendo o que faço.**

O mecanismo de identificação é um processo pelo qual eu associo minha identidade com a identidade de outra pessoa, pessoas, grupos, ou organizações, na medida em que elas me aproximam mais do meu ideal. Eu me identifico com meus ídolos nas artes, no esporte, na vida, porque eles representam alguns aspectos do meu ego ideal, daquilo que desejo ser como pessoa. Eu me sinto igual a esses ídolos, pelo menos em parte, e isso me dá um sentimento de estar sendo também exitoso, bem sucedido, reconhecido.

O mesmo ocorre igualmente em relação a grupos e organizações, nas artes, nos esportes e no trabalho. Ao torcer por um time de futebol, eu me sinto parte desse time.

O Dr. Paulo Gaudêncio, psiquiatra e consultor de organizações, contou certa vez uma anedota verdadeira como ilustração do mecanismo de identificação, que passo a recontar.

Na década de 1970, a equipe de futebol do Corinthians Paulista atingiu um marco negativo de ficar mais de 20 anos sem conquistar o título de campeão do estado de São Paulo; quando, finalmente, obteve o título tão almejado numa partida memorável, a torcida comemorou de maneira extrema, extravasando anos de frustração. Houve invasão geral do campo no final do jogo, pessoas atravessando o gramado de joelhos, arrancando as redes dos gols para levar pedaços para casa como lembrança, celebração generalizada.

Num primeiro momento a polícia militar tentou conter a multidão, mas era gente demais para ser controlada. Em meio à confusão geral, funcionários do clube tentavam proteger os torcedores da violência policial. Lá pelas tantas, um policial agarrou um torcedor pela camisa, ameaçando bater nele com seu cassetete, pois o torcedor tentava arrancar as redes das traves de uma das goleiras. Esse torcedor exclamou: "Não me bate não, seu guarda… EU SOU CAMPEÃO!"

Naquele momento de grande euforia, cada torcedor se sentia campeão, identificado com o time que havia conquistado o título no gramado Essa é a base da identificação que milhões de pessoas sentem no mundo inteiro ao assistir eventos esportivos: nos sentimos vencedores como os atletas aos quais estamos assistindo e incentivando.

Esse mesmo processo ocorre no trabalho, quando um funcionário se identifica com a organização da qual faz parte. A sua identidade individual se confunde com a identidade coletiva e abstrata da organização. Ao fazer parte de algo maior, de uma organização, de um movimento, de uma causa, essa organização, causa e/ou movimento faz parte de mim, também. Nossas identidades se unem e se confundem. Os objetivos da organização se confundem com os meus e eu passo a agir com o mesmo entusiasmo e dedicação que atribuo à busca dos meus objetivos pessoais, à busca de ser mais próximo do meu ego ideal.

Para obter esse tipo de engajamento, através da identificação com algo maior do que o indivíduo, como uma grande causa social ou política, ou um grande feito esportivo ou artístico, é preciso mais do que aquilo que um gerente de equipe é capaz de fazer. Esse "algo maior" é definido por fatores mais amplos do que as tarefas do dia-a-dia: depende de objetivos estratégicos de longo prazo, do sentido de missão e propósito da organização, depende da ambição da instituição, qualquer que seja essa ambição.

Na medida em que essa ambição esteja suficientemente próxima das ambições dos indivíduos, estes se sentir\ao identificados e engajados. Quando a ambição organizacional (aquilo que a organização quer ser) se afasta daquilo que os indivíduos desejam, não há identificação e nem engajamento.

Essa proximidade ou distância independe de um conceito único de moralidade: aquilo que é imoral e antiético para alguns, pode ser exatamente o que outros desejam. Para que haja identificação e engajamento, basta que haja congruência entre as causas individuais e a causa que a instituição representa. Essa causa pode ser a erradicação da fome (um objetivo nobre) ou a destruição de um inimigo na guerra.

O que o gestor pode fazer é recrutar e selecionar pessoas para trabalhar na sua equipe que estejam identificadas com as causas que a organização representa, sejam elas nobres ou não. Se o propósito de uma organização é apenas maximizar o seu lucro, o gestor deverá buscar pessoas que se identifiquem com esse propósito. Se o objetivo da organização for satisfazer seus clientes, o gestor deverá buscar pessoas que se identifiquem com isso. Vide a obra *"Purpose"*, de Nikos Morkougianis (Morkougiannis, Nikos – "Purpose: The Starting Point of Great Companies", London: Palgrave MacMillan Trade, 2014), que aprofunda a questão dos diferentes propósitos de diferentes organizações, que podem estar mais ligados aos conceitos de excelência, de heroísmo, de altruísmo ou de inovação.

Pertencer a um grupo

Sentir-se parte de um grupo é um sentimento também associado à noção de identificação, porém nesse caso o sentimento predominante não é o propósito, mas sim o "estar junto" com outras pessoas que compartilham determinados estilos de ser, uma forma semelhante de trocar afeto (ou de não trocar afeto). Se trata do sentimento de que "não estou sozinho, tenho companheiros com os quais me sinto bem e isso me passa uma sensação de relativo conforto e segurança", mesmo que a atividade empreendida seja perigosa, como sabotar as instalações de um inimigo de guerra ou explorar um território infestado por animais selvagens.

Esse compartilhamento de valores e/ou estilos, de estar com pessoas que possuem coisas em comum, pode ser um fator poderoso de engajamento, especialmente em culturas coletivistas como as encontradas na América Latina, na África e na Ásia (embora possa ser observado também em outros lugares do mundo, talvez com menor intensidade).

Ter impacto e participar

Considero que a participação é a forma mais poderosa de engajar as pessoas; e é algo que custa muito pouco em termos de despesa direta.

Todas as pessoas possuem um desejo intrínseco de fazer algo que tenha algum impacto sobre os outros que os cercam; o que varia é a forma de expressar isso e o grau em que cada um necessita de orientação e/ou permissão para o seu comportamento. Em certas culturas é preciso receber um grau maior de orientação e permissão; em outras, para bom entendedor meia palavra basta.

Existem, é claro, variações individuais nesse aspecto, como nos antes mencionados também. Certas pessoas querem maior autonomia, enquanto que outras se sentem melhor quando recebem instruções claras e limites definidos sobre o que devem fazer.

Na prática, cada um deseja trabalhar num ambiente que lhe proporcione a medida exata de possibilidade de exercer impacto, de acordo com aquilo que tem como sendo o ideal (aqui surge mais uma vez a noção do "ego ideal", aquilo que desejo ser). Quando tenho um elevado desejo de participar, de gerar impacto com minhas ações, e a instituição me oferece esse espaço, ocorre o engajamento.

Quando o espaço oferecido é menor do que aquilo que desejo, o que se vê geralmente é que a pessoa se engaja em outras atividades, fora do trabalho. É comum se observar funcionários apáticos no serviço, mas que se transformam fora dele, ao se dedicarem a outras causas e objetivos. O exemplo clássico é o das escolas de samba do Rio de Janeiro: operários que demonstram apatia no seu emprego, muitas vezes se transformam em trabalhadores dedicados, cheios de iniciativa, capazes de trabalhar noites inteiras como voluntários, preparando o desfile de sua escola. Outros

4. CULTURA ANUNCIADA E CULTURA VERDADEIRA

são líderes comunitários, exercendo papel importante no ambiente onde vivem, embora na empresa passem despercebidos.

Se a organização que lhes dá emprego não oferece oportunidades de participar, essas pessoas aplicam sua criatividade e empenho nos espaços comunitários em que espaços lhes são oferecidos.

A dificuldade das organizações tradicionais está num aspecto muito simples: a delegação. Chefes excessivamente controladores e organizações de estruturas centralizadas têm dificuldade em delegar, em abrir mão do controle total sobre seus procedimentos. Isso tolhe e infantiliza os funcionários, que por sua vez então buscam espaços fora da empresa para exercer sua capacidade de gerar impacto maior com o que fazem. Quem mais perde com isso é a empresa, que sai à procura de alguma "fórmula mágica do engajamento" para aumentar a produtividade.

O primeiro passo é simples: basta delegar mais, abrir espaços à participação dos funcionários. O segundo passo exige um pouco mais dos gestores: é preciso saber gerenciar a participação.

Num extremo, os gestores controlam tudo; no extremo oposto, deixam o barco correr e em nada interferem. A virtude, como sempre, está no equilíbrio: o bom gestor é aquele que sabe agir também como facilitador, coordenador e *coach*. É mais difícil exercer esses papéis, motivo pelo qual são poucas as organizações que fomentam uma gestão participativa, especialmente em culturas organizacionais hierárquicas.

Com isso se beneficiam os consultores especializados em obter o engajamento: ensinam os gestores a fazer aquilo que deveriam fazer desde que se tornaram supervisores de primeira linha, ou seja: delegar, coordenar e estimular a participação dos integrantes de suas equipes nos processos decisórios.

O caso da Semco, em São Paulo, se tornou uma referência internacional e foi considerado revolucionário. Na verdade, o que ocorreu foi simplesmente que Ricardo Semler, seu CEO, e Clóvis Boljikian, seu Diretor de Pessoas muito menos conhecido do grande público, trataram de abrir espaços para a participação dos funcionários em aspectos extremamente simples, como a escolha do cardápio do refeitório e a escolha das cores das paredes da fábrica e dos escritórios. Isso, em si, foi efetivamente uma revolução, pois tradicionalmente essas decisões eram tomadas pela cúpula da empresa.

Ao decidir por uma gestão participativa, Semler e Boljikian enfrentaram enorme resistência dos gerentes de nível médio, pois esses tiveram que aprender a gerenciar suas equipes como verdadeiras equipes, compostas por pessoas inteligentes e autônomas, e não por idiotas. É muito mais fácil ser um capataz ou feitor de escravos; é bem mais difícil agir como verdadeiro gestor.

Por tudo isso, o engajamento das pessoas é um tema de relativa dificuldade de implantação. É preciso considerar o posicionamento da empresa enquanto executora de um papel social, fornecedora de produtos e serviços que agregam valor verdadeiro a seus clientes. O lucro da empresa comercial, como professa o consultor José Carlos Teixeira Moreira na sua Escola de Marketing Industrial, deve ser um lucro merecido e uma decorrência do valor agregado oferecido aos clientes e à comunidade em geral.

Além disso, é preciso criar um ambiente em que os funcionários se sintam parte de um grupo, ao invés de se sentirem isolados.

Para culminar os dois aspectos anteriores, é preciso possibilitar que o pessoal sinta que suas ações têm impacto sobre o processo decisório, sobre a clientela e sobre a comunidade em geral. Somando esses três aspectos se obtém o tão desejado engajamento.

Vejamos em seguida um caso real que vivi como consultor de uma grande empresa brasileira que é hoje respeitada no mundo inteiro.

Primeiro caso: renovação da cultura anunciada

A Construtora Roberto Pedrosa (nome fictício) é daquelas organizações que se costuma dizer que tem uma cultura organizacional muito forte. A empresa foi estabelecida há mais de cinquenta anos e sua filosofia de gestão está claramente explicitada em diversas publicações que são oferecidas a todos os funcionários desde seu primeiro dia de trabalho.

Todos são instados a ler essas publicações e adotar a maneira de trabalhar descrita nas mesmas, especialmente aqueles que ocupam postos de liderança e gestão de equipes e negócios.

A organização hoje em dia diversificou seus negócios, que não se restringem apenas à engenharia e à construção civil. Existem empresas do grupo Roberto Pedrosa que atuam em ramos do setor de serviços e também na indústria e no comércio, em que pese a organização ser mais conhecida pela atuação da construtora. Ao todo são mais de 40.000 funcionários; a maioria deles atua no Brasil, mas existem filiais bem sucedidas em outros países das três Américas, na África e na Europa.

Quando fui procurado por um dos diretores da "holding", Flávio Sintra (nome fictício), ele me explicou que a diretoria estava preocupada com o crescimento excessivamente rápido da organização e com o risco de que isso pudesse acarretar um enfraquecimento da cultura a médio e longo prazo.

A empresa estava se desenvolvendo com ótimos resultados financeiros. Seu plano estratégico de cinco anos estava no final do ciclo e todas as suas metas de crescimento, expansão e lucratividade estavam prestes a serem superadas, sendo que algumas dessas metas finais já haviam sido atingidas mais de seis meses antes do prazo final de vigência do plano. A organização estava empenhada em desenvolver um novo plano estratégico, igualmente ambicioso, para os próximos cinco anos.

Ao iniciar a discussão desse plano, fazendo uma avaliação da situação atual e dos sucessos obtidos, alguns diretores haviam manifestado essa preocupação com o futuro da cultura. No período de rápido crescimento, muitos gestores sênior haviam sido contratados no mercado, pois a organização não conseguia formar internamente os gestores sênior na quantidade demandada e com a rapidez necessária. Isso significava que alguns dos líderes, ocupantes de posições-chave do grupo, tinham uma noção relativamente superficial dos princípios de gestão que compunham a chamada FORP (Filosofia Organizacional Roberto Pedrosa), uma vez que não estavam há 10 ou 20 anos na empresa, mas apenas há um ou dois.

A diretoria da holding sempre valorizou a aprendizagem no próprio trabalho, muito mais do que em salas de aula ou em seminários de treinamento. Acreditavam que a cultura se fortalecia com uma visão eminentemente pragmática, calcada na experiência de trabalho no dia-a-dia. Promoviam sempre "on-the-job-training", ao invés de cursos numa universidade corporativa, por exemplo. Entretanto, diante da necessidade de agir com uma certa rapidez sobre o tema cultura, estavam dispostos a investir em seminários e cursos que pudessem promover uma revitalização dos princípios da FORP.

Havia ainda uma preocupação com a maneira de conduzir esse processo de vitalização. Os diretores não queriam abrir espaço para discutir os princípios em termos de possibilitar a sua modificação, nem mesmo a sua modernização pelo uso de outros termos, mais atuais. Queriam ver a FORP revitalizada, renovada e fortalecida, mas sem mudar uma vírgula dos seus princípios fundamentais.

O diretor da holding havia sido, ele próprio, um consultor de empresas com bastante experiência em assuntos de cultura organizacional, muitos anos atrás. Em tese, possuía todas as qualificações para conduzir o processo internamente, sem necessidade de recorrer a um consultor externo. Entretanto, preferia que o trabalho fosse conduzido por um consultor externo para garantir uma condução objetiva e isenta. Um trabalho desse tipo, se conduzido internamente, poderia estar sujeito a distorções ou vieses decorrentes das relações de poder históricas entre as pessoas envolvidas. Além disso, o diretor tinha uma série de outras responsabilidades às quais necessitava dedicar seu tempo e sua atenção.

Diante dessa demanda, convido o leitor a colocar-se na posição de um consultor que se depara com esse caso e deve responder às seguintes questões:

1. O que se poderia propor como abordagem para atender a demanda dos diretores dessa organização?
2. Quem você envolveria no processo?
3. Que sequência de passos fariam parte da sua proposta?

Continuação do caso como aconteceu na vida real

A proposta apresentada e aprovada pela empresa envolveu a realização de um seminário com cinco dias de duração em regime residencial num hotel cinco estrelas nos arredores de uma capital, para dois grupos de 15 a 20 participantes cada um. Os integrantes desses grupos eram todos gestores de alto nível no grupo de empresas, ocupando cargos de presidência ou diretoria de negócios que se reportavam à *holding*.

O seminário foi posicionado como sendo um foro para discutir e desenvolver a aplicação prática dos princípios da FORP. Esses princípios não seriam questionados, mas a sua aplicação no dia-a-dia, sim. Os participantes foram convidados, pelo programa do seminário, a questionar como se poderia melhorar a aplicação da Filosofia Organizacional na prática, em termos de sua própria experiência pessoal passada, presente e futura, no trato com seus reportes diretos e com seus interlocutores em geral, dentro e fora da empresa.

Com essa abordagem, optamos de comum acordo por não fazer um diagnóstico da cultura organizacional prévio aos seminários. Ao invés disso, o diagnóstico foi feito pelos participantes no próprio seminário, como uma das atividades do mesmo. A isso Richard Bechard chamava de "uma abordagem de pesquisa-ação", pois se tratava de pesquisar a opinião dos participantes e imediatamente engajá-los num plano de ação, como parte da mesma atividade.

Durante cinco dias os participantes se envolveram em exercícios de simulação em pequenos grupos, ora em equipes de 6 a 8 pessoas, ora em trios, e às vezes em discussões e exercícios com todo o grupo. Houve *role plays* (dramatizações) com casos fictícios e com casos reais trazidos pelos próprios integrantes do grupo.

Uma das atividades-chave no decorrer do seminário foi a abordagem das "12 perguntas de Reddin", descritas mais adiante em capítulo específico desse livro. Através dessas perguntas, os participantes descreveram a situação atual, em termos da prática da FORP, a situação desejada considerada "ideal", e formularam uma série de sugestões para chegar a essa situação desejada. Foi a abordagem de "pesquisa-ação" empregada na prática.

No último dia do seminário, o Presidente da *holding* veio até o local do evento, almoçou com o grupo e, na parte da tarde, assistiu a uma série de apresentações feitas por subgrupos menores sobre suas sugestões para melhorar a prática da FORP.

O resultado final foi bastante positivo para ambas as turmas. Os participantes se sentiram engajados no processo e assumiram ativamente seu papel de líderes da revitalização de sua cultura organizacional. O Presidente da *holding* ficou bem impressionado com a qualidade das propostas, sendo a maioria delas implementada nas semanas seguintes a cada seminário.

Em função disso, a Construtora Roberto Pedrosa decidiu iniciar um processo de disseminação dessas discussões para os níveis intermediários de sua estrutura organizacional. Foram realizados uma série de seminários para os gestores que se reportavam àqueles que haviam participado do primeiro evento. Desta vez, os seminários duravam três dias cada um e contavam com até 40 participantes em cada turma, sendo realizados em diferentes locais no Brasil e no exterior. Ao todo, cerca de 200 gestores participaram dessa segunda série de seminários.

Em todos eles a questão central era como melhorar a prática da cultura desejada, a aplicação dos princípios da FORP (cultura oficial, anunciada) na rotina diária. A metodologia era sempre vivencial, envolvendo simulações e dramatizações, bem como discussões em pequenos grupos; e um dos resultados principais era o conjunto de propostas apresentadas pelos participantes, em cima das perguntas de Reddin, propostas estas encaminhadas para a diretoria da empresa para aprovação e implantação.

Questões para refletir e exercitar os conceitos

Pense numa organização da qual você faz parte. Pode ser uma empresa onde você trabalha, ou a unidade específica onde você está empregado. Se você é estudante, pode ser a sua universidade, faculdade ou colégio, ou ainda a sua turma específica para determinadas cadeiras. Como se aplicam os conceitos de valores anunciados e valores subjacentes a essa organização? Faça uma pequena lista com três ou quatro valores anunciados e três ou quatro valores subjacentes (efetivamente praticados) nessa organização que você escolheu. Discuta suas listas com um colega e veja se vocês são capazes de chegar a um consenso sobre as mesmas.

A cultura organizacional é mais maleável do que a cultura nacional, pois ela é formada, basicamente, pelo comportamento dos líderes da organização. Vejamos, a seguir, como é importante o papel da liderança em relação à cultura organizacional.

5. Cultura Organizacional e Liderança

Comunicação ou gestão?

Nos idos de 1972, quando eu cursava o segundo ano de faculdade, fui fazer meu primeiro estágio numa empresa. Trabalhei por alguns meses com meu professor de Psicologia Social, Roberto José Porto Simões, que na época atuava também como consultor de Comunicação e Relações Públicas. Aprendi com ele a dar meus primeiros passos na área de consultoria, como assistente do seu trabalho.

Ele me explicou que seu trabalho, na verdade, era um trabalho de Desenvolvimento Organizacional: ele ajudava empresários a melhorar a gestão de suas empresas, abordando aspectos técnicos e de gestão de pessoas. Acontece que os empresários em geral não tinham apetite para contratar um consultor de gestão. Talvez, inconscientemente, isso significasse para eles admitir que estavam gerindo mal seus negócios e que precisavam entregar a gestão a um terceiro. Qualquer que seja o motivo, o fato é que seus clientes viam com mais simpatia a contratação de um "consultor de comunicação". Era com esse mote que o procuravam.

Ele, tipicamente, se apresentava como tal. Seus primeiros contatos com o cliente envolviam apresentações sobre Comunicação e Relações Públicas. Nessas reuniões, o Professor Simões salientava que de pouco adiantaria promover a imagem da empresa se não houvesse por traz disso uma organização que correspondesse à imagem comunicada. Portanto, era preciso abordar as questões de gestão que estavam por trás dos problemas de comunicação. Estes eram apenas sintomas aparentes de um mal mais profundo. Era preciso atacar a origem do problema, indo mais fundo nas questões de gestão organizacional, inclusive clima e cultura.

O trabalho de consultoria se voltava então para questões básicas de gestão: clareza da estratégia, gestão do desempenho, sistemas de informação gerencial, etc. A comunicação interna fazia parte dessa abordagem; a comunicação externa surgia de volta no cenário um pouco mais adiante, quando as questões internas de gestão estavam encaminhadas para a sua solução.

Quase trinta anos depois, voltei a viver uma situação semelhante ao conhecer Ricardo Guimarães, publicitário e consultor de "branding" muito conhecido em São Paulo. Quando eu fui Diretor Executivo de Recursos Humanos do então Banco ABN AMRO Real, Ricardo se aproximou da diretoria do banco e começamos a discutir a identidade da marca "Banco Real." Nessa discussão, logo ficou claro que ao discutirmos aquilo que desejávamos comunicar, estávamos discutindo a própria cultura da organização. Ao falarmos dos valores a serem anunciados, se tocava necessariamente nas questões de cultura, direta e indiretamente. Entretanto, é importante reconhecer este fato e enfrentar as questões dos valores subjacentes, coisa que Ricardo Guimarães fez e toda a diretoria do banco também fez. O risco está em tangenciar as questões dos valores subjacentes e ficar apenas na superfície, tratando somente dos valores anunciados. Conforme já dito, **ficar na superfície é o que afunda a organização.**

Cultura Organizacional

Ao falarmos de cultura organizacional, portanto, é importante verificar se associamos esse termo à parte mais visível e aos valores declarados, ou se associamos o termo à parte menos visível e aos valores subjacentes (os "pressupostos" de Schein). Falar dos valores declarados é falar da imagem da instituição (tanto interna quanto externa), mais ligada à cultura desejada. Falar dos valores subjacentes é falar da verdadeira cultura organizacional, é falar da cultura real.

Daqui em diante, nesta obra, vamos deixar para trás a discussão da imagem e dos exercícios de marketing e comunicação. Vamos tratar da cultura real, da cultura que determina a conduta das pessoas, vamos tratar de gente e gestão. Vamos focar o que Schein chamou de pressupostos da cultura e que Hofstede chamou de valores subjacentes.

5. CULTURA ORGANIZACIONAL E LIDERANÇA

A cultura organizacional se tornou um desses termos "da moda" nos últimos anos, no Brasil e em outros lugares do mundo. Os sucessos e os fracassos das grandes empresas são atribuídos "à sua cultura organizacional", como se com uma frase fosse possível explicar tudo. A empresa "Xistrosa" é líder do seu mercado "por causa da sua cultura". "Ah, eles têm uma cultura muito forte!"

De outro lado, se explicam os fracassos: "A empresa "Ystrosa" está prestes a falir... "também, com aquela cultura!... não se podia esperar outra coisa."

Os departamentos de Gente & Gestão se preocupam com o tema. "Precisamos mudar a nossa cultura!" O CEO exige: "quero uma cultura de vencedores!" A maioria das pessoas, no entanto, usa o termo com facilidade, como se dominasse o assunto, sem realmente saber do que está falando. Alguém disse que a cultura é como o tempo, no seu sentido meteorológico: todo mundo comenta, mas não há nada que se possa fazer a respeito...

Ledo engano! A cultura organizacional pode ser mudada, planejada, reformatada, conforme se queira... Mas é preciso entender do que se trata para poder agir de forma efetiva e realizar o que se quer. Diga-se de passagem, mudar a cultura de qualquer organização não é fácil; mas sem dúvida é possível, desde que se observem uma série de aspectos relevantes.

Existem, portanto, duas questões iniciais a serem enfrentadas:

a. a cultura organizacional é algo que realmente existe e merece atenção? E...
b. é possível mudar a cultura organizacional?

A resposta curta e grossa é "sim" nos dois casos: a cultura é importante e ela pode ser mudada, sim. Vejamos cada uma dessas questões com mais detalhes.

A cultura é importante

Conheço algumas pessoas que dizem "esse negócio de cultura organizacional é balela! Isso não existe; e se existir, é impossível de mudar, não adianta discutir esse assunto!"

Essas pessoas estão redondamente enganadas. Ocorre que para elas é mais fácil negar a existência da questão, para não ter que enfrenta-la. Principalmente quando se percebe que enfrentar a questão da cultura organizacional exige uma certa capacidade de pensamento conceitual e abstrato, bem como uma capacidade de pensamento estratégico. Por outro lado, é perfeitamente possível traduzir as questões de cultura organizacional de maneira simplificada, sem a necessidade de grandes elucubrações herméticas. Dá para falar de cultura usando linguagem simples.

Do que se trata, afinal? A cultura é "o jeito como a gente trabalha aqui". Esse "jeito como a gente faz" acontece por que cada organização, quer seja grande ou pequena, tem um conjunto de "normas não escritas" que as pessoas respeitam, mesmo sem se dar conta.

Algumas normas de comportamento são escritas num regulamento interno, num conjunto de políticas e procedimentos. Outras normas (a grande maioria) não estão escritas em lugar nenhum, mas todo mundo sabe e respeita. Essas normas são divulgadas informalmente, de boca a boca, ou são aprendidas por observação.

O funcionário novo da empresa Ystrosa logo percebe, desde o primeiro dia, que as pessoas têm um comportamento um tanto formal: os homens usam gravatas, as mulheres usam roupas discretas. Não existe uma regra escrita na empresa sobre o padrão de vestir; mas todos sabem que usar tênis não fica bem e usar gravata é o que se espera dos homens, inclusive nas sextas-feiras. A empresa não tem "casual Friday" e não tem norma escrita a respeito, mas todo mundo sabe.

As pessoas também sabem que quando o presidente chega de manhã, todos devem parecer ocupados; ninguém cumprimenta o "Seu" Fulano, embora não haja também norma sobre isso. Mas todo mundo sabe.

Na empresa Xistrosa se observa uma situação distinta: ninguém usa gravata. O "Seu" Ciclano chega de manhã cumprimentando todo mundo e o que se espera de cada um é que pare o que está fazendo e que retribua o cumprimento.

Essas duas empresas têm culturas diferentes. Uma cultura não é necessariamente melhor do que a outra; mas existe uma diferença, que é visível ao observador atento e pode ser descrita em palavras e até medida estatisticamente de acordo com categorias, dimensões e números. Todavia, geralmente as pessoas que trabalham em cada empresa têm mais dificuldade em se dar conta da cultura na qual estão inseridas. O observador externo tem mais facilidade em perceber essas "normas não escritas".

A definição mais erudita é que "a cultura de uma organização é o conjunto de normas explícitas e implícitas que regulam o comportamento dos seus integrantes e definem o que é aceito e o que não é; o que é considerado adequado e não adequado; o que se considera 'certo' ou 'errado.'" (Lanzer, 2013)

O que a cultura organizacional tem a ver com o sucesso ou o fracasso das empresas? Algumas culturas são estimulantes e motivadoras, levam as pessoas a trabalhar com mais eficiência e eficácia, a serem mais criativas, dedicadas, a "vestirem a camisa" e ir além do que é a sua obrigação. É o que se chama de "engajamento", outra palavra da moda. Essas empresas geralmente têm melhores resultados, seus clientes são mais satisfeitos e dão melhor retorno para seus acionistas, através de maior produtividade e lucratividade.

Outras culturas tendem para o inverso: são menos estimulantes, ou até mesmo desestimulantes. As pessoas só trabalham lá porque necessitam do emprego e fazem o mínimo necessário para não serem mandadas embora. Essas culturas não reforçam a criatividade, nem a eficiência ou a eficácia. Isso afeta a produtividade e a lucratividade da empresa e leva, eventualmente, à bancarrota. (Vide Ghoshal, Sumantra – "Transnational Management", Londres: 1981).

Tal Presidente, tal organização

É claro que todo empresário gostaria de ver na sua empresa uma cultura do tipo "S" (de sucesso) e não uma cultura do tipo "F" (de fracasso). Notem que as duas letras têm pronúncia semelhante... A distinção entre culturas que levam ao sucesso não é tão fácil de distinguir das culturas que levam ao fracasso, necessariamente. Por aí começa a dificuldade, aquela dificuldade que leva alguns a negar a questão como um todo e desistir antes de começar.

Some-se a isso o fato de que a cultura organizacional é formada, basicamente, como uma consequência do comportamento dos seus líderes. Dentre esses, geralmente a maior influência é exercida pelo próprio Presidente da empresa, que muitas vezes é também o fundador da organização.

Sem se dar conta, o Presidente é o principal influenciador da cultura; não por suas palavras, mas por suas ações.

Imagine a situação em que esse Presidente conversa com um consultor (interno ou externo) sobre a necessidade de mudar a cultura da organização. Ele deseja saber as razões da cultura atual não ser aquilo que ele queria...

O consultor deveria dizer: "A cultura atual está assim por causa do SEU comportamento! Alguma coisa você está fazendo para causar um efeito contrário aquele que você gostaria de causar... Vamos começar discutindo o que você está fazendo e como você deverá mudar seu próprio comportamento para que a cultura também mude."

Na prática, a maioria dos consultores tem receio de dizer as coisas de forma tão direta... Temem que a primeira reação do nosso Presidente seja justamente a de colocar esse consultor desaforado no olho da rua! "Que audácia! Eu pago uma fortuna para esse desgraçado vir me dizer que o problema sou eu?! Pois se justamente sou eu quem está querendo mudar a cultura para melhor! Eu não sou parte do problema, sou parte da solução!"

A verdade nua é ofensiva. Os Presidentes preferem ver a verdade vestida, ornamentada. Não estão preparados para ouvir que o principal culpado de uma cultura disfuncional é o próprio CEO da organização. A situação é semelhante à da mãe super-ansiosa que leva o filho ao psicólogo porque o menino é muito inseguro. O psicólogo não pode simplesmente dizer "Minha senhora, o problema do seu filho é VOCÊ!", por mais que isso seja verdade.

Tanto o psicólogo quanto o consultor dessas parábolas precisam se converter em diplomatas para que o processo não termine abruptamente com um desfecho negativo. Precisam "vestir" a verdade de forma que o processo de melhoria se inicie de forma construtiva e gradativa.

O consultor tipicamente propõe fazer um diagnóstico da cultura organizacional e apresentar um relatório. Dependendo da situação da organização, do quanto ela está disposta a pagar, e do grau de integridade do consultor, esse diagnóstico pode ser simples, rápido e barato; ou pode ser complexo, demorado e muito caro.

No fundo, no fundo, trata-se sempre de descrever a cultura atual e descrever a cultura desejada. Esse é o diagnóstico.

Todavia, existem várias maneiras diferentes de realizar essas descrições do atual e do desejado. E é importante também determinar QUEM fará essa descrição.

Questões para refletir e exercitar os conceitos

Escolha uma organização como objetivo de reflexão; pode ser a empresa em que você esteja empregado, o departamento ou unidade específica em que você trabalha, ou a universidade em que você estuda. Descreva, em três ou quatro frases, como é a cultura dessa organização.

Qual é a conexão existente entre aquilo que você acaba de descrever e o comportamento das lideranças nessa instituição que você selecionou para reflexão? Cite dois exemplos de comportamentos dos líderes que refletem a cultura dessa organização e ao mesmo tempo servem para reforça-la e dar-lhe o formato atual.

Se esses líderes deixassem a instituição e fossem substituídos por outros, o que aconteceria com a cultura?

Dizem que mudar uma cultura "não é como receita de bolo", ou seja, não se pode simplesmente seguir uma série de instruções escritas para chegar ao que se deseja. Neste livro, vamos desafiar essa noção. É possível, sim, escrever uma "receita de bolo" para mudar uma cultura. Vamos fazer isso aqui.

Todavia, é bom deixar claro que essa receita não é fácil de ser seguida e executada!... Como dizia minha avó, "isso é mais complicado do que receita de creme Assis Brasil!" (uma sobremesa tradicional gaúcha, realmente trabalhosa e difícil de "acertar"). É o que veremos nos próximos capítulos, começando por discutir até que ponto a cultura pode ser mudada, nosso assunto a seguir.

6. Cultura Organizacional e Mudança

A cultura organizacional pode ser mudada?

É claro que sim. Vamos, inclusive, divulgar aqui a receita para mudar a cultura de qualquer organização. Entretanto, a receita é realmente complicada e difícil de executar. Os ingredientes da receita são de importância total e alguns deles não são fáceis de achar...

Vocês lembram daquelas estórias de fadas (para as meninas) que os meninos prefeririam chamar de "aventuras de capa e espada", nas quais o herói precisava encontrar certos ingredientes raríssimos para livrar a princesa de uma terrível maldição? Geralmente era algo como "a flor do morango negro", que só existe no alto da Montanha das Estratégias do Desespero. Só floresce uma vez a cada dez anos e o cume da montanha é guardado pelo Dragão Intransigente, que cospe fogo pelo Ego e tem o apoio das Sete Consultorias Herméticas, que tiram os olhos da cara de qualquer empreendedor desavisado que tente pagar os seus custos para chegar ao cume da montanha.

Pois bem, mudar a cultura organizacional é mais ou menos como essas tarefas heroicas, só que exige mais coragem e mais persistência, enquanto que a princesa da vida real não é tão bonita...

Para orientar aqueles heróis (e heroínas) dispostos a tentar, mesmo assim, mudar a cultura de uma organização, o mais importante é ter uma visão simplificadora. Trata-se de um artefato que nada tem de mágico: é apenas uma forma de encarar questões complexas pelo seu lado mais simples, o que facilita qualquer abordagem.

O Eterno Triângulo

Todas as questões da vida, quer sejam organizacionais, de equipes, ou pessoais (de indivíduos) podem ser abordadas com mais facilidade se forem encaradas pelo prisma de um triângulo. Esse triângulo, que gosto de chamar de "Eterno Triângulo", porque se aplica a qualquer questão com a qual nos defrontamos, é composto por três vértices: onde estamos, aonde queremos ir e como chegar lá. Tudo muito simples, mas é inacreditável como milhões de pessoas no mundo inteiro se enrolam e se perdem ao tentar resolver questões sem usar esse prisma, que faz toda a diferença. (Figura 5)

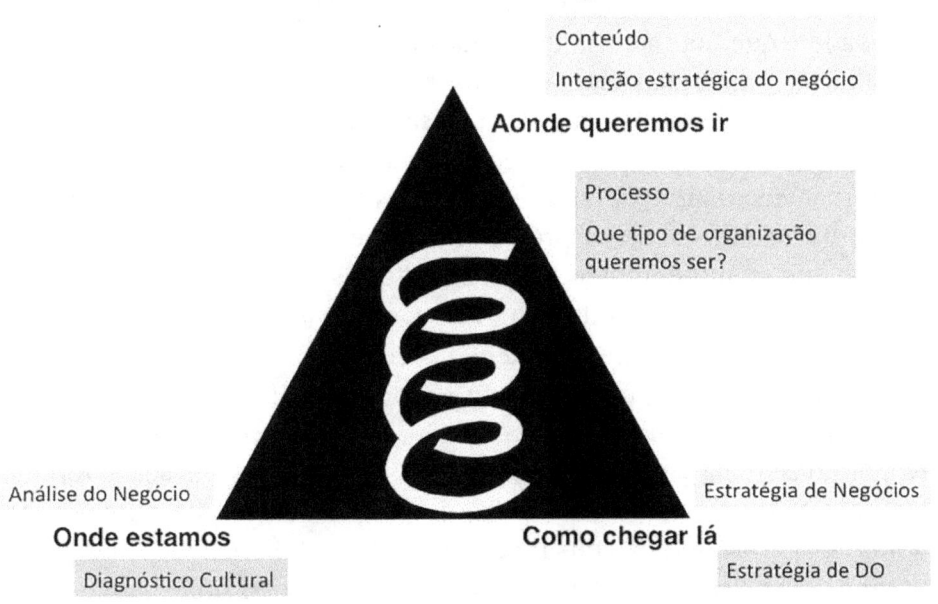

Onde estamos. Muitas pessoas preferem começar por este vértice, enquanto outras têm uma preferencia por iniciar a abordagem das suas questões pelo vértice do "aonde queremos ir". A ordem não faz tanta diferença, é apenas uma questão de preferencia pessoal. O certo é que estes dois vértices precisam ser abordados, por vezes quase que simultaneamente.

Em linguagem de consultoria esse vértice é referido como "diagnóstico organizacional" ou "análise do negócio". Se forem utilizados termos em inglês ("precisamos fazer um 'business analysis' do seu negócio") a conta sobe e o preço é contado em dólares americanos.

Olhando para a situação pelo prisma do eterno triângulo se vê que tudo o que se precisa ver é: qual é a situação atual? Esse reconhecimento da situação presente pode ser feito de inúmeras maneiras diferentes, algumas muito sofisticadas e outras muito simples. O importante é fazê-lo de tal forma que você se sinta suficientemente confortável e possa responder à pergunta "onde estamos?" de maneira satisfatória.

Em termos de cultura organizacional, isso envolve fazer algum tipo de diagnóstico. Como veremos adiante, este pode ser também extremamente simples ou extremamente sofisticado, conforme o gosto do freguês. Pessoalmente, confesso minha preferencia pelo simples, mesmo sabendo que a simplicidade pode ser mais difícil. Pode parecer estranho, mas a realidade é que, na maioria das situações, é mais fácil complicar do que simplificar. É mais fácil usar instrumentos sofisticados porque eles servem de defesa, eles nos ajudam a evitar que se tenha de enfrentar certas verdades desagradáveis, mais diretamente. Quanto mais sofisticada e complexa a abordagem, mais fácil será evitar essas verdades desagradáveis, tais como, por exemplo: nossa própria incompetência ou nossa ignorância. É disso que se alimentam as Sete Consultorias Herméticas dos contos de fadas. E se alimentam muito bem, com caviar russo e vinho francês.

As Sete Consultorias vendem instrumentos complicadíssimos, de preferencia em inglês, cobrando caro. Com isso ajudam a expiar a culpa dos dirigentes organizacionais, que são, afinal de contas, os principais responsáveis pela situação problemática atual da organização. Ajudam também a mascarar as deficiências dos dirigentes, já que ninguém entende mesmo o que os consultores estão falando. "Mas deve ser muito bacana o que eles estão dizendo, pois o preço é caríssimo!"

No Brasil, mais do que em qualquer outro país, vivemos a triste realidade de que "tudo o que é estrangeiro e caro (mesmo que cheire mal) é melhor do que aquilo que é local e barato." As consultorias estrangeiras acham ótimo.

O outro vértice do triângulo diz respeito a **aonde queremos ir**. Se trata, em linguagem de consultoria, da "intenção estratégica" da organização, aquilo que no século passado era chamado de "objetivos estratégicos" por Michael Porter e seus asseclas. Não deve se confundir com a estratégia organizacional, que é coisa diferente e se localiza no terceiro vértice do triângulo. A intenção estratégica tem a ver com a missão, ou propósito da organização e com aquilo que alguns chamam de "a visão" organizacional.

Em outras palavras, trata-se de um estado de coisas que desejamos alcançar e que ainda não alcançamos. Pode estar mais longe ou mais perto da situação atual. É importante delinear, justamente, quais são as distâncias entre as coisas que queremos alcançar e as características da nossa realidade atual. Geralmente se pode traçar um perfil daquilo que queremos atingir e comparar com o perfil traçado a respeito da situação vigente. Alguns aspectos poderão parecer mais distantes, outros mais próximos.

Em termos de cultura organizacional, *aonde queremos ir* diz respeito à cultura desejada. Essa cultura desejada deve ser descrita, de forma a oferecer uma comparação útil com a descrição da cultura atual. Quanto mais concretas e específicas forem essas duas descrições, mais úteis elas serão para abordar o terceiro vértice do triângulo.

Por este motivo, confesso ter um profundo desprezo pela abordagem que reza ser "a visão" de uma organização uma expressão traduzida numa única frase, num verdadeiro "slogan" de propaganda.

Os "slogans" publicitários são ótimos para chamar a atenção dos incautos e ajudam a vender a imagem de uma empresa. Todavia, contribuem pouco para o entendimento da cultura desejada, pois são expressões de linguagem geralmente vagas e sujeitas a interpretações muito contraditórias.

Os "slogans" têm seu lugar merecido nos anúncios publicitários da instituição. Para mudar a cultura, no entanto, precisamos de mais detalhes. Precisamos de uma descrição mais extensa, mesmo que simples, da cultura que desejamos ter. Precisamos disso para que todos os colaboradores da organização possam ter um entendimento compartilhado acerca da cultura desejada.

Como chegar lá é o terceiro vértice do Eterno Triângulo. Em linguagem de consultoria, se trata da estratégia organizacional propriamente dita. A estratégia organizacional é o enunciado das ações necessárias para levar a organização aonde ela deseja estar, partindo de onde está atualmente.

Em termos de cultura organizacional, se trata do plano de mudança cultural em si. É disso que trata a disciplina de Desenvolvimento

Organizacional: de um esforço de mudança planejada agindo sobre a cultura e o clima de uma instituição.

Tanto a estratégia de negócios da organização, como a estratégia de mudança organizacional, fazem parte do *como chegar lá*. Precisam estar em sintonia mútua, para que possam se reforçar simultaneamente. Caso contrário, ao invés de reforço mútuo teremos sabotagem mútua, mesmo que não seja essa a intenção de ninguém.

Em ambos os aspectos, entretanto, é fundamental ter acordados previamente os outros dois vértices do triângulo. Um erro tragicamente comum de muitas organizações é justamente engajar seus executivos numa estratégia de negócios sem ter antes uma noção clara da situação atual em termos de análise do negócio; ou começar um processo de mudança cultural sem ter feito um diagnóstico da cultura vigente e uma descrição completa da cultura desejada.

Voltemos, portanto, ao primeiro vértice mencionado: *onde estamos* em termos de fazer uma descrição completa da cultura organizacional atual.

Termômetro ou mão na testa?

Na sua versão mais simples, a descrição é feita pelo próprio Presidente, em conversa livre com o consultor. É claro que essa versão apresenta algumas limitações: é possível que o Presidente não tenha uma percepção nem completa e nem correta da cultura atual; é provável que ele não perceba, por exemplo, o quanto seu próprio comportamento determina a situação presente. Existem aspectos da cultura que possivelmente o Presidente não enxerga; provavelmente são aqueles aspectos que mais evidenciam a sua própria "culpa" na origem dos problemas da cultura.

Por tudo isso, tipicamente o consultor propõe que outras pessoas sejam ouvidas. A abrangência da consulta pode ser limitada a uma pequena amostra dos membros da Diretoria da empresa; ou pode chegar ao extremo oposto de consultar todos os empregados, fornecedores e clientes da organização. Geralmente, o consultor e o Presidente discutem as alternativas e escolhem um grau de abrangência intermediário, que seja suficientemente amplo para eliminar distorções individuais, mas que não precisa necessariamente incluir todas as pessoas que constituem a organização e mais todos os clientes e fornecedores. Tamanha abrangência encarece o diagnóstico e não é sempre necessária para se ter um retrato preciso o suficiente da situação atual e da situação desejada.

Junto com a abrangência de envolvidos deve-se decidir sobre quais instrumentos utilizar. Um médico pode medir a febre de um paciente de várias maneiras: pode usar um termômetro digital ou analógico; pode medir a rapidez dos batimentos cardíacos; ou pode simplesmente colocar a palma da sua mão na testa do paciente. Um médico experiente pode dispensar o uso do termômetro; basta usar a sua mão na testa do paciente. Um médico menos experiente provavelmente vai precisar de um instrumento de precisão para medir a febre.

De maneira semelhante, um consultor experiente pode se basear em algumas entrevistas com pessoas-chave para fazer um diagnóstico organizacional. Um profissional menos experiente vai necessitar de um longo questionário, respondido por centenas de pessoas, para medir a cultura.

É claro que essa escolha não depende apenas do grau de experiência do consultor; depende principalmente da decisão do Presidente (e/ou da equipe dirigente) da organização cliente. É bem possível que os diretores prefiram usar uma abrangência maior e um instrumento sofisticado, enquanto que numa outra organização a Diretoria considere suficiente que se façam apenas algumas entrevistas com pessoas-chave.

Independente do grau de detalhamento e sofisticação desejado na avaliação da cultura, existe uma questão básica a ser abordada, antes de tudo: como articular a **descrição** da cultura atual e da cultura desejada? A maioria dos executivos tem uma certa dificuldade em fazer essa descrição de forma objetiva, abordando os aspectos importantes e deixando de lado aqueles menos relevantes. Como pode alguém que não é versado no tema descrever a cultura organizacional de uma instituição qualquer?

Essa é uma questão onde o uso de um instrumento pode auxiliar bastante, mesmo que esse instrumento possa ser simples.

Diferentes autores usam diferentes termos para descrever a cultura, cada um utilizando como referência o seu próprio modelo teórico. Compete aos líderes da organização escolher qual é a terminologia que mais lhes apraz.

Se perguntarem a Hofstede, ele descreverá a cultura de uma organização em termos de hierarquia (mais pronunciada ou não), de individualismo ou coletivismo, de orientação para desempenho (maior ou menor), de controle da incerteza e em termos de flexibilidade ou rigidez na aplicação das normas, por exemplo.

Se perguntarem a Bob Waisfisz ele responderá falando de ênfase em finalidades ou em processos, orientação para dentro ou para fora, disciplina mais severa ou mais solta, grau de controle social, ênfase nos empregados ou nas tarefas, abertura para pessoas externas e em termos do grau de aceitação da liderança.

Cada autor com sua terminologia; para escolher aquela da sua preferencia é importante conhecer um pouco de cada modelo, viabilizando assim uma escolha bem informada e consciente.

O "trilema" das multinacionais: a matriz de Ghoshal

Sumantra Ghoshal foi um brilhante professor da London Business School que tive a felicidade de conhecer pessoalmente. Infelizmente ele faleceu repentinamente em 2005, vítima de um acidente cardio-vascular. Deixou como legado uma obra instigante composta por livros e artigos sobre cultura das organizações e gestão internacional.

Faz parte dessa obra a chamada "Matriz de Ghoshal", apresentada na Figura 6.

Figura 6 – A Matriz de Ghoshal

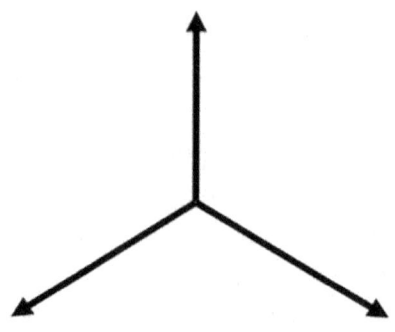

6. CULTURA ORGANIZACIONAL E MUDANÇA

Segundo Ghoshal, existem três vetores formando uma matriz tridimensional que define o sucesso de organizações multinacionais.

O primeiro desses vetores é a Eficiência Global, ou seja, o grau em que uma empresa consegue maximizar sua eficiência no mundo inteiro, oferecendo os mesmos produtos, padronizados, a um baixo custo. Justamente por serem padronizados, o custo de fabricação (ou prestação de serviços padronizados) desses produtos cai, na medida em que aumenta o volume de produção.

Tradicionalmente, nos últimos 40 anos, as multinacionais americanas eram as que mais se destacavam nesse aspecto, alavancando sua capacidade de fabricar e distribuir o mesmo produto, a um preço competitivo, no mundo inteiro. O exemplo clássico era o McDonald's, que conseguia entregar em todo o planeta o mesmo sanduíche com gosto de isopor, com consistência e baixo custo.

O segundo vetor é o da Capacidade de Resposta Local, ou seja, o grau em que uma empresa consegue customizar os seus produtos de acordo com as características de cada país em que atua. Essas empresas não se destacam pela eficiência, mas seu diferencial mercadológico é o fato de estarem mais próximas dos consumidores em cada mercado. Para tanto, utilizam marcas diferentes em cada mercado, mudam embalagens e características dos produtos e serviços, sempre no intuito de se adaptarem aos gostos locais de seus clientes.

Tradicionalmente, as multinacionais europeias se destacaram nesse aspecto. A Nestlé, por exemplo, para ficar no ramo da alimentação, tinha orgulho de fabricar 56 diferentes variedades de Nescafé, sua marca de café solúvel. Se você for ao Uruguai, vizinho do Brasil, irá verificar que o Nescafé uruguaio tem outra embalagem, outro sabor e outra consistência, diferentes do Nescafé vendido no Brasil.

As culturas das empresas multinacionais americanas valorizavam mais a eficiência, em detrimento dessa customização local; a cultura das empresas europeias valorizava mais a capacidade de responder aos gostos locais, embora com isso perdessem eficiência em termos globais.

A Philips, empresa holandesa, se orgulhava de produzir e distribuir mais de 150 modelos diferentes de televisores, apenas no mercado europeu, atendendo as preferencias dos consumidores de cada país. É claro que isso aumentava seus custos de desenvolvimento e de produção. Compare-se essa situação com a da Sony, que entrou no mercado europeu com apenas cinco modelos, na época. É óbvio que os custos da Sony eram bem menores.

O terceiro vetor diz respeito à Inovação e à Capacidade de Aprender, ou seja, o grau em que a organização aprende com seu ambiente e introduz inovações nos seus produtos e serviços, constantemente.

Tradicionalmente, as empresas japonesas e coreanas se destacavam nesse aspecto. A cada ciclo de produção de produtos eletrônicos e de automóveis, pequenas melhorias eram introduzidas para incrementar a qualidade, de forma sistemática. Os "círculos de qualidade" japoneses e seus programas de Qualidade Total visavam gerar pequenas inovações constantemente. Um exemplo era a indústria de televisores, onde tanto a Sony e a Panasonic japonesas como a Samsung e a LG coreanas lançavam novos modelos constantemente. Mesmo quando os modelos eram os mesmos, a cada ciclo de produção eram introduzidas pequenas inovações: o controle remoto brilhava no escuro, os autofalantes tinham melhor qualidade, etc.

Ghoshal afirmou que, com a crescente globalização dos mercados no Século XXI, não seria mais possível para as multinacionais se manterem na liderança de suas indústrias focando suas energias em apenas um dos três vetores: seria preciso destacar-se nos três aspectos, simultaneamente.

Efetivamente, o que se viu desde a década de 2000 foi que as empresas procuraram desenvolver os outros dois vetores que não representavam seus pontos fortes. Assim é que, por exemplo, o McDonald's passou a diversificar seu cardápio e acrescentou determinados produtos que só são oferecidos em certos mercados, de acordo com os gostos locais. Na Holanda se pode comer no McDonald's queijinhos *camembert* fritos, algo que não se vê nos McDonald's de outras partes do mundo. Cada país passou a poder fugir um pouco do antigo padrão global, para aproximar-se mais do gosto local.

Por outro lado, as empresas europeias mudaram sua abordagem para ganhar eficiência em seus ciclos de desenvolvimento e produção. Hoje em dia a Philips vende cerca de uma dúzia de modelos diferentes de TV no mercado europeu.

A Apple americana se tornou um mega-sucesso devido à sua capacidade de inovação constante e frequente. Alguns analistas de mercado e muitos consumidores se queixam de que os produtos Apple que compraram logo se tornaram obsoletos, pois a cada ano a marca lança um novo iPhone, um novo iPad, um novo notebook, etc. As queixas não impediram a Apple de se tornar a maior empresa do mundo por valor de mercado. Alguma coisa eles fizeram de certo em meio às críticas recebidas. A verdade é que a Apple distribui os mesmos produtos no mundo inteiro (Eficiência Global), mas sua vantagem diferencial é baseada no design elegante e na facilidade de uso (estão mais próximos do cliente em termos de Capacidade de Resposta) e na inovação constante (Inovação e Aprendizagem). Não é apenas um vetor que impulsiona o sucesso da Apple e sim o fato de ter se tornado forte nos três vetores ao mesmo tempo.

A cultura organizacional da Apple é o que move o seu sucesso, na medida em que valoriza tanto a eficiência quanto a inovação e a capacidade de resposta às necessidades dos seus clientes. Um estudo publicado na revista Strategy and Business revelou, por exemplo, que a Apple investe menos do que a Microsoft em pesquisa e desenvolvimento, tanto em termos absolutos quanto em proporção ao seu volume de vendas. No entanto, a Apple é uma organização mais inovadora do que a Microsoft; o diferencial está na consistência da sua cultura organizacional com a sua estratégia de negócios. Apesar de investir mais recursos financeiros em pesquisa e desenvolvimento, a Microsoft não consegue os resultados desejados, porque sua cultura organizacional encerra uma cisão entre os que advogam maior proximidade com os clientes e aqueles que valorizam mais a eficiência global. Nessa briga, quem saiu perdendo foi a inovação, apesar do orçamento generoso. O alinhamento entre cultura e estratégia é o que impulsiona o sucesso de qualquer organização.

Vimos anteriormente um caso real de uma organização que já possuía uma cultura anunciada forte e desejava revitalizar a cultura real, para que refletisse a cultura "oficial" de maneira mais autêntica. Vejamos agora um caso verdadeiro de uma organização que não tinha uma cultura declarada consolidada e que desejava começar a formar uma cultura real, sem a preocupação de "anunciar" uma cultura de forma prescritiva.

Segundo caso: (ABN AMRO na América Latina)
Formação de uma nova cultura real

Na década de 1990, assumi a função de Senior Vice-President regional de Recursos Humanos para a América Latina & Caribe do Banco ABN AMRO. O escritório regional do banco era conhecido como ROLAC, pela sigla na língua inglesa.

O ROLAC começou do zero, com a nomeação de Floris Deckers como Executive Vice-President da Região e ele me nomeou como primeiro funcionário do escritório recém-criado. Brincando, ele me disse: "vou nomear você como responsável por RH e primeiro funcionário, para que você me contrate uma secretária!"

Aos poucos fomos preenchendo as vagas criadas, que incluíam responsáveis pelas diversas linhas de negócios do banco, bem como pessoal de apoio. Ao final do primeiro ano de funcionamento, o ROLAC tinha 20 integrantes.

Meu papel como RH regional era, além de administrar a função de RH no escritório regional em si, agir como uma espécie de consultor interno para a região, orientando os responsáveis pela função de Recursos Humanos em cada um dos 12 países em que o banco operava e assessorando os diretores regionais de linha na gestão das pessoas que lideravam os negócios em cada país, inclusive os presidentes do banco em cada local. Os diretores de RH de cada país tinham um reporte duplo: um reporte direto ao Presidente do banco em cada país e um reporte indireto (a chamada "linha pontilhada") para a minha posição.

Ainda durante a formação do ROLAC, cerca de seis meses depois de assumir minha função, Deckers me convidou para discutir a situação geral dos negócios na região.

O ABN AMRO nasceu da fusão de dois bancos internacionais holandeses na virada de 1990: o ABN (*Algemeen Bank Nederland*) e o AMRO (*Amsterdam Rotterdam Bank*). O ABN era um banco mais tradicional, dedicado ao financiamento de importação e exportação, com uma rede de agências em 56 países. Embora possuísse negócios de varejo e também um banco de investimento, uma corretora e uma financeira, no mundo inteiro a ênfase dos seus negócios era o banco comercial e os projetos de *trade finance* (financiamento do comércio exterior).

O AMRO, por sua vez, enfatizava o seu banco de investimento. Tinha uma presença internacional bem menor, mas uma cultura organizacional empreendedora e com ambições mais elevadas. Com a fusão, o novo ABN AMRO passou a buscar uma renovação de sua estratégia e de sua cultura. No mundo inteiro (e portanto também na América Latina) o banco passou a buscar no mercado executivos comercialmente mais agressivos, promoveu internamente jovens talentosos, buscou modernizar-se e expandir sua presença.

Para ter uma ideia do que isso significava, por exemplo, no mercado brasileiro, vale notar que em 1991 o ABN AMRO ocupava a 34ª posição em total de depósitos. Dez anos depois, no final de 2001, o ABN AMRO ocupava a 5ª posição entre os bancos privados (excluindo-se o Banco do Brasil e a Caixa Econômica Federal). Nos demais países da América Latina e do Caribe, a situação era semelhante: o banco passava por transformações, tentando se tornar mais ágil e moderno. Nesse processo, os líderes que se aposentavam eram substituídos por profissionais do mercado, mais jovens e de estilo comercial mais agressivo.

Isso tudo afetava a cultura do banco, mas de uma forma não-planejada, um tanto caótica ou, pelo menos, deixada ao acaso. Ninguém olhava para a questão da cultura organizacional como sendo algo que merecia atenção e que pudesse ser gerenciado.

O banco havia mudado, por exemplo, sua marca e sua programação visual. O antigo ABN operava na América do Sul com a marca Banco Holandês Unido (BHU), uma subsidiária da matriz holandesa. Trata-se da tradução literal de *Algemeen Bank Nederland*. Ou seja, consistente com a matriz de Ghoshal que vimos no tópico anterior deste capítulo, o ABN tentara usar uma marca melhor adaptada à região.

Agora, o banco decidira criar uma marca global (ABN AMRO), para aumentar sua eficiência global, ao invés de usar marcas locais em diferentes países.

Esse processo afetava também a cultura do banco. Os líderes mais antigos se queixavam que não mais reconheciam "o seu banco" e com isso diminuía seu engajamento. A marca havia mudado, o visual era diferente, as pessoas estavam sendo substituídas. Os novos entrantes vinham de outros bancos, cada qual com sua visão própria sobre a atividade bancaria, sobre o que era prioritário, cada qual com estilos e ambições diferentes.

Deckers, como responsável último pela região, me perguntava:

1. O que podemos fazer para colocar o ABN AMRO num caminho de crescimento, considerando o que vem acontecendo nesse processo de renovação conduzido, até aqui, sem muito planejamento?
2. Como melhorar o engajamento das pessoas mais antigas que se queixam dessa onda de mudanças?
3. Como integrar os novos entrantes numa visão consistente sobre o futuro do banco?

Coloque-se no lugar do consultor interno que recebe essas demandas do seu chefe regional: o que você faria para atender as questões levantadas?

Continuação do caso na vida real

Decidimos realizar um Seminário de Cultura Corporativa, batizado de SCC, aproveitando uma reunião regional de executivos do banco vindos de vários países para um encontro de negócios. Pedimos que viessem dois dias antes e realizamos o seminário, num hotel próximo a Punta del Este, no Uruguai, para cerca de 30 pessoas.

Decidi conduzir eu mesmo o seminário, ao invés de contratar um facilitador externo. Isso porque eu tinha uma ideia muito clara do que seria preciso fazer e do clima que era necessário criar para que os participantes tivessem uma discussão realmente engajada e produtiva. Na época, eu não conhecia nenhum consultor externo que estivesse plenamente em sintonia com o que nossa equipe do ROLAC pretendia realizar.

O programa do SCC iniciava com exercícios de aquecimento e discussões em pares e em grande grupo sobre as expectativas dos participantes, suas vivências anteriores e a experiência acumulada que traziam para o evento. Em seguida eram apresentados alguns parâmetros que iriam nortear o desenrolar do seminário: diálogo franco e aberto, uso da experiência de cada um, discussão centrada no grupo e não no facilitador, ambiente informal.

Para marcar esses aspectos, começamos pela caracterização física do ambiente: ao invés de posicionar os participantes numa distribuição de espaço tradicional, atrás de mesas de trabalho dispostas no formato de uma letra "U", eliminamos as mesas completamente. Ao invés disso, colocamos apenas cadeiras na sala principal, dispostas como uma espinha de peixe, ou seja: fileiras de cadeiras colocadas a um ângulo de 60 graus, de modo a facilitar que cada participante pudesse enxergar os demais, ao mesmo tempo em que estavam de frente para a tela de projeção.

Com isso, ficava claro que o foco estaria nas discussões e não em algum material escrito; que o ambiente era informal; e que se tratava de um seminário diferente daqueles tradicionais encontros de negócios.

A manhã inteira do primeiro dia foi dedicada a estabelecer um clima conducente à um processo de verdadeira aprendizagem, em termos de mudança de mentalidade e de comportamento. Isso incluiu um exercício mais intimista, que chamei de "Quem Sou Eu?", realizado em grupos de seis pessoas, ficando cada grupo numa sala separada. Após esse exercício, o grupo todo voltou a se reunir na sala principal para trocar impressões e discutir os processos de abertura, de *feedback* e de criação de confiança mútua.

Após o almoço, fiz uma apresentação sobre as diferenças culturais usando o modelo 5D de Hofstede e os estilos culturais de Wursten (descritos mais adiante nos capítulos 8 e 9), entremeada de exercícios e discussões sobre situações vividas no próprio banco. Com isso, definiu-se uma linguagem comum para explicar e entender as culturas de cada país representado no grupo, para entender a cultura da Holanda e sua influência sobre a mentalidade do Head Office, e para entender também a cultura americana, pois o banco tinha como clientes, na região, muitas organizações com sede nos Estados Unidos.

À noite, após o jantar, fizemos um exercício lúdico no qual grupos de seis pessoas encenavam cenas do trabalho cotidiano na organização, cada uma com duração máxima de cinco minutos. Isso levava os participantes, de maneira humorística, a mostrar situações emblemáticas da cultura organizacional corrente.

Com todo essa sequência de atividades no primeiro dia, o clima do grupo ia se desenvolvendo de forma crescente, de maneira a culminar nas discussões do segundo dia sobre a cultura organizacional, a cultura desejada e o que seria necessário fazer, de forma muito concreta, para criar a cultura desejada e torna-la realidade.

O segundo dia, em outras palavras, seguia o roteiro das perguntas de Reddin, descritas no capítulo 7. O produto final do seminário foi a descrição da cultura organizacional desejada e a criação de uma série de projetos, com pessoas responsáveis por cada um e prazos definidos, dedicados a promover mudanças de políticas e de procedimentos que desenvolveriam uma cultura corporativa nos moldes descritos pelo próprio grupo. No final do segundo dia, cada sub-grupo apresentou suas propostas em sessão plenária, que contou com a presença de Floris Deckers como responsável por toda a região. Ele sancionou as propostas dos grupos, que passaram a trabalhar nas respectivas implantações, conforme os prazos previstos.

O sucesso desse primeiro seminário fez com que vários *Country Managers* se interessassem por organizar seminários semelhantes, cada um em seu país. Passei a conduzir, então, várias edições do SCC. Em cada país onde o banco tinha negócios, na América Latina e no Caribe, reunimos os trinta principais gestores e repetimos o mesmo programa, com ótimos resultados.

Vale notar que em vários desses países, os CEO's locais marcavam as datas, convidavam os participantes e organizavam tudo, mas tinham algumas dúvidas sobre se o SCC no seu país repetiria o sucesso alcançado em outros locais.

Eu sempre conversava longamente com cada *Country Manager*, na véspera do respectivo evento. Nessa ocasião eles manifestavam, tipicamente, duas preocupações. Em primeiro lugar, achavam muito temerário que se perguntasse aos participantes "que tipo de banco nós queremos ser?". O receio do *Country Manager* era que os participantes respondessem com uma descrição de cultura ideal que fosse muito diferente da cultura ideal que estava na cabeça do próprio *Country Manager*. Essa abordagem participativa, de perguntar ao grupo que tipo de cultura eles gostariam que o banco tivesse, parecia ser muito arriscada. O que se poderia fazer se as pessoas definissem como ideal uma cultura organizacional totalmente inaceitável aos olhos do seu principal executivo?

Sempre tranquilizei os CEO's quanto a esse aspecto. Na prática, minha experiência demonstrara até então (e continuou a demonstrar posteriormente) que os grupos costumam ser mais sábios do que os executivos pensam. A cultura organizacional considerada ideal pelos grupos coincide em no mínimo 80% com aquela vista como ideal pelo líder da organizacional. Em alguns casos a coincidência é maior ainda. Os eventuais 20% (se tanto) de divergência podem ser facilmente ajustados. O que se ganha em engajamento pelo fato se trabalhar a participação do grupo, ao invés de tentar impor alguma coisa de cima para baixo, justifica com sobras o risco de discrepâncias. Na prática, esse risco é desprezível.

Em segundo lugar, cada *Country Manager* costumava dizer: "Aqui na Argentina/Chile/Equador/Venezuela/Paraguai (etc.) nossos funcionários não participam muito nas reuniões. Quando lhes pedimos a opinião sobre qualquer assunto, eles ficam calados. Tenho receio de que você terá muita dificuldade em conseguir que eles participem ativamente desse seminário."

Invariavelmente, a prática revelava o oposto. Os funcionários participavam muito e se entusiasmavam tanto que era difícil fazer com que certas discussões fossem encerradas para se passar ao tópico seguinte. Ocorre que o método usado no SCC, de aquecimento gradual e construção de confiança mútua, criava efetivamente um clima que convidativo à participação. Esse tipo de abordagem faz toda a diferença entre o sucesso e o fracasso de programas de mudança cultural.

Vejamos, a seguir, um outro caso real, no qual uma organização possui uma cultura anunciada desenvolvida a portas fechadas na cúpula da empresa e se defronta com o desafio de implantar essa cultura (por enquanto apenas desejada pela cúpula) em toda a organização.

Terceiro caso: (Valores no ABN AMRO Mundial) Implantação de uma cultura desejada

O Banco ABN AMRO, com sede mundial em Amsterdam, estava no seu auge no final da década de 1990, com presença em 65 países e cerca de 100.000 funcionários ao todo. Estava entre os dez maiores bancos do planeta e ambicionava tornar-se um dos cinco maiores, graças a uma série de aquisições de outros bancos, nos Estados Unidos, no Brasil (Banco Real), na Europa e na Ásia.

Entretanto, o banco holandês não possuía um conjunto definido de valores corporativos, ao contrário de outros bancos concorrentes no mercado global. A diretoria mundial discutiu a necessidade de definir uma cultura desejada que servisse como orientação para todos os novos funcionários que ingressavam no banco e especialmente para aqueles grandes grupos de pessoas que, em decorrência de uma aquisição, se viam de repente fazendo parte do Grupo ABN AMRO, sem conhecer bem as implicações disso. Decidiram começar pela articulação de um conjunto de valores corporativos.

Contrataram um professor universitário especializado em ética, para atuar como consultor e orientá-los no processo. Ocorreram diversas reuniões nas quais se concluiu que os valores a serem enunciados deveriam, ao mesmo tempo, representar uma aspiração organizacional e também um pouco da sua realidade. Se os valores escolhidos fossem algo muito distante da realidade corrente do banco, seriam percebidos como um ideal inatingível, fora da realidade. Eles deveriam representar alguma coisa que o banco já possuía como característica, mas que poderia melhorar ainda mais.

As discussões levaram quase um ano e culminaram com a escolha de quatro valores corporativos: Integridade, Profissionalismo, Respeito e Trabalho em Equipe. Em sequência, foi contratada uma agência de publicidade para redigir um enunciado que comunicasse o que se pretendia dizer com cada um deles. A agência preparou também um vídeo com cerca de 10 minutos, no qual o CEO Global apresentava os valores e quatro funcionários de diferentes áreas davam exemplos do dia-a-dia sobre cada um deles. Numa determinada data, o vídeo foi distribuído para todas as filiais do banco no mundo, com a solicitação de que cada uma organizasse sessões nas quais o vídeo seria assistido e discutido depois.

A repercussão inicial foi bastante positiva; as diferentes plateias gostavam do vídeo, dos valores em si e da mensagem que explicava o seu significado. Entretanto, após alguns meses, começaram a surgir comentários referindo que os valores não deveriam se tornar apenas mais um cartaz na parede; precisavam ser efetivamente vivenciados pelos funcionários no seu dia-a-dia.

O Presidente decidiu designar um funcionário graduado para coordenar a disseminação efetiva dos valores em todo o mundo. Criou um departamento dedicado exclusivamente a isto, com reporte direto à presidência mundial, dotado de um responsável, uma secretária de apoio e um assistente, e pediu que esse responsável, agindo em nome da presidência, fizesse o necessário para que os valores fizessem parte da realidade diária de todos os funcionários, no mundo inteiro.

Coloque-se no lugar desse funcionário responsável pelo assunto: você tem plenos poderes para agir em nome do presidente mundial da organização.

1. O que você faria?
2. Por onde começaria?
3. Quanto tempo seria necessário para realizar seu propósito?

Continuação do caso na vida real

O responsável pela disseminação dos valores conversou com vários líderes do banco, recolhendo ideias e sugestões. Concluiu que era necessário discutir os valores em todos os níveis e em todas as unidades, com ênfase nas implicações práticas que os valores tinham para cada funcionário, naquilo que cada um fazia no seu dia-a-dia.

Para promover essas discussões, iniciou-se um processo de debates começando com a cúpula da organização e descendo em cascata, gradativamente. Cada diretor mundial de uma função ou linha de negócios foi convidado a organizar uma conversa com seus reportes diretos à respeito da prática dos valores na sua área de responsabilidade.

Foi criado um jogo de tabuleiro, por encomenda a uma agência de publicidade, no qual de quatro a seis jogadores percorriam um caminho e enfrentavam determinados dilemas éticos, cada um deles ligado a um dos quatro valores corporativos. As respostas que cada jogador fornecia a cada dilema, geravam pontos e instruções para caminhar um número de casas adiante ou para trás, dependendo das respostas. Essa era uma forma lúdica de discutir os valores e sua aplicação prática.

Na disseminação mundial dos valores, esse jogo foi muitas vezes utilizado. Numa reunião de 15 a 20 pessoas, dividia-se o grupo em equipes de 5 ou seis pessoas, que jogavam o jogo e posteriormente se fazia uma discussão geral sobre os dilemas éticos surgidos durante o jogo e sua conexão com dilemas reais vividos por cada participante da reunião. Em última análise, se atingia o objetivo último, que era o de discutir os valores, para torna-los mais conectados com a prática do dia-a-dia na organização.

Posteriormente, no Brasil, o ABN AMRO adquiriu o Banco Real e se fez necessário enfrentar um novo desafio: como disseminar os valores mundiais do ABN AMRO numa organização de 19.500 pessoas que, da noite para o dia, passou a integrar um grupo mundial.

Decidimos fazer 1.000 "*kits*" para distribuir a todos os gestores, de todos os níveis, pedindo a eles que utilizassem esses *kits* para conduzir uma reunião com seus reportes diretos, apresentando os valores e discutindo como aplica-los na rotina diária. A distribuição foi feita de cima para baixo, de tal forma que primeiro cada diretor fez a reunião com seus reportes, em seguida estes fizeram a reunião com seus gerentes regionais, depois os mesmos fizeram com seus gerentes de agência e assim por diante.

Cada kit continha um conjunto de transparências para serem utilizadas num retroprojetor (na época, nem todas as agências possuíam computadores para utilizar *powerpoint* ou aplicativos semelhantes). Havia também um manual de instruções para o gestor, com várias sugestões de roteiros para conduzir uma reunião de duas ou três horas de duração, exercícios para discussão em grupo e perguntas mais frequentes sobre o tema com suas respectivas respostas. Havia também um conjunto de formulários de avaliação da reunião a serem preenchidos de forma anônima por seus participantes; dessa forma se tornou possível acompanhar quando as reuniões eram realizadas e se estavam atingindo seu objetivo.

A ideia central era fazer com que os gestores se sentissem responsáveis pela prática e disseminação dos valores, fazendo com que deixassem de ser apenas um exercício de marketing interno e passassem a integrar a cultura verdadeira da organização.

Instrumentos e Viés Cultural: Walking The Talk e Barrett Values Centre

Existem muitas ferramentas e modelos dedicados ao diagnóstico da cultura organizacional, no mundo inteiro. Dois deles se tornaram populares no Brasil durante algum tempo: o da consultoria *Walking The Talk* e o da consultoria *Barrett Values Centre*. Ambos têm suas qualidades, mas sofrem de um mal semelhante: ambos têm um forte viés cultural anglo-saxão e precisariam ser adaptados à realidade cultural brasileira.

O modelo da Walking The Talk é apresentado como sendo uma forma de tornar a gestão da cultura organizacional algo mais fácil de ser realizado. O pressuposto é o de que a cultura é um tema complexo e subjetivo, difícil de ser compreendido e gerido; usando a metodologia da consultoria, seria possível lidar com a cultura organizacional de modo racional e objetivo, como se fosse equivalente a um problema de engenharia de produção ou informática.

A abordagem da WTT é bastante robusta em termos de mudança cultural, uma das melhores abordagens disponíveis. O único problema está no viés cultural anglo-saxão inerente ao seu enfoque, aliado à falta de uma capacidade de considerar as diferenças culturais como fator importante para ajustar a metodologia antes de ser aplicada.

O seu modelo menciona "seis arquétipos culturais existentes na maioria das culturas atuais e desejadas." Apesar de afirmar que o modelo é flexível, a verdade é que os termos utilizados se encaixam perfeitamente no jargão das culturas de Competição (anglo-saxônicas) e deixam de considerar valores que são prioridades em outras culturas.

Inclui aspectos tais como Inovação, Realização e Clientes, mas deixa de considerar questões como Aversão ao Risco, Orientação de Longo Prazo, Disciplina e Relativismo.

O modelo da consultoria *Walking The Talk* funciona muito bem nos Estados Unidos, no Reino Unido, no Canadá e na Austrália, mas essas culturas representam menos de 5% da população mundial, estão longe de terem "arquétipos da maioria das culturas". O erro está justamente em presumir que outras culturas possuem os mesmos valores; consideram que os valores anglo-saxões sejam universais, o que não é verdade.

O modelo do *Barrett Values Centre* padece de males um pouco mais graves, uma vez que, além de um viés cultural anglo-saxão ainda mais pronunciado, contém também uma hierarquia de valores; ou seja, define que certos valores (tipicamente anglo-saxônicos), são de alguma forma superiores a outros. A implicação é a de que certas culturas são superiores enquanto que outras são inferiores. Este é um conceito básico que beira perigosamente ao racismo

O modelo do BVC descreve sete níveis de valores na sua hierarquia, a saber:

1. Sobrevivência
2. Relacionamentos
3. Auto-estima
4. Transformação
5. Cohesão interna
6. Fazer a diferença
7. Serviço

Ocorre que estes valores são claramente Ocidentais, mais especificamente Cristãos e mais especificamente ainda, anglo-saxões. Não se tratam de valores universais, ao contrário do que o BVC afirma. É visível o viés cultural e a implicação de que as culturas coletivistas, que valorizam os relacionamentos mais do que a responsabilidade para consigo mesmo, são consideradas "inferiores".

A origem do viés está no seu criador: Richard Barrett é um espiritualista britânico e empreendedor, autor de vários livros de auto-ajuda profundamente religiosos. Acredito que tenha começado sua carreira com a melhor das intenções, defendendo valores nos quais acreditava. Entretanto, parece não ter tido a consciência de que seus valores não eram comuns ao mundo como um todo. Criou um modelo e uma empresa que obtiveram bastante sucesso comercial, mas não é reconhecido no mundo acadêmico, pois seus conceitos não têm base em pesquisa científica.

Além disso, algumas práticas comerciais do BVC têm sido duramente criticadas, pois venderam uma avaliação cultural de todo o país para uma nação do Oriente Médio e depois venderam uma reavaliação feita apenas dois anos depois. Ora, é sabido que a cultura de todo um país é um fenômeno que muda muito devagar. Em termos de valores subjacentes a mudança é ainda mais lenta, sendo que alguns autores sustentam que ela só ocorre depois de várias gerações. Efetivamente, no caso em tela, a reavaliação confirmou que a mudança ocorrida foi mínima. Seria possível até argumentar que a pequena alteração mensurada era atribuível a variações estatísticas entre uma medida e outra.

Deixemos de lado os modelos com forte viés cultural; será mais proveitoso examinar modelos e instrumentos mais equilibrados, passíveis de serem aplicados em culturas bastante diferentes.

Vejamos cinco desses instrumentos de diagnóstico e descrição, do mais simples ao mais complexo:

1. "13 perguntas" de William Reddin
2. O "modelo 5D" de Geert Hofstede
3. Os "Seis conjuntos " ("clusters") de Huib Wursten
4. Os "Quatro Sistemas de Administração" de Rensis Likert
5. O "Organizational Culture Scan" de Hofstede e Bob Waisfisz.

Por que esses cinco instrumentos e não outros? Existem dezenas de outros instrumentos largamente difundidos no mundo inteiro, sendo alguns bastante conhecidos e utilizados por empresas internacionais de consultoria, como o Barrett Values Centre, a empresa "Walking The Talk", e outras. Por quê deixá-los de fora?

Por uma razão muito simples: todos esses modelos têm um forte viés cultural norte-americano. Seus autores não reconhecem esse viés publicamente, pois entendem que isso pode prejudicar seus objetivos comerciais. Alguns chegam mesmo a proceder de maneira condenável, ao fazerem, por exemplo, avaliações culturais de uma nação inteira a cada dois anos. Sinceramente, isso me parece desonesto, pois sabemos muito bem que a cultura de um país inteiro muda muito pouco e muito devagar ao longo de décadas. Fazer avaliações a cada dois anos é enganar os clientes e fazê-los pagar caro por estudos que não terão utilidade.

Se um médico pede exames clínicos desnecessários e com uma frequência exagerada, sendo que esses exames são feitos e cobrados por seu próprio consultório, está sujeito a ser processado por falta de ética e poderá ter sua licença cassada pelo Conselho Regional de Medicina. No mundo das consultorias de gestão não existe quem fiscalize a ética dessas organizações, essa regulação fica a cargo do próprio mercado. Ou seja:

compete aos líderes organizacionais fazerem suas escolhas conforme seus próprios critérios. Espero que reflitam bastante no momento de escolher.

O que ofereço a seguir é uma breve descrição de cinco modelos (e instrumentos de medida) que possuem o menor viés cultural possível. Seus autores, sendo três deles holandeses, um inglês e um americano, não são imunes às influências de suas culturas respectivas, mas pelo menos posso testemunhar que todos eles têm consciência cultural suficientemente abrangente para estarem alertas aos seus próprios vieses culturais e todos procuraram se esforçar para eliminar as possíveis distorções culturais de cada um desses instrumentos.

Não posso dizer o mesmo das empresas de consultoria e dos autores de outras ferramentas de diagnóstico. Esses outros se recusam a admitir publicamente o viés cultural do que fazem. Vale ressaltar que os modelos das grandes consultorias não são tão ruins assim por se; possuem relativo valor e eficácia **dentro das culturas nacionais em que foram criados**. O problema existe apenas quando esses instrumentos são aplicados em culturas diferentes; é somente então que o viés cultural se torna realmente problemático e produz diagnósticos incorretos e disfuncionais, que induzem os gestores a grandes equívocos estratégicos.

Questões para refletir e exercitar os conceitos

Por que é importante estar consciente do seu próprio viés cultural?

Ao programar um diagnóstico de cultura organizacional, deve-se começar pela descrição da cultura desejada ou pela descrição da cultura atual? Explique por quê.

É possível fazer um diagnóstico cultural sem a utilização de um questionário? Como se deve proceder e em que circunstâncias?

Parte 3 – Cinco instrumentos

1. "13 perguntas" de William Reddin
2. O "modelo 5D" de Geert Hofstede
3. Os "Seis conjuntos " ("clusters") de Huib Wursten
4. Os "Quatro Sistemas de Administração" de Rensis Likert
5. O "Organizational Culture Scan" de Bob Waisfisz.

7. As Perguntas de William Reddin

Não se trata, propriamente, de um instrumento diagnóstico na sua origem. Ao escrever "Eficácia Gerencial" em 1970, William Reddin dedicou um capítulo do livro ao que ele chamava, na época, de "filosofia da organização". Hoje em dia tornou-se comum usar o termo "cultura organizacional"; imagine como soava, na época, esse termo "filosofia da organização" aos ouvidos do executivo típico de qualquer organização... Provavelmente achavam que era mais uma "frescura de consultor" ou um academicismo desprovido de utilidade prática. (Vide Reddin, William J. – "Eficácia Gerencial", São Paulo: Editora Atlas, 1975, páginas 80 a 90 e 107 a 111.)

O livro de Reddin teve grande impacto nos anos 70 e foi um avanço significativo em relação ao modelo de Liderança Situacional, que predominava então. Além de considerar os aspectos de "orientação para a tarefa" e "orientação para as pessoas" que eram considerados pelos modelos anteriores, Reddin introduziu uma terceira dimensão e por isso seu modelo foi chamado de "3D". A terceira dimensão era a situação, por sua vez decomposta em cinco elementos distintos: Tecnologia, Subordinados, Colaboradores, Superior e Organização em si. O que Reddin "descobriu", que hoje parece óbvio, mas que na época era revolucionário, é que tarefas ou funções de natureza diferente exigem qualidades diferentes de seus líderes. Em outras palavras: ser gerente de um departamento de contabilidade, numa empresa de consultoria, exige habilidades diferentes do que ser gerente de marketing de um supermercado.

Até então, os estudos a respeito de gestão não levavam esses fatores em conta. Ficava implícito que um bom gerente será um bom gerente em qualquer empresa e em qualquer função, desde que saiba adequar seu estilo de liderança à maturidade de sua equipe e aos objetivos de sua unidade. Reddin chamou a atenção para o fato de que existem fatores adicionais, como a natureza (tecnologia) da função e a cultura organizacional, que precisam ser considerados. O corolário de seu modelo é que um bom gerente de contabilidade pode se revelar um mau gerente de supermercado, mesmo que nosso gerente seja habilidoso no trato com as pessoas e saiba tratar cada um de acordo com seu nível de maturidade profissional.

Ao descrever esse conceito de "situação da função", Reddin procurou descrever, com palavras simples que fossem fáceis de entender para um gerente comum, o que se devia considerar como sendo "o ambiente organizacional", a "filosofia da organização" ou a "cultura organizacional". Usou, para tanto, expressões coloquiais tipicamente utilizadas nas empresas por esses profissionais.

Como se define a cultura organizacional nesses termos simples? Pela expressão "é o jeito como a gente trabalha por aqui". Não é preciso usar palavras sofisticadas... o importante é transmitir o significado.

E como se pode descrever a cultura, da mesma forma simples e fácil de entender? Segundo Reddin, basta responder a determinadas perguntas, igualmente simples e diretas, tais como:

1. Que tipo de gerente é promovido na organização?
2. Quais comportamentos são recompensados?
3. O que é considerado recompensa?
4. Quais comportamentos são desestimulados?
5. O que é considerado punição/castigo?
6. Quanta diferença existe entre os níveis hierárquicos?
7. Como se tratam os erros?
8. Como se lida com os conflitos?
9. Como são tomadas as decisões?
10. Como acontece a comunicação?
11. O que é considerado um nível aceitável de desempenho?
12. As pessoas confiam umas nas outras?
13. Até que ponto é fácil mudar alguma coisa?

O autor apresentou essas treze perguntas à guisa de exemplo; na verdade, se poderia dizer que há um número ilimitado de perguntas que poderiam ser formuladas na tentativa de descrever uma cultura.

O que fiz foi tomar essas perguntas iniciais de William Reddin (com quem tive o prazer de trabalhar em 1990 e 1991) e utilizá-las como um instrumento de pesquisa-ação. As perguntas servem como forma de direcionar as discussões em grupo, numa abordagem eminentemente qualitativa, ao invés de quantitativa.

O instrumento que criei é utilizado, tipicamente, como parte de um seminário de dois dias sobre cultura organizacional e mudança planejada. O ideal é que desse seminário participem os principais executivos da organização em tela, que pode ser a diretoria da empresa, a equipe dirigente de uma divisão ou departamento, o gestor de uma unidade e seus reportes diretos, ou seja: os líderes da unidade cuja cultura se deseja entender e mudar.

Na minha experiência, a melhor composição de um grupo para usar esse instrumento é uma amostra de corte diagonal abrangendo os três níveis mais elevados da hierarquia, excluindo o líder principal. O líder principal deve participar apenas ao final do evento, para ouvir suas conclusões; sua presença durante as discussões tende a inibir os demais participantes e empobrecer a análise da cultura e suas conclusões.

O grupo deve totalizar cerca de 25 a 30 pessoas, que durante o seminário serão divididas em subgrupos de cinco ou seis participantes. Se, em alguns casos, a organização tem interesse em abranger um número maior de pessoas nesse processo de pesquisa-ação, devem-se fazer mais de uma turma, sempre com no mínimo cerca de 18 e no máximo cerca de 30 participantes por turma.

O método de pesquisa-ação parte do pressuposto que o que se deseja fazer é pesquisar, ou diagnosticar, uma determinada situação e imediatamente, ou até simultaneamente, partir para a ação. Se aproveita a presença dos principais líderes da organização e se junta o diagnóstico e o planejamento de mudanças, lançando mão do ensejo que a oportunidade oferece.

Os participantes do seminário discutem cada uma das perguntas e redigem respostas que representam o consenso de cada subgrupo de cinco ou seis participantes sobre aquela pergunta. Desta maneira, descrevem a cultura atual da organização, usando suas próprias palavras, o que me parece preferível do que ater-se a um questionário com respostas alternativas pré-redigidas, em que os respondentes são forçados a escolher frases que mais se aproximam de sua opinião.

O resultado é uma descrição qualitativa, porém estruturada. Grupos diferentes abordam questões diferentes dentre as treze, dependendo do desenho específico de cada seminário. O ideal é que cada pergunta seja respondida por pelo menos dois grupos diferentes, para gerar maior diversidade de opiniões e promover uma discussão rica no grande grupo, que num segundo momento deve consensar as respostas de cada questão. Quando os trinta principais executivos chegam a um acordo sobre um conjunto de frases que descrevem (por exemplo) como se lida com os conflitos, entendo que se tem uma bela ideia da situação.

Há quem diga que um diagnóstico cultural exige a participação de todos os níveis da hierarquia, ou até mesmo de todos os funcionários, para que se tenha uma ideia completa e precisa da cultura. Tenho uma posição diferente. Acredito que os principais líderes (os três níveis superiores) devem ter uma boa ideia da situação. Não acredito que eles estejam completamente enganados ao descreverem a cultura. O fato de descreverem o que se passa, com suas próprias palavras e durante uma discussão abrangente, compensa eventuais distorções individuais de um ou outro participante.

Geralmente essa parte do exercício (o diagnóstico) toma uma manhã ou uma tarde inteira, entre o primeiro contato com as perguntas, a discussão em pequenos grupos, a apresentação das conclusões de cada grupo numa sessão plenária e o consenso final do grupo todo sobre cada questão. A parte final da discussão exige experiência e habilidade do facilitador do seminário, par que o resultado final espelhe o verdadeiro pensamento do grupo (e não a opinião do facilitador ou a opinião de apenas um dos participantes, que por ventura foi o mais eloquente ou dominador).

Em seguida pede-se que os participantes retornem aos mesmos subgrupos e discutam as perguntas em termos da situação desejada, ou seja a cultura que gostariam que a organização viesse a ter, em relação a cada pergunta. Segue-se o mesmo roteiro, em termos de discussão em subgrupos, apresentação das conclusões em sessão plenária, discussão geral e consenso sobre as respostas a cada questão. Tipicamente, esse processo exige, mais uma vez, cerca de uma manhã inteira ou uma tarde.

Com isso, temos agora uma descrição qualitativa e estruturada da cultura atual e uma outra descrição da cultura desejada. Com isso o diagnóstico está completado, sendo possível identificar "gaps" entre a realidade atual e o desejado para cada uma das treze questões.

A última parte do exercício é o que vem a seguir: o planejamento das ações concretas necessárias para mudar a cultura atual na direção da cultura desejada. Mais uma vez os participantes voltam aos subgrupos e às perguntas, desta vez com a missão de propor uma série de ações, para cada questão, que levarão a cultura a mudar na direção desejada. Para evitar que essas propostas sejam gerais e difusas demais, pede-se que para cada ação concreta o grupo proponha um responsável por executar a ação e um prazo de conclusão para a mesma.

A apresentação das conclusões na sessão plenária, desta vez, contam com a presença do principal executivo, que é instruído para se restringir a ouvir e não fazer comentários. As propostas dos grupos podem conter, eventualmente, críticas implícitas ou mesmo explícitas à administração atual; o líder principal pode sentir-se compelido a fazer comentários defensivos, mas esse não é o momento e nem o local apropriado para tanto. O melhor é aproveitar a oportunidade para ouvir um diagnóstico compartilhado por seus principais executivos e as propostas dos mesmos para iniciar uma mudança pela qual eles se sentem co-responsáveis. Essa é uma situação específica bastante valiosa para a organização e não deve ser menosprezada.

Este método tem outro aspecto diferenciador, que entendo como vantagem, que é o fato de que **os participantes fazem o diagnóstico** junto com o facilitador. Ao invés de termos um analista/pesquisador/cientista externo ao sistema-cliente, que examina esse sistema com seu olhar de alhures e faz análises e juízos de valor como alguém que está *fora* do sistema e dirige um olhar perscrutador sobre o sistema e faz um diagnóstico, o que temos é um *facilitador* que penetra no sistema e passa a fazer parte dele, agindo como *catalisador*. A ação desse facilitador/catalisador leva o sistema-cliente a fazer seu próprio diagnóstico. Os participantes do processo realmente participam do processo, não se restringem a marcar cruzinhas num questionário pré-formatado, não são obrigados a simplesmente concordar ou discordar de frases escritas em algum laboratório de ciências humanas. Os participantes discutem intensamente e chegam a suas próprias conclusões. Expressam essas conclusões com suas próprias palavras e não com os termos da moda empregados por algum consultor ou professor de universidade.

Esse aspecto eminentemente participativo sempre fez parte da minha abordagem sobre o assunto, a tal ponto que eu não mais valorizava esse aspecto suficientemente; eu considerava simplesmente natural que fosse assim, parecia uma questão de bom senso, não me parecia plausível usar uma abordagem que não ensejasse a total participação das pessoas envolvidas, num processo de autodiagnóstico. Todavia, percebi recentemente que há um recrudescimento das abordagens externas, de fora para dentro, nas quais a participação dos participantes na verdade é minimizada, restringida.

Um colega americano acaba de cunhar um neologismo (certas pessoas, de certas culturas, são ótimas para criar neologismos; fazem isso duas vezes por mês, só que alguns "pegam" e viram moda e modismo, enquanto que outros "não pegam" e caem no esquecimento). O neologismo, no caso, é o termo *dialogics* em contrapartida a *diagnostics*. A tradução poderia ser *dialógico* em contrapartida a *diagnóstico*. Não soa tão bem em português... Já utilizei o termo "dialognóstico", apenas para chamar a atenção para a ideia central: um diagnóstico criado a partir do diálogo, um diagnóstico participativo.

A ideia foi dar um novo nome ao processo de diagnóstico que realmente envolve os participantes. Pessoalmente, acho o neologismo totalmente dispensável, até porque esse processo participativo não é novidade. Existe desde os anos sessenta e não foi inventado por mim: era utilizado por vários profissionais do *NTL – National Training Laboratories*, em Bethel, Maine, nos Estados Unidos, na época em que surgiu a linha americana do movimento de Desenvolvimento Organizacional, ou D.O., para os íntimos.

O pressuposto é que fazer um diagnóstico "de fora para dentro" implica numa atitude muito presunçosa do consultor, que considera-se muito superior e muito mais capaz do que o sistema-cliente para fazer um diagnóstico e uma análise conclusiva. Essa linha de pensamento defende a tese de que o diagnóstico precisa necessariamente ser conduzido por um especialista qualificado e que precisa se manter numa postura externa ao sistema para assegurar sua objetividade. Essa postura remete à postura clínica dos psicanalistas freudianos do começo do Século XX, que acreditavam ser indispensável manter uma distância emocional do paciente para melhor poder observar, diagnosticar e tratar esse paciente. Portanto, o especialista em cultura organizacional deveria fazer o mesmo, imitando essa postura clínica psicanalítica.

O que se sabe hoje em dia, cem anos depois, com o benefício de um século de experiência prática de milhares de profissionais no mundo todo, é que a postura distante do clínico é mais benéfica para o próprio clínico do que para o paciente. Essa postura serve aos interesses inconscientes e conscientes do especialista, mas não serve para ajudar o paciente ou o sistema-cliente no seu processo de desenvolvimento.

Muito melhor para o desenvolvimento (organizacional e/ou pessoal, conforme o caso), é uma abordagem na qual o especialista age como facilitador/catalisador, ajudando o sistema-cliente a fazer seu próprio diagnóstico. Essa atitude é de respeito e ênfase à capacidade do sistema-cliente de entender e resolver suas questões; ela reforça a autonomia do cliente e encoraja e apoia esse cliente nas suas iniciativas de autopropulsão e desenvolvimento. Por si só isso já encaminha o sistema-cliente rumo a uma evolução positiva e independente de ajuda externa no futuro.

Vantagens e desvantagens do método

Devo confessar que essa é minha abordagem preferida para diagnóstico e mudança organizacional. É simples e direta, resultando em diagnóstico rápido e também num plano de ação igualmente rápido. O engajamento resultante do trabalho conjunto dos principais executivos é ainda um benefício adicional. Se pode certamente dizer que a mudança cultural já começou, na medida em que geralmente não faz parte da rotina da organização esse tipo de atividade envolvendo seus principais executivos num trabalho intensivo de cunho estratégico.

Na minha opinião essas vantagens superam em muito as desvantagens do método. Todavia, vejamos quais são as desvantagens, uma vez que elas, efetivamente, existem.

Para fazer um seminário de dois dias como o aqui descrito, é necessário que os principais executivos se ausentem dos seus postos de trabalho durante esses dois dias. Para certas organizações, isso não é problema: a empresa consegue sobreviver ao (falso) trauma de não ter seus principais executivos fisicamente presentes durante 48 horas. Para muitas companhias essa é uma oportunidade para comprovar que seus processos de gestão têm robustez suficiente para que as coisas continuem acontecendo mesmo sem a presença física de certas pessoas-chave. As decisões estratégicas certamente podem esperar alguns dias para serem tomadas; e as decisões operacionais realmente urgentes devem ser tomadas por gerentes posicionados em níveis hierárquicos intermediários e inferiores, mais próximos da base da pirâmide. Contudo, outras organizações podem considerar inaceitável envolver seus executivos numa atividade como essa. Se é este o caso, esta postura já diz algo acerca do grau de centralização e dependência da estrutura na sua cúpula.

Raio-X ou fisioterapia?

No fundo, no fundo, a escolha dessa abordagem em detrimento de outras (ou de outras abordagens em detrimento dessas) é influenciada por uma consideração anterior, que diz respeito à postura da direção da organização em relação à questão da cultura, ou seja: qual a verdadeira finalidade do trabalho sobre cultura organizacional que se pretende realizar? Em outras palavras: a ênfase deve ser colocada no diagnóstico ou no processo de mudança cultural?

Há anos atrás, meu tio contou uma anedota verdadeira que se passou em São Gabriel, no interior do Rio Grande do Sul. Ele encontrou na praça da cidade com um peão de estância, um trabalhador rural que andava meio adoentado.

Meu tio: E daí, Silvino, soube que tu estavas te sentindo mal?

Peão: Pois é, Doutor, eu andava com uma dor estranha no peito... mas passei no posto de saúde e bati uma chapa (fez um exame de raio-x), agora já estou me sentindo melhor!

Na sua simplicidade, esse peão confundiu diagnóstico com tratamento. Achou que fazer um exame de raio-x era uma espécie de terapia e que isso seria o suficiente para eliminar a causa das suas dores.

Nas grandes organizações, muitas vezes os gestores fazem a mesma confusão feita pelo velho peão: confundem diagnóstico e tratamento. Acham que para mudar a cultura organizacional basta fazer um diagnóstico da cultura e isso, por si só, será suficiente para muda-la... Contratam um operador de raio-x, para fazer um diagnóstico, quando o que precisavam era contratar também (ou ao invés de um operador de raio-x) um fisioterapeuta.

Colocam tamanha ênfase no diagnóstico, que esquecem do tratamento, ou seja: deixam de dar a ênfase necessária ao processo de mudança cultural.

Na medicina, geralmente o diagnóstico pode ser feito com relativa rapidez: basta uma consulta a um clínico, alguns exames de laboratório e se tem a identificação da situação do paciente. O tratamento, contudo, costuma exigir mais tempo. Pode ser necessário ingerir medicamentos, durante vários dias ou semanas, talvez seja necessário mudar a dieta alimentar, fazer determinados exercícios, etc.

Ao lidar com a cultura organizacional a analogia com a situação médica é válida. O diagnóstico da cultura atual (e da cultura desejada) pode ser feito de maneira relativamente rápida. Mudar a cultura, no entanto, exige muito mais tempo.

Por que utilizo como metáfora a figura do fisioterapeuta ao invés da figura de um médico? Porque, na maioria dos casos, o médico se limita a prescrever um remédio, ou um tratamento, mas não acompanha de perto esse tratamento em si. Geralmente o médico apenas pede ao paciente que retorne para uma nova consulta caso o tratamento receitado não tenha resultado. Se o tratamento funciona, o paciente não volta ao consultório. Se o tratamento não funciona, o paciente pode voltar ao consultório ou pode simplesmente procurar outro médico, já que o primeiro não resolveu o problema.

Já o fisioterapeuta acompanha o paciente em várias sessões, até que os exercícios prescritos não sejam mais necessários. Por vezes o fisioterapeuta aproveita algumas sessões para ensinar o paciente a fazer determinados exercícios sozinho, sem a necessidade da presença perene do terapeuta. Dessa forma, o paciente pode continuar com o tratamento de forma autônoma, até que não seja mais necessário, ou simplesmente incorporar à sua rotina de vida os exercícios que aprendeu a fazer.

Da mesma forma, há consultores que se envolvem diretamente e de forma mais prática com a implantação de mudanças organizacionais. Esses profissionais acompanham a organização até que essa desenvolva uma capacidade própria de implantação de mudanças e de renovação continuada. A partir de então, seus serviços não serão mais necessários.

O problema é que na nossa realidade existem muitos especialistas em diagnóstico cultural e poucos consultores que se dedicam a promover a mudança da cultura organizacional de forma consistente e sustentável. Temos excesso de operadores de raios-x e muito poucos fisioterapeutas.

A maioria das consultorias age como um laboratório de diagnóstico clínico e/ou como um médico que, diante dos exames de laboratório, escreve uma prescrição e entrega ao paciente para que ele se encarregue do tratamento com terceiros ou mesmo sozinho.

De minha parte, como executivo e como consultor, sempre considerei que o papel do fisioterapeuta é mais importante do que o do operador de raios-x. O que se quer numa organização, em última instância, é mudar o comportamento das pessoas para melhorar seu desempenho e obter melhores resultados. Para tanto, não basta identificar o problema; é preciso agir para implantar soluções e isso requer acompanhamento e persistência. Por isso comparo o papel do agente de mudança, quer seja interno ou externo, ao papel de um fisioterapeuta, que trabalha com o paciente ajudando-o a realizar exercícios que irão promover a sua "cura". Na organização queremos implantar mudanças (de políticas, procedimentos, normas e comportamentos) que nos levem a melhores resultados (financeiros e não-financeiros).

Ao iniciar um programa de desenvolvimento da cultura organizacional, cabe a pergunta fundamental: qual será a ênfase dada no processo de diagnóstico e qual será a ênfase colocada no processo de mudança em si? É preciso agir como operador de raios-x ou como fisioterapeuta?

Pode bem ser que a resposta seja: "os dois!" De qualquer forma, cabe enfatizar que não basta o diagnóstico. Também vale destacar que fazer um diagnóstico excelente e detalhado, para depois deixar o tratamento nas mãos de um profissional de baixa categoria, significa jogar o diagnóstico no lixo. O processo de mudança da cultura exige mais tempo, qualidade e consistência. É preferível ter um diagnóstico relativamente superficial, desde que suficiente, e gastar mais tempo e recursos com o desenvolvimento da cultura desejada. É isso que vai trazer os resultados que se quer.

O diagnóstico é um passo importante, mas é apenas o primeiro passo de uma longa jornada.

Ênfase no diagnóstico

A ênfase no diagnóstico significa que a direção quer adquirir uma noção mais detalhada da cultura, de todas as suas características, possivelmente com medidas quantitativas. Consciente ou inconscientemente, a direção deseja obter esse diagnóstico e debruçar-se sobre ele, analisando-o demoradamente. Essa análise irá demorar alguns dias, talvez algumas semanas; envolverá diversas discussões, talvez em diferentes níveis hierárquicos. Isso tudo permitirá que cada um dos líderes organizacionais tenha mais tempo para digerir as informações relevantes e posicionar-se em relação a elas. Será possível também a formação de alianças internas com respeito a esses aspectos da cultura, desenvolvendo estratégias favoráveis a mudanças ou favoráveis a resistir contra mudanças.

Em seguida, se passará a uma segunda fase, que diz respeito ao que fazer diante do diagnóstico. Uma vez que todos concordem em relação ao diagnóstico sobre a situação atual e, possivelmente, também estejam de acordo em relação a uma cultura desejada (o que pode fazer parte, ou não, do diagnóstico inicial encomendado), se dá lugar à discussão sobre as mudanças organizacionais e o que se deve fazer para que aconteçam.

Geralmente essa é a parte mais difícil. A organização é o que é, não por acaso e sim em decorrência dos comportamentos da sua liderança. Intencionalmente ou não, os líderes atuais formaram (ou mantiveram) a cultura existente. Para mudá-la, será preciso que esses líderes também mudem sua própria conduta e isso pode ser desagradável e difícil. Muitos líderes resistem às mudanças organizacionais porque estão resistindo a mudanças exigidas no seu comportamento pessoal.

Nesse momento é fundamental também a escolha que deve ser feita a respeito de um facilitador ou consultor externo, em termos do que se deseja fazer e como.

Há consultores que se limitam a fazer recomendações e deixam a implantação de suas recomendações totalmente a cargo do sistema-cliente; e há consultores que acompanham a implantação de mudanças de forma ativa até que as mudanças se consolidem. Qual é a preferência dos líderes?

Alguns podem preferir o diagnóstico, as recomendações e o término do vínculo com o consultor. Essa opção mantém a liderança do processo de mudança totalmente sob a responsabilidade dos líderes. Isso pode ser muito bom para todas as partes envolvidas, mas pode ser também um fator de acomodação e uma desculpa para que as mudanças não aconteçam.

O pior de tudo é que isso pode acontecer de tal forma que todo mundo fique bem na foto... Se faz um longo processo de diagnóstico organizacional e no fim tudo termina em pizza.

O consultor que conduziu o diagnóstico recebe seus honorários e deixa a organização com a sensação do dever cumprido: realizou um belo trabalho científico-profissional, fez um extenso relatório e ofereceu valiosas recomendações. Ele tem vários motivos de orgulho. Se a organização decide não implantar suas recomendações, ou se o faz de maneira indevida, isso não é culpa do consultor. Ele fez a sua parte e muito bem feita. Os problemas que aconteceram depois não são de sua responsabilidade. Se alguma coisa, posteriormente, deu errado, é por culpa da organização.

Já os líderes organizacionais têm motivos semelhantes para estarem satisfeitos consigo mesmos. Contrataram uma renomada consultoria e pagaram caro por um trabalho de diagnóstico de alto nível. Isso demonstrou seu compromisso com o desenvolvimento da organização. É pena que as recomendações do consultor estavam desligadas da realidade diuturna da instituição. Pode ser que tivessem valor científico e acadêmico, mas na prática, a teoria é outra. As mudanças propostas não vingaram, apesar do esforço e boa vontade dos líderes. Talvez seja melhor contratar outra consultoria, mais adiante, que faça um diagnóstico melhor e ofereça recomendações mais adequadas à realidade. Enquanto isso, "vamos levando a situação."

A manutenção do status quo sempre serve aos interesses de muitos, caso contrário o status não seria quo... Quem perde nisso tudo são apenas aqueles que desejavam a mudança. Não é à toa que essa abordagem de maior ênfase no diagnóstico seja a preferida pela maioria das empresas e tenha sido também a força propulsora de todas as grandes consultorias no decorrer dos últimos setenta anos. São poucas as organizações (e as consultorias) que promovem verdadeiras mudanças. A maioria fica no "me engana que eu gosto", mantendo a situação vigente e fingindo que houve uma real tentativa de mudar.

Ênfase na mudança

As intervenções que colocam maior ênfase no processo de mudança não prescindem do diagnóstico; apenas colocam menor ênfase no mesmo e concentram sua energia no engajamento e mobilização de todos para que as mudanças escolhidas realmente aconteçam, superando as resistências naturais às mudanças.

O diagnóstico pode ser mais simples, até mesmo mais superficial. Na verdade, seu grau de profundidade deve ser apenas o suficiente para servir de suporte para o processo de mudança. Um diagnóstico excessivamente profundo e detalhado pode estar servindo (consciente ou inconscientemente) de motivo para desviar a atenção das pessoas para longe do processo de mudança, talvez por alguma resistência às implicações inerentes a esse processo.

O método de pesquisa-ação tem grande aceitação nos Estados Unidos e na Inglaterra, ambas culturas que valorizam muito a ação pragmática e rápida. Em todo o mundo, essa abordagem é preferida quando há um claro compromisso com a necessidade de mudar e uma predisposição para agir.

As perguntas de Reddin, utilizadas no contexto de um seminário de cultura organizacional, se prestam muito bem para uma abordagem focada na ação, pois levam naturalmente à discussão do que fazer para mudar, ao invés de se restringir à análise de "qual é o nosso problema". O instrumento também facilita a discussão em grupos e subgrupos, sempre com o foco "naquilo que queremos decidir juntos e fazer juntos", o que garante o engajamento de todas as partes na implantação efetiva de ações concretas, com prazos, responsáveis e formas de acompanhamento bem definidos.

Questões para refletir e exercitar os conceitos

Em que circunstâncias se deve escolher as perguntas de Reddin como instrumento de diagnóstico da cultura organizacional?

Quais são as vantagens e desvantagens desse instrumento?

Você utilizaria as perguntas de Reddin para diagnosticar a cultura da organização da qual você faz parte atualmente? Por quê?

8. O "modelo 5D" de Geert Hofstede

Geert Hofstede é reconhecido mundialmente como o pioneiro dos estudos culturais, desde a década de 1970. Foi escolhido em 2008 um dos pensadores mais influentes no mundo dos negócios, sendo que entre os vinte pensadores mais citados por CEO's numa enquete feita pelo Wall Street Journal, era o único não-americano na lista. Permanece como o segundo autor mais citado como referência bibliográfica em teses de mestrado nos Estados Unidos.

Hofstede era um psicólogo gerente de uma unidade no departamento regional de Recursos Humanos da IBM na Europa. No início dos anos 70, recebeu um extenso relatório sobre a pesquisa de clima que a organização acabara de realizar com mais de 100 mil funcionários no mundo inteiro. Debruçou-se sobre o documento e ficou intrigado com as diferenças estatísticas entre as respostas dadas em diferentes partes do mundo. Pediu a seus superiores que lhe dessem acesso ao banco de dados completo da pesquisa, para fazer uma análise mais profunda e isso foi autorizado.

A partir daí Hofstede fez um rigoroso trabalho estatístico, comparando amostras equalizadas (por exemplo: funcionários com o mesmo grau de instrução, mesma faixa etária, mesma função, mesmo tempo de empresa) de diferentes países e procedeu uma extensa análise fatorial, até identificar determinadas questões (entre as dezenas utilizadas na pesquisa) cujas diferenças nas respostas eram estatisticamente significativas. Assim nasceram as "dimensões culturais" que se tornaram a base dos estudos culturais até hoje.

O professor deixou o emprego e passou a dedicar-se às pesquisas culturais em tempo integral, na Universidade de Limburg, em Maastricht. Outros pesquisadores se juntaram a ele ao longo dos anos e replicaram o estudo, confirmando os primeiros resultados. Logo o tema se tornou objeto de centenas, depois milhares, de pesquisas no mundo inteiro.

O resumo das cinco dimensões

Para uma descrição mais detalhada do modelo de Hofstede, sugiro consultar meu livro "Cruzando Culturas – sem ser atropelado: gestão transcultural para um mundo globalizado", publicado pela Editora Évora, de São Paulo, em 2013. Para aplicar o modelo como referência de diagnóstico cultural em organizações, o presente resumo deve ser suficiente. Os escores de pesquisa atualizados para cem países se encontram no website do Hofstede Centre.

Distância de Poder (DIP) é o grau em que os integrantes de uma sociedade, organização ou grupo de pessoas, aceitam que o poder seja distribuído de maneira desigual. Essa noção afeta o comportamento daqueles que detêm menos poder, bem como daqueles que detêm mais poder. As pessoas nas sociedades que demonstram alta Distância de Poder aceitam a existência de uma ordem hierárquica na qual cada integrante tem seu lugar e não é necessário justificativa adicional para sua posição. As pessoas nas sociedades de baixa Distância de Poder buscam a igualdade da distribuição do poder e exigem justificativas para as desigualdades de poder porventura existentes.

A questão básica de que trata essa dimensão é como a sociedade lida com as desigualdades de poder, quando elas ocorrem. Isso tem consequências óbvias para a maneira como as pessoas constituem suas instituições e organizações. Por exemplo: a maioria dos países da América Latina, da África e da Ásia possuem escores elevados em Distância de Poder.

Baixa Distância de Poder	Alta Distância de Poder
Baixa dependência	Alta dependência
Desigualdades minimizadas	Desigualdade acei
A hierarquia determina papéis desiguais por conveniência	A hierarquia representa desigualdades existenciais
Os superiores são seguidamente acessíveis	Os superiores são seguidamente inacessíveis
Todos devem ter direitos iguais	Os detentores do poder têm direito a privilégios
O prestígio visível não é tão importante para demonstrar diferenças de poder	O prestígio visível é importante para mostrar diferenças de poder
Os poderosos procuram aparentar menos poder do que realmente têm	Os poderosos procuram aparentar serem o mais poderosos possível

Individualismo versus Coletivismo (IDV) representa, na vertente de Individualismo, que o grupo valoriza uma rede social mais solta e distante, na qual os indivíduos devem se responsabilizar apenas por si próprios e por sua família imediata (pais, filhos e irmãos). O oposto disso é o Coletivismo, que representa uma preferencia por uma rede social mais próxima e apertada, na qual os indivíduos esperam que seus parentes, seu clã ou outro grupo ao qual pertençam cuidem de seus integrantes em troca de fidelidade inquestionável (deve ficar claro que o termo "coletivismo" aqui empregado não tem qualquer vínculo com qualquer sistema político). A questão básica de que trata essa dimensão é o grau de interdependência a ser mantido entre indivíduos. Se refere também ao conceito que as pessoas têm de si próprias, como "nós" ou como "eu". A maioria das sociedades sul-americanas são coletivistas, enquanto que os países anglo-saxônicos, germânicos e escandinavos (entre outros) são mais individualistas.

Coletivismo (baixo Individualismo)	Individualismo
"Nós" consciente	"Eu" consciente
Opiniões predeterminadas pelos grupos	Opiniões individuais
Obrigações extensas para com a família, grupos e sociedade	Obrigações para consigo mesmo: • auto interesse • auto-realização
Procura-se salvar as aparências, vergonha	Evita-se perder o respeito próprio, culpa
As decisões em grupo são consideradas melhores do que as decisões individuais	As decisões individuais são mais valorizadas do que as decisões grupais
Não há uma divisão clara entre a vida privada e a vida profissi	Divisão clara entre a vida privada e a vida profissional
O relacionamento é a prioridade ao iniciar uma relação de trabalho ou de negóci	A tarefa é a prioridade ao iniciar uma relação de trabalho ou de negócios

Orientação para o Desempenho versus Qualidade de Vida (DES) significa que nas sociedades que apresentam escore mais elevado, se valorizam mais a realização e o sucesso do que o cuidar dos outros e ter uma boa qualidade de vida. A Suécia é o país com o escore de pesquisa mais baixo encontrado até aqui, o que significa que os suecos em geral tendem a buscar consenso e trabalham para que possam viver bem, ao invés de viverem para o trabalho. Resultados semelhantes foram encontrados na Holanda e nos demais países nórdicos.

Qualidade de vida	Desempenho
Qualidade de vida, nivelamento	Ambição por desempenho, destaque
Busca do consenso	Tendência a polarizar
Trabalhar para poder viver	Viver para o trabalho
O bom é ser pequeno e lento	Ser grande e rápido é bom
Simpatia pelo desafortunado	Simpatia pelo vencedor
O prestígio não é tão importante para mostrar sucesso	O prestígio é importante para mostrar sucesso
Mais intui	Mais racionalidade e decisão
Ser melhor do que os outros não é recompensado socialmente nem mate	O realizador bem sucedido recebe recompensas em termos de riqueza e prestígio

Controle da Incerteza (CDI) é o grau em que os integrantes de uma sociedade, organização ou grupo se sentem desconfortáveis com a incerteza e a ambiguidade. Esse sentimento os leva a certas crenças que prometem maior certeza e os leva a manter instituições que protegem a conformidade. Países com alto Controle da Incerteza mantêm rígidos códigos de conduta e de crenças, sendo menos tolerantes aos desvios em termos de conceitos e comportamento. As sociedades com baixo controle da incerteza mantêm uma atmosfera mais solta em que a prática é mais importante do que os conceitos e princípios, onde os desvios são mais facilmente tolerados. A questão básica dessa dimensão é como uma sociedade reage diante do fato que o futuro é desconhecido: ela tenta controlar o futuro ou simplesmente "deixa acontecer". Assim como a Distância de Poder, o Controle da Incerteza tem consequências claras para a maneira como as pessoas estruturam suas organizações. Entre outros, Portugal, Grécia e Alemanha são exemplos de alto Controle da Incerteza.

Baixo Controle da Incerteza	Alto Controle da Incerteza
Menos estresse e ansiedade	Mais estresse e ansiedade
Trabalhar muito não é uma virtude em si	Propensão a trabalhar duro
Agressão e emoções não se expressam	Expressar agressão e emoções é aceito
Conflito e competição menos ameaçadores, fazem parte	Conflito e competição levam ao imprevisível e são indesejáveis
Aceitação de divergências, tolerância	Intolerância de ideias e pessoas divergentes
Maior disposição para enfrentar o desconhecido na busca do êxito	Preocupação com segurança e evitar fracasso
Quanto menos regras, melhor	Necessidade de normas e formalidade para estruturar a vida

Orientação de Longo Prazo (OLP) é uma dimensão que expressa o grau em que uma sociedade valoriza uma perspectiva pragmática voltada para o resultado eventual no longo prazo, ao invés de uma perspectiva normativa, voltada para convenções no curto prazo. As culturas com escores elevados são encontradas principalmente na Ásia, mas também o Brasil tem um escore elevado.

Nas culturas asiáticas se acredita que verdades diferentes e até contraditórias podem coexistir sem problema; se valoriza o pensamento voltado para o longo prazo; mudanças são aceitas com mais facilidade; e se procura poupar muito, como investimento para eventualidades futuras. A questão básica à qual essa dimensão se refere diz respeito à flexibilidade na aplicação de normas e na escolha de múltiplos caminhos para atingir um objetivo distante. A China é o país com o maior escore, de longe. A maioria das culturas europeias e norte-americanas apresentam um escore baixo nessa dimensão. Nessas culturas, se acredita numa verdade única e absoluta, se valoriza a estabilidade e os resultados de curto prazo.

Baixa OLP	Alta OLP
Se esperam resultados rápidos	Persistência na busca de resultados que não podem ser obtidos imediatamente
Preocupação em descobrir a verdade absoluta	Muitas verdades
Normativa	Pragmática
Preocupação com estabilidade e coerência pessoal	Aceitação de mudanças, inter-relações e relativismo
Certo e errado	Tudo depende
Resiliência	Flexibilidade

PARTE 3 – CINCO INSTRUMENTOS

Embora as cinco dimensões tenham sido inicialmente identificadas para diferenciar culturas nacionais, logo se constatou que elas revelam também aspectos importantes de cultura organizacional, conforme resumido nas tabelas que se seguem:

Implicações para cultura organizacional

Baixa Distância de Poder	Alta Distância de Poder
• o poder é descentralizado • os gerentes se apoiam na experiência das suas equipes • os empregados esperam ser consultados • o chefe ideal é um "coach" • a hierarquia é por conveniência • menores diferenças salariais	• o poder é centralizado • os gerentes se apoiam nos seus superiores e nas normas existentes • os empregados esperam ser comandados • o chefe ideal é paternal • a hierarquia é existencial • grandes diferenças salariais

Organizações Coletivistas	Organizações Individualistas
• os relacionamentos são baseado em acordos psicológicos • eu cuido de vocês, vocês são fiéis a mim em contrapartida • "feedback" é sempre indireto • nepotismo acontece amiúde • recompensas coletivas	• os relacionamentos são baseados em contratos escritos • cada um deve cuidar de si mesmo • o "feedback é sempre direto • nepotismo é rejeitado • recompensas individuais

Qualidade de Vida	Desempenho
• se evitam os conflitos • se trabalha para viver • os incentivos são: ter mais tempo livre e flexibilidade • diálogo e rediscussão	• os conflitos são uma forma de decidir quem é o melhor • se vive para trabalhar • os incentivos são: dinheiro, status e privilégios • ser decisivo

Baixo Controle da Incerteza	Alto Controle da Incerteza
• os generalistas são preferidos • menos planejamento e estruturação • menor necessidade de informação para decidir ou assumir riscos	• os especialistas são preferidos • necessidade de planejamento e estruturação, burocracia • se evitam os riscos e se buscam muitas informações antes de decidir

Baixa Orientação de Longo Prazo	Alta Orientação de Longo Prazo
• foco nos resultados • lucro deste ano • baixa poupança•pouco dinheiro para investir•contratos são referencia	• foco no posicionamento • lucro daqui a dez anos • alto índice de poupança • grandes somas para investir • contratos menos importantes

A essencialidade das dimensões culturais

As cinco dimensões são atávicas, arquetípicas. Elas transcendem os países e as organizações. Como tal, podem ser utilizadas para medir e diagnosticar as culturas de quaisquer grupos, sejam esses grupos nações, organizações, ou equipes. O que acontece é que as cinco dimensões representam os aspectos mais básicos e primários dos valores culturais, aprendidos na infância. Fazem parte do inconsciente coletivo mencionado por Carl Jung; pode-se dizer que constituem o Superego coletivo e Hofstede foi o primeiro cientista que conseguiu medir estatisticamente esse construto coletivo.

Esses valores, por serem primários e aprendidos na infância, são muito permanentes e difíceis de mudar. Quando mudam, isso acontece muito devagar. Em termos coletivos, essas mudanças são pequenas e muito lentas.

Esses valores determinam o sentido de identidade grupal num nível básico e essencial. Por isso, têm papel preponderante na definição das culturas nacionais e das subculturas regionais. Estão ligados à identidade em relação a uma comunidade na qual aprendemos a noção do que é certo e do que é errado, estão ligados a nossas memórias de infância, que permanecem conosco para sempre, mesmo que no nosso inconsciente.

Mais tarde, na idade adulta, ao ingressar numa organização, nos defrontamos com o conceito de "cultura organizacional." Os valores básicos subjacentes de uma cultura organizacional são os mesmos identificados pelas cinco dimensões essenciais. Estão presentes em todos os grupos e todas as organizações. Todavia, podem haver diferenças entre uma organização e outra, numa mesma comunidade. Uma instituição financeira operando em Porto Alegre provavelmente terá uma cultura organizacional um pouco diferente de um supermercado operando na mesma cidade.

Isso acontece, em última análise, porque as pessoas que trabalham nessas duas organizações possuem valores diferentes. Ao examinarmos as diferenças e semelhanças entre esses dois grupos sociais (funcionários desse banco e funcionários desse supermercado) veremos que as culturas desses grupos são distintas, influenciadas por certos fatores.

O primeiro desses fatores é a natureza da atividade econômica. O banco é uma organização prestadora de serviços; o supermercado é uma entidade do comércio. A natureza distinta dessas atividades influencia os valores dos seus gestores e influencia o processo de recrutamento e seleção de cada funcionário admitido para integrar a organização.

Aos poucos, mesmo sem qualquer planejamento ou intenção deliberada, vão se formando culturas organizacionais diferentes nessas duas empresas, em função dos valores e dos comportamentos das pessoas que as integram.

Ao medir essas duas culturas organizacionais, em termos de suas semelhanças e diferenças, veremos que, tipicamente, as diferenças em termos de valores básicos, medidos pelas cinco dimensões essenciais, serão relativamente pequenas. Isso acontece porque as pessoas que trabalham no banco em Porto Alegre tiveram sua infância na mesma comunidade geral (a cidade de Porto Alegre) na qual também se criaram as pessoas que hoje integram o quadro de pessoal do supermercado. As diferenças entre os valores dos dois grupos provavelmente estarão ligadas a valores localizados numa camada um pouco mais superficial do que aquele núcleo de valores essenciais que constituem as cinco dimensões.

Talvez possamos falar de "sub-dimensões", para diferenciá-las das cinco dimensões mais básicas. Quer sejam chamadas de dimensões, sub-dimensões ou de qualquer outra coisa, isso não é o mais importante. O que é realmente importante é que se identifiquem valores e dimensões que sejam úteis para os integrantes de um grupo, no sentido de auxiliar no entendimento de sua identidade atual, na definição de sua visão coletiva de um futuro desejado e na decisão sobre os caminhos a seguir para chegar a esse futuro, para torná-lo uma realidade presente.

Voltamos, portanto, ao "eterno triângulo": onde estamos, aonde queremos ir e como chegar lá. O propósito dos estudos sobre cultura nacional e cultura organizacional se resume sempre a esse triângulo. Deve estar sempre ligado à aplicação do conhecimento cultural em termos práticos.

Discutir cultura para quê? Com que finalidade? Para entender onde estamos, como é nossa cultura atual; para definir, em conjunto, como é a cultura (os valores) que desejamos ter; e para combinarmos o que deveremos fazer, juntos, para realizar nossas aspirações em termos de valores e cultura. A cultura pode e deve ser algo construído e deliberado; nunca deve ser deixada ao acaso. Devemos viver conforme os valores que escolhemos, sendo protagonistas da nossa própria história.

A discussão puramente acadêmica da cultura é como tentar saciar a fome discutindo o cardápio. Essa discussão tem um certo valor em si, mas esse valor é restrito. Em última instância, discutir o cardápio não sacia a fome. O saber pelo saber é uma atividade egoísta, que não beneficia a ninguém, salvo o ego daquele que sabe cada vez mais. O saber se justifica ao se tornar útil e produtivo, ao ser colocado em prática para melhorar as condições de vida dos nossos semelhantes e dos nossos sucessores.

O uso das dimensões na mudança da cultura organizacional

A maneira de utilizar as dimensões culturais como instrumento é semelhante ao método de pesquisa-ação usado com as perguntas de Reddin. As dimensões essenciais não dispõem de um instrumento específico de mensuração, validado estatisticamente, para uso nas empresas no diagnóstico da cultura organizacional. É de se esperar, todavia, que um instrumento dessa natureza seja criado, pois cresce o interesse pelo tema.

Se o interesse é crescente, se existe uma demanda real, porque não foi criado ainda tal instrumento? Por uma razão muito simples: ele não é necessário.

O que quero dizer é que as organizações têm utilizado as dimensões essenciais para avaliar sua cultura vigente e para descrever sua cultura desejada, com as ferramentas disponíveis atualmente: a definição das dimensões e as descrições das suas consequências na gestão.

Um outro aspecto a considerar em relação à utilização de um extenso questionário sobre as cinco dimensões diz respeito à dificuldade em evitar que os respondentes sejam influenciados por aquilo que consideram, inconscientemente, como "respostas socialmente aceitas". Quando se discutem perguntas abertas (como as perguntas de Reddin) esse efeito é minimizado pela discussão (especialmente se houver um facilitador qualificado coordenando a discussão). Quando se responde a um questionário individualmente, as "respostas socialmente aceitas" ocorrem com maior frequência.

Em última análise, o uso de um extenso questionário não é um requisito para usar as dimensões culturais. Basta entender os conceitos e discuti-los em grupos, de maneira semelhante ao que se faz com as perguntas de Reddin. Um grupo de trabalho consegue descrever a cultura organizacional vigente em termos de Distância de Poder, Individualismo, Orientação para Desempenho, Controle da Incerteza e Orientação de Longo Prazo. Da mesma forma, é capaz de descrever a cultura desejada.

Uma vez feito isso, se pode chegar à parte mais importante do triângulo: *o que devemos fazer para transformar a cultura atual na cultura desejada*. Um questionário não é um pré-requisito para tanto; o pré-requisito é a descrição da cultura atual e a descrição da cultura desejada, para identificar "gaps" e direcionar os planos de ação que constituem o terceiro vértice do Eterno Triângulo.

Questões para refletir e exercitar os conceitos

Você utilizaria o "Modelo 5D" de Hofstede para um diagnóstico cultural na sua organização? Por quê?

Em que circunstâncias esse instrumento seria o mais indicado?

9. Os "Seis conjuntos " ("clusters") de Huib Wursten

Wursten foi um dos primeiros consultores a trabalhar com os conceitos das cinco dimensões essenciais na prática, aconselhando organizações e gestores sobre as implicações dessas ideias na gestão de pessoas e negócios. Juntamente com Bob Waisfisz, fundou o ITIM – Institute for Training Intercultural Management, a referência mundial de consultoria em termos de culturas nacionais e organizacionais. O Instituto foi adquirido por uma empresa da Finlândia e sua denominação evoluiu para "The Hofstede Centre" em 2012.

Ao lidar com dezenas de situações práticas, aconselhando seus clientes, Huib Wursten decidiu criar aquilo que chamou de "Imagens Mentais" para facilitar o entendimento de como as dimensões essenciais interagiam entre si nessas situações reais.

A definição de dimensões culturais, em última análise, é um exercício analítico e acadêmico para facilitar o entendimento dos fenômenos culturais que percebemos no dia-a-dia. Entretanto, a realidade não se apresenta para ninguém de forma decomposta em dimensões. A realidade se apresenta em termos de comportamentos que observamos e analisamos.

Em termos práticos, é relativamente difícil para qualquer indivíduo compreender rapidamente o sentido das dimensões essenciais da cultura, conhecer os escores pesquisados dos países ou das organizações que estão envolvidas numa determinada situação, para saber como interpretar o comportamento das pessoas e como direcionar seu próprio comportamento de forma a comunicar-se de forma mais eficaz.

Na vida real, isso exige meses e anos de prática para que se possa atingir um nível de proficiência notável.

Wursten concebeu as "Imagens Mentais" para acelerar o processo de assimilação desses conceitos. Obteve resultados imediatos, pois as pessoas assimilam o uso dessas imagens de maneira intuitiva e transferem rapidamente esse conhecimento para o seu dia-a-dia.

As Imagens Mentais têm sido utilizadas com diferentes denominações e traduções, mundo afora. Alguns especialistas usam o termo "clusters" em relação às mesmas, uma palavra que não se traduz bem para o português nem para outras línguas latinas. Em outros países se tem utilizado o termo "estilos culturais" para descrever esses "agrupamentos" de dimensões essenciais da cultura.

Independente da denominação escolhida, vamos procurar entender essas imagens, agrupamentos ou estilos e tratar de como podem ser úteis para descrever culturas organizacionais vigentes e desejadas.

As seis Imagens Mentais de Huib Wursten (e os termos originais em inglês) são:

Competição (*Contest*)
Engrenagem (*Well-Oiled Machine*)
Rede (*Network*)
Pirâmide (*Social Pyramid*)
Sistema Solar (*Solar System*)
Família (*Traditional Family*)

Para mais informações, vide www.itim.org.

A cultura de Competição

A imagem mental que Wursten criou para representar esse tipo de cultura é o choque de dois vetores opostos, do qual resulta uma terceira força de conotação positiva. O conceito básico nessa cultura é o de que a vida é uma competição constante, na qual geralmente duas forças opostas se chocam. Para vencer na vida, é importante confrontar o seu oponente. Se você for derrotado nesse embate, procure uma outra luta, uma nova confrontação, na qual você tentará de novo ser o vencedor.

O segredo da vitória é a persistência, a dedicação, a busca constante da excelência, do bom desempenho. Quem tem bom desempenho e persistência é valorizado, reconhecido e recompensado. Continue tentando, nunca desista e um dia você será o vencedor. Sendo vencedor de um confronto, continue desempenhando bem e se preparando para o próximo confronto, pois ele não tardará em acontecer. Como disse Gonçalves Dias em "Y-Juca Pirama":

"E, pois, que és meu filho,
Sê duro guerreiro,
Robusto, fragueiro,
Viver é lutar.
A vida é combate
Que aos fracos abate;
Aos fortes e bravos
Só pode exaltar."

Um dos valores centrais dessa cultura é a meritocracia. Na cultura de competição, o mérito pelo bom desempenho é a base para o progresso na carreira e para o sucesso na vida.

Uma vez que a vida e a carreira são competições, é importante que hajam critérios claros e justos para definir quem são os vencedores e quem são os perdedores. Surge daí a grande importância dada à mensuração quantitativa. Para saber quem venceu, nada melhor do que medir quantitativamente, em termos de unidades vendidas, produtos fabricados, receita gerada, lucro líquido, salario em espécie.

A quantificação é muito valorizada, pois ela é crucial para determinar vencedores e perdedores, tanto na competição entre pessoas como na competição entre grupos e organizações. Simplesmente dizer que "eu sou o maioral" não é o suficiente; é preciso demonstrar que você é o melhor e isso se faz mais facilmente com números. Quanto você vendeu? Quanto gerou de lucro? Quantas unidades fabricou, em quanto tempo? Tudo que pode ser medido quantitativamente tem uma importância maior nessa cultura. Nessas organizações é comum a adoção de *SMART objectives*, metas de trabalho específicas, mensuráveis, ambiciosas porém atingíveis e com prazos definidos (do acróstico em inglês: *Specific, Measurable, Achievable, Relevant and Time-bound*).

Os tipos de cultura de Huib Wursten podem ser conectados às dimensões da cultura identificadas por Geert Hofstede. Cada um dos seis tipos pode ser descrito fazendo-se referência às cinco dimensões de Hofstede. Vejamos como isso ocorre, começando pela Distância de Poder (DIP) e passando pelas dimensões seguintes.

A cultura de competição é uma cultura igualitária, onde a hierarquia é menos importante do que outros fatores, como por exemplo o desempenho. Qualquer um pode vencer, desde que tenha bom desempenho, não tenha medo de confrontar seus adversários e desde que tenha persistência. É uma cultura de baixa distância de poder, onde chefes e subordinados muitas vezes convivem como colegas.

Essa cultura também é individualista (IDV); valoriza os indivíduos e a responsabilidade de cada um. As pessoas que se destacam por seu desempenho individual são muito valorizadas, independente da hierarquia.

Continuando com a conexão entre as dimensões, verificamos que o desempenho (DES) é mais valorizado nessa cultura do que a qualidade de vida. As pessoas trabalham bastante e poucas vezes tiram férias; quando o fazem, as férias tendem a ser curtas.

Em termos de Controle da Incerteza (baixo CDI) a cultura de competição é menos avessa aos riscos, desde que sejam calculados. Os métodos quantitativos de avaliação de risco costumam ser preferidos.

Finalmente, essa cultura tende a ser mais normativa do que flexível (baixa OLP). A disciplina é valorizada, bem como a racionalidade. A emotividade tende a ser vista como falta de profissionalismo, uma distração que leva à perda do foco na tarefa e no bom desempenho. Na cultura de competição existe uma ênfase em metas de curto prazo, mensuráveis, pois assim se torna possível saber, o quanto antes, quem está vencendo e quem está perdendo. Isso permite corrigir o desempenho para melhor. O feedback direto também é valorizado, desde que focado no desempenho.

A cultura de competição é muito encontrada nos Estados Unidos e em todas as culturas anglo-saxônicas, como a Inglaterra, o Canadá e a Austrália, dentre outras. Isso não quer dizer que não se encontrem organizações com uma cultura de competição em outros lugares; quer dizer apenas que essa cultura organizacional se encontra mais amiúde nas culturas anglo-saxônicas. No Brasil, um dos exemplos mais conhecidos dessa cultura é o da AMBEV, uma organização que é muito admirada por alguns e muito criticada por outros.

Segundo Wursten, nenhum dos seis tipos de cultura é melhor do que os demais. Cada tipo de cultura tem suas vantagens e desvantagens, tem seu lado brilhante e seu lado escuro.

O lado brilhante da cultura de competição diz respeito à vontade de vencer, à persistência, ao estímulo da ideia de igualdade de oportunidade, à valorização do progresso pelo mérito, ao uso de critérios justos e transparentes para reconhecimento e recompensa.

O lado escuro dessa cultura aparece devido à competição excessiva, quando chega ao ponto de "passar um colega para trás". Vencer é tão importante que pode significar "vencer a qualquer custo", mesmo que isso inclua faltar com a ética, burlar as leis, ser desonesto. E a dedicação às tarefas pode chegar ao extremo de gerar viciados no trabalho, *workahoolics* que não aproveitam a vida e sempre querem mais e mais dinheiro, mais símbolos de status que mostrem ao mundo que eles são vencedores. Mas acabam por não separarem tempo na sua agenda ocupada, para desfrutar daquilo que têm.

No Brasil se verifica um fenômeno curioso: a presença de muitas multinacionais americanas, que participaram ativamente do processo de industrialização iniciado na década de 1950, gerou uma "cultura de gestão" inspirada no estilo Competição. Esse processo foi reforçado pela mídia burguesa, que propaga uma visão idealizada da cultura americana até hoje. Em função disso tudo, muitas empresas brasileiras têm uma **cultura anunciada** do tipo Competição, na tentativa de imitar o ideal norte-americano. Todavia, essas empresas tendem a ter uma **cultura praticada** do tipo Pirâmide ou do tipo Família, tipos mais congruentes com a cultura nacional brasileira, como veremos um pouco adiante.

A Engrenagem

A representação dessa cultura é um conjunto de engrenagens bem lubrificadas, constituindo uma máquina funcionando com perfeição.

O conceito central é o de que o mundo é caótico e necessita ser estruturado e organizado para que possamos todos viver bem. A ordem é a chave do progresso; se cada um cumprir o seu papel dentro de um todo bem organizado, viveremos em paz e sem problemas.

A cultura do tipo Engrenagem tende a ser também igualitária e individualista, como a cultura de Competição, e tende também a valorizar bastante o desempenho e o mérito. Onde a Engrenagem se diferencia da Competição é em relação ao Controle da Incerteza. A valorização da estrutura, da ordem, do planejamento bem feito, da descrição detalhada de processos, tudo isso são mecanismos para evitar a incerteza e o risco. Na Engrenagem se evitam os riscos, sempre que possível.

Essa cultura valoriza muito o conhecimento técnico especializado. Ela é mais comum nas empresas cuja natureza do negócio exige muito conhecimento técnico, como na indústria automobilística, na aviação, em todos os ramos de fabricação que envolvam alta tecnologia, na indústria farmacêutica e na engenharia especializada.

Os peritos técnicos são muito respeitados, até mais do que os gestores administrativos. A organização tende a ser compartimentalizada e se atribui grande valor às normas, processos e procedimentos.

Em termos do modelo 5D, essa cultura organizacional é igualitária, individualista, valoriza o desempenho, tem alto Controle da Incerteza e baixa OLP (normativa).

Seu lado brilhante se refere à capacidade de planejamento, estruturação, organização e disciplina. A qualidade dos produtos e serviços costuma ser excelente e existe muita clareza a respeito de objetivos e da responsabilidade de cada um.

O lado negro é a excessiva rigidez: isso implica em pouca capacidade de improvisação, pouca flexibilidade na administração de exceções. As mudanças e ajustes demoram a acontecer e precisam ser planejadas em muitos detalhes antes que possam ser implantadas.

Esse tipo de cultura é muito comum nas empresas de origem Germânica, principalmente na Suíça, Alemanha e Áustria.

A Rede

A cultura do tipo Rede é também igualitária e individualista, como os dois tipos já mencionados, mas a principal diferença está na ênfase no desempenho, que é muito menor nas organizações que possuem uma cultura deste tipo. Isso não significa que o desempenho não seja valorizado, ele o é, principalmente na cultura anunciada. Todavia, na cultura praticada o que se vê é que existe mais espaço para a qualidade de vida e o cuidado com as pessoas, ao contrário do que se observa nas culturas de Competição e de Engrenagem.

O conceito central é o de que na vida existem muitos interesses individuais diferentes e em conflito: é uma visão mais multilateral das questões, em contraste com a visão mais bilateral encontrada nas culturas de Competição. O importante aqui não é o "vencer na vida" ou "levar vantagem", mas sim manter um certo equilíbrio e equivalência. Tudo deve ser levado em consideração e os interesses divergentes precisam ser negociados para que se chegue a um consenso. A valorização da responsabilidade individual (como na Competição e na Engrenagem) podem dificultar esse consenso, pois cada um puxa a brasa para a sua sardinha e não abre mão facilmente do seu ponto de vista; as discussões são frequentes.

Na cultura de Rede o mais importante é que todos os pontos de vista diferentes sejam levados em conta. Existe muita participação, muito espaço para análise e discussão. Os gestores costumam ter um estilo de liderança baseado na coordenação e na mediação de conflitos. O processo decisório costuma ser relativamente lento, mas a execução é mais rápida pois se obtém maior engajamento através da participação de todos durante o processo de análise.

Em termos de Controle da Incerteza a cultura de Rede não tende para extremos, ela tende para um certo equilíbrio: não valoriza o risco, mas não se destaca pela cautela. Em termos de OLP existe também um processo similar de tendência ao meio termo: existe bastante disciplina, as normas são valorizadas (principalmente na cultura anunciada) mas na prática se toleram muitas exceções, desde que bem argumentadas.

O lado brilhante dessa cultura é o espaço para participação, a capacidade de análise, a disposição para conversar e negociar na busca de um consenso. Muitas empresas comerciais e de serviços possuem culturas deste tipo.

O lado negro da Rede é que as discussões podem se tornar intermináveis, retardando o processo decisório e muitas vezes dando espaço para rediscutir aquilo que já foi decidido. O ritmo de trabalho é mais cadenciado, o que pode ser um alívio para certas pessoas avessas ao stress das culturas de Competição, mas pode chegar a ser irritante para aqueles que preferem trabalhar num ritmo mais acelerado.

A cultura organizacional de Rede é encontrada com frequência em empresas de origem holandesa e escandinava, mesmo nas filiais localizadas em outras partes do mundo.

A Pirâmide Social

O estilo de cultura organizacional do tipo Pirâmide difere dos outros tipos vistos até aqui pelo fato de ser um estilo hierárquico e coletivista, em contraste com os estilos igualitários e valorizadores do indivíduo.

O conceito central é o de que na vida existe sempre uma hierarquia, onde alguns possuem mais poder do que outros. Nestes termos, a igualdade é uma ilusão. Já que a hierarquia é uma realidade, o importante é respeitar a hierarquia e tentar escalar a pirâmide social, tentando chegar nos postos mais altos dentro da possibilidade de cada um. Nessa escalada, o seu relacionamento com amigos poderosos pode ser um grande auxílio.

Na pirâmide, a hierarquia é importante e precisa ser respeitada. O chefe é muitas vezes temido, algumas vezes amado, mas sempre muito poderoso. A posição de cada um na hierarquia é mais importante do que o desempenho. Manda quem pode e obedece quem tem juízo.

Os relacionamentos são mais importantes do que as tarefas e o desempenho. Geralmente não existe Administração por Objetivos nessa cultura, muito menos *SMART objectives*. A avaliação de desempenho, quando existe, dá maior peso ao comportamento das pessoas e sua capacidade de colaborar e trabalhar em equipe. Existem muitos jogos de poder o seu progresso na hierarquia vai depender muito do seu relacionamento com seus superiores, mais do que do seu desempenho. Como a quantificação não tem peso tão grande, as relações com a chefia são o fator determinante. Uma expressão jocosa encerra uma grande verdade: "o saco do patrão é o corrimão na escada da sua carreira!"

As equipes são mais valorizadas, na prática, do que os indivíduos (mesmo que a cultura anunciada professe o contrário). A lealdade também é muito importante e aqueles que deixam a organização muitas vezes são vistos como traidores. Como a lealdade e o respeito hierárquico são valorizados, as promoções tendem a acontecer para aqueles que demonstram esses atributos, mais do que pelo desempenho. O tempo de casa também é importante, pois demonstra lealdade pela permanência.

As organizações do tipo Pirâmide costumam ser avessas ao risco, em termos de CDI, e tendem à burocracia como forma de controlar a incerteza. Em termos de OLP, pendem para uma ênfase menor na disciplina (mesmo que a cultura anunciada diga o contrário) e toleram muitas exceções às normas. Em última análise, a aplicação das políticas depende da decisão de cada chefe.

O lado brilhante dessa cultura está na clareza da hierarquia. O que o chefe decide deve ser feito, não é preciso demorar com discussões complexas. É fácil mobilizar as pessoas, pois elas obedecem com facilidade, principalmente se o chefe for uma pessoa carismática. O trabalho em equipe ocorre naturalmente, não precisa nem ser estimulado. O clima de trabalho costuma ser agradável, de muito coleguismo e solidariedade dentro da mesma unidade ou departamento.

Os críticos desse tipo de cultura apontam que elas fomentam o paternalismo, a troca de favores e a corrupção. O seu lado negro inclui ainda o fato de que a solidariedade por vezes ocorre apenas dentro de um mesmo departamento, mas entre uma unidade e outra pode haver bastante rivalidade.

As culturas do tipo Pirâmide são encontradas com frequência no Brasil, na América Latina em geral e na África. São mais típicas também de empresas familiares, que não profissionalizaram totalmente sua gestão.

O Sistema Solar

A cultura organizacional do tipo Sistema Solar tem uma característica peculiar, em termos das dimensões básicas de Hofstede. Nessas organizações existe alta Distância de Poder (hierarquia forte), alto Individualismo (IDV) e também alto Controle da Incerteza (CDI).

A ocorrência de alto respeito pela hierarquia simultaneamente com a valorização das opiniões individuais e da responsabilidade individual faz com que haja uma tensão inerente, uma contradição que favorece a ocorrência de muitas discussões.

Na presença do chefe maior, seus reportes diretos tendem a concordar com o mesmo e respeitar sua orientação. No momento em que o chefe não esteja fisicamente presente, cada reporte tende a reinterpretar a orientação do chefe à sua própria maneira e aplicar essa reinterpretação nas instruções passadas a seus respectivos subordinados. Isso pode acarretar que muitas políticas e estratégias acabem sendo implantadas de maneira divergente e essa divergência se soluciona apenas com a intervenção do chefe maior, reforçando sua orientação original.

Existem muitos jogos de poder entre os chefes de nível médio, cada um tentando prevalecer sobre os demais e buscando ser favorecido pelo chefe maior. Vem daí a figura do Sistema Solar, pois os planetas (chefes intermediários) giram em torno do Sol (chefe maior), mas cada planeta tem também os seus satélites, os seus subordinados.

Para lidar com essa constante contradição/reinterpretação, a cultura Sistema Solar valoriza muito o lado conceitual. Um conceito robusto ajuda a evitar reinterpretações muito divergentes. Por outro lado, se observa muitas vezes que o chefe maior tem um estilo autocrático, mais ainda do que na cultura Pirâmide. Como no Sistema Solar existe mais confrontação do que na Pirâmide, o chefe maior precisa exercer sua autoridade com mais intensidade e frequência para prevalecer, caso contrário ele perde poder (o que nessa cultura é muito mal visto).

Uma outra maneira, ainda, de lidar com o possível caos que poderia ser desencadeado pelas interpretações divergentes, é através da burocracia. Essas organizações tendem a ter normas abundantes, extensas e detalhadas, na tentativa de manter uma certa coordenação de ações. Entretanto, embora a OLP costume ser baixa (são culturas normativas, portanto), na prática o Individualismo fala mais alto e as normas são reinterpretadas por cada chefe local à sua maneira.

O lado brilhante das culturas Sistema Solar é que elas conseguem, muitas vezes, aliar a clareza da hierarquia com a liberdade para agir de maneira autônoma quando necessário. Costumam, também ter um bom equilíbrio em termos de Orientação para o Desempenho (DES) sem exageros de um lado ou de outro.

O lado negro diz respeito aos intrincados jogos de poder, que podem consumir muita energia e dispersar esforços. A burocracia também pode pesar bastante no processo decisório e causar frustrações.

Em termos geográficos, a cultura de Sistema Solar é encontrada com mais frequência nas empresas espanholas, italianas e francesas, bem como em suas filiais pelo mundo afora. Entretanto, existem também empresas de outras nacionalidades com essa cultura, embora isto se observe em menor frequência.

A Família Tradicional

A cultura organizacional do tipo Família é muito semelhante à cultura do tipo Pirâmide. Na verdade, o que distingue uma da outra é mais uma questão de grau de formalidade: a Pirâmide tende a ser um pouco mais formal, enquanto que na cultura do tipo Família a estrutura informal é mais pronunciada.

Portanto, a cultura Família é hierárquica, coletivista, sua orientação para o desempenho pode ser mais forte ou apenas moderada. A característica marcante é a informalidade e isso implica em muitas exceções em relação às poucas políticas escritas existentes.

Na prática, esse tipo de organização tem poucas políticas escritas, se é que as têm. O que prevalece é a orientação específica do chefe, cada caso é um caso.

No caso das organizações familiares, os membros da família detêm um grande poder, independente de sua posição hierárquica. Assim, um neto do patriarca pode ser muito poderoso, mesmo que esteja começando sua carreira como auxiliar de escritório no almoxarifado, ou uma sobrinha no departamento de contabilidade pode ser mais poderosa do que o Diretor de Marketing.

O respeito ao chefe maior deve ser demonstrado de maneira extrema: suas decisões nunca são questionadas e se evitam perguntas embaraçosas. Quem se dá bem com o chefe, se dá bem na carreira e adquire grande poder informal, o que vale mais do que o poder formal.

O lado brilhante da cultura Família é a clareza das regras informais: o que o chefe quer é o que se faz, sem discussão. Com base nisso, as decisões são rápidas e a execução também. A lealdade é recompensada e isso pode ser importante quando acontece uma tragédia pessoal: se ocorre um acidente ou um problema grave de saúde, na cultura Família tipicamente a organização cuida da vítima e dos seus familiares, independente de qualquer política porventura existente.

O lado negro dessa cultura é o paternalismo no seu aspecto de ineficiência: quem é amigo do chefe pode ser incompetente e será mantido na função, por pior que seja seu desempenho. A qualidade dos chefes, portanto, tem importância primordial. Um chefe incompetente pode acabar com o desempenho de toda uma equipe, pois a equipe é mais dependente do chefe. Nas culturas de Competição, Engrenagem e Rede, chefes incompetentes têm impacto menor, pois as equipes possuem maior autonomia e conseguem desempenhar bem, apesar de um chefe ruim. Nas culturas Família, um chefe incompetente acaba com a equipe e causa sérios problemas à organização como um todo.

As culturas Família são muito encontradas na Ásia, especialmente nas culturas chinesas e na Índia. São também encontradas na América Latina e na África, embora a cultura Pirâmide predomine. No Japão a cultura Família é menos frequente, pois a cultura japonesa é muito formal. As empresas japonesas se aproximam um pouco mais da Pirâmide, embora, na verdade, as culturas organizacionais do Japão tenham características próprias que não se enquadram facilmente em nenhum dos seis tipos culturais de Wursten. No Brasil se encontram várias empresas com uma cultura do tipo Família. Elas se diferenciam das empresas Pirâmide em função da sua informalidade estrutural, conforme já dito, e são observadas mais amiúde em empresas familiares de pequeno e médio porte.

O uso das imagens mentais no diagnóstico organizacional

As imagens dos seis estilos podem ser muito úteis para ajudar as pessoas a visualizar o estilo vigente na sua organização, especialmente quando são capazes de identificar claramente um ou dois estilos como sendo retratos fiéis de sua cultura atual.

Pode ser interessante, também usar os seis estilos como referência ao discutir a cultura desejada com os integrantes de uma instituição.

Em ambos os sentidos (cultura atual e cultura desejada) os seus estilos funcionam mais como um complemento ao uso do modelo de cinco dimensões de Hofstede. Entretanto, eu mesmo já utilizei várias vezes as imagens em complemento ao uso das perguntas de Reddin. Elas se prestam muito bem às discussões em pequenos grupos, para acelerar o entendimento dos conceitos básicos e aprofundar a discussão sobre a cultura específica de uma empresa, usando os seis estilos como referência.

Questões para refletir e exercitar os conceitos

Pensando na organização à qual você pertence, em qual dos seis tipos você acredita que essa instituição melhor se enquadra? Por quê?

9. OS "SEIS CONJUNTOS" ("CLUSTERS") DE HUIB WURSTEN

Existem aspectos da cultura da sua organização que se referem a outros tipos dentre os cinco restantes? Enumere quais aspectos da cultura da sua organização se enquadram em quais tipos dentre os seis descritos por Huib Wursten.

10. Os "Quatro Sistemas de Administração de Rensis Likert"

Likert foi um autor muito influente nos anos 1950 e 1960, quando escreveu alguns clássicos da literatura de gestão como "Novos Padrões de Administração" e "Administração de Conflitos"

Professor da Universidade de Michigan, ele conduziu várias pesquisas em empresas e instituições governamentais americanas, atuando também como consultor organizacional e não apenas como pesquisador.

Embora seu nome esteja ligado à chamada "escala de Likert", essa escala, como vimos no Capítulo 2, se refere a um formato de questionário que pode ser empregado tanto para pesquisas de clima, como para pesquisas de cultura, de engajamento ou para pesquisas de opinião sobre qualquer assunto.

No campo da cultura organizacional, a contribuição importantíssima de Likert foi a descrição, no início dos anos 1960, de quatro tipos de cultura organizacional, que ele chamou simplesmente de "Sistemas 1, 2, 3 e 4", para evitar qualquer conotação positiva ou negativa em relação a qualquer um desses estilos.

O Sistema 1 foi descrito por ele como sendo um sistema autoritário coercitivo, (*exploitative authoritative* no original americano), no qual os gestores usam ameaças, punições e medo para motivar o comportamento dos empregados. As decisões são tomadas no topo e a comunicação flui apenas de cima para baixo. Os empregados, por sua vez, tendem a ter uma atitude hostil em relação à organização e aos seus chefes.

O Sistema 2 foi descrito como sendo autoritário benevolente, uma cultura onde a motivação é baseada no potencial de receber punições e/ou recompensas. As decisões não são totalmente concentradas no topo, existe alguma participação dos níveis intermediários na formulação de políticas. A comunicação é predominantemente de cima para baixo, mas existe algum fluxo de informações no sentido inverso. Os gerentes mais próximos da cúpula se identificam os objetivos da organização, enquanto que os funcionários na base da hierarquia se identificam muito menos com os mesmos. A satisfação dos empregados em geral é comparativamente baixa e a produtividade também.

O Sistema 3 foi caracterizado como um estilo consultativo, no qual as pessoas são motivadas pelos gestores através de recompensas e reconhecimento, com algum uso eventual de punições também. Os empregados têm alguma autonomia para tomar algumas decisões específicas em assuntos que afetam suas tarefas. Os líderes da organização por vezes consultam seus reportes diretos antes de tomar decisões, mas isso ocorre raramente e fica sempre claro que a decisão compete ao gestor da equipe. Os gestores falam de seus desafios e de seus planos para superar esses desafios; a comunicação flui nos dois sentidos, de cima para baixo e de baixo para cima, porém o fluxo predominante é de cima para baixo. Os empregados costumam apresentar maior satisfação e maior produtividade em comparação com o Sistema 2.

No Sistema 4, os gestores promovem uma participação verdadeira dos subordinados no processo decisório. A comunicação flui igualmente nos dois sentidos verticais, de cima para baixo e de baixo para cima, e flui também horizontalmente. Os gestores usam recompensas e reconhecimento para motivar os funcionários, mas o principal motivador é a própria participação no processo decisório. A satisfação dos empregados e a produtividade são os mais elevados dos quatro sistemas.

Para diagnosticar a cultura das organizações, Likert criou um questionário e um formato inovador (na época) que consistia de uma série de perguntas sobre temas organizacionais como: Liderança, Motivação, Comunicação, Interação, Processo Decisório, Estabelecimento de Metas, e Controle. (LIKERT, Rensis – *"The Relationship Between Management Behavior and Social Structure"*, estudo apresentado no *XV CIOS World Conference* em Tóquio, 1969).

O instrumento, chamado de "Perfil de Características Organizacionais" apresentava, para cada pergunta, uma escala indo desde "um" até "vinte", sendo a mesma dividida em quatro seções, correspondendo aos sistemas de um até quatro. Em cada uma das quatro seções, era apresentada uma descrição das características organizacionais típicas do respectivo sistema de gestão, conforme o exemplo apresentado a seguir.

1. Até que ponto os gestores demonstram confiança nos seus subordinados?

Praticamente nenhuma				Alguma						Bastante						Muita			
1	2	3	4	5	6	7	8	9	10	11	12	13	14	15	16	17	18	19	20

Os respondentes eram solicitados a fornecer duas respostas para cada pergunta, a saber: deveriam marcar com um "R" um número na escala de 1 a 20 correspondente à cultura real da organização, atualmente; e deveriam marcar com uma letra "I" na escala de 1 a 20 o ponto que cada um considerava o ideal para essa organização.

Vantagens e desvantagens

O instrumento de Likert tem uma série de vantagens evidentes.

Em primeiro lugar, permite uma mensuração quantitativa da cultura organizacional com bastante precisão. Na sua versão mais simples, o instrumento possui vinte perguntas versando sobre os seis aspectos mencionados anteriormente. Existem outras versões mais extensas, com até trinta e duas perguntas.

Em segundo lugar, permite ao mesmo tempo medir a cultura atual (real) e a cultura desejada (ideal) em cada uma das vinte perguntas.

Em terceiro lugar, como essas medidas são quantitativas, se obtém simultaneamente o "gap", a diferença entre o atual e o desejado.

Em quarto lugar, esse formato permite resumir todos os resultados numa única página, permitindo a sua visualização através de um gráfico de duas linhas, onde uma linha representa a cultura real e outra representa a cultura ideal ou desejada (Figura 7). Isso facilita muito a discussão durante um workshop com um grupo de executivos.

10. OS "QUATRO SISTEMAS DE ADMINISTRAÇÃO DE RENSIS LIKERT"

Figura 7 – Rensis Likert: Cultura Organizacional Atual e Desejada

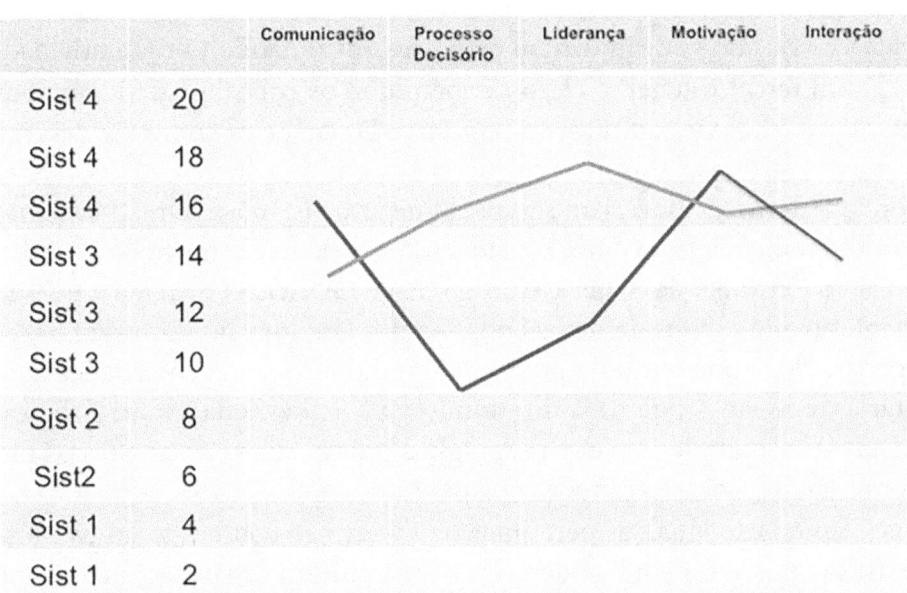

As desvantagens dizem respeito mais aos conceitos de cultura de Likert do que ao formato do instrumento que ele criou.

Primeiramente é preciso citar que o seu modelo de quatro sistemas tem um forte viés favorável ao Sistema 4. Likert não se restringiu a descrever quatro sistemas diferentes de gestão: ele deixou bastante claro que o Sistema 1 é um estilo ineficaz e indesejável, moralmente execrável. O Sistema 4, por outro lado, é considerado por ele como o melhor sistema de gestão possível, um ideal ao qual todos deveriam aderir. Com isso, Likert dá a entender para todos os integrantes de qualquer organização, que aquilo que é socialmente aceitável é desejar o Sistema 4, enquanto que o Sistema 1 deve ser fortemente rejeitado. Nesses termos, os conceitos de Likert nada têm de neutralidade, imparcialidade e objetividade. Portanto, deixam a desejar como abordagem científica; eles induzem os sujeitos de suas pesquisas e casos de consultoria, na direção desejada pelo consultor/pesquisador.

Em segundo lugar, isso foi ainda mais enfatizado pelo chamado "efeito auréola": as respostas mais "positivas" estão sempre colocadas no lado direito da escala e as mais "negativas" estão sempre do lado esquerdo.

Isso faz com que qualquer respondente de inteligência média logo perceba que as respostas "socialmente aceitáveis" ficam sempre `a direita da escala e esse fato pode induzir as respostas, invalidando sua autenticidade.

Em terceiro lugar, é claro também que os conceitos de Likert possuem um forte viés cultural anglo-saxão. Da maneira como ele descreve os quatro sistemas, transparece que as pessoas não deveriam se satisfazer com o Sistema 3 e deveriam sempre almejar o Sistema 4. Ora, o Sistema 3 é muito semelhante ao que é considerado o ideal nas culturas hierárquicas do sul da Europa, da América Latina, Ásia e África. O Sistema 4 é semelhante ao que se considera ideal nos Estados Unidos e no norte da Europa, apenas. Nove por cento da população mundial vive em sociedades igualitárias, enquanto que 91% do mundo vive em sociedades hierárquicas. Likert ignorou tudo isso e se restringiu a propor sua visão anglo saxônica como sendo a ideal para todo o planeta.

Em quarto lugar, as perguntas de Likert não cobrem todas as características possíveis para se descrever uma cultura organizacional. Como se trata de um questionário de escolha forçada, em que pese haver bastante flexibilidade com a escala de um até vinte, a natureza das perguntas é relativamente fechada. As perguntas não se aproximam da abrangência que as perguntas de Reddin conseguem ter, pois estas são perguntas mais abertas.

Em quinto e último lugar, o que se percebe é que o viés cultural anglo saxônico fez com que Likert menosprezasse a necessidade de medir certas características, como por exemplo, a ênfase dada ao desempenho em detrimento da qualidade de vida. Na cultura anglo-saxônica se presume que todas as organizações do planeta colocam a mesma ênfase no desempenho; na prática, isso não é bem assim. Esse aspecto pode ser bastante relevante na Escandinávia e pode ser um fator diferenciador de empresas na América do Sul, onde algumas culturas enfatizam o desempenho muito mais do que outras.

De maneira semelhante, Likert não mediu o apetite ao risco, nem o grau de obediência às normas, pois considerou que esses aspectos não diferenciavam as culturas organizacionais. Ele estava correto na maioria dos casos dentro da cultura anglo-saxônica, mas deixava uma lacuna importante ao tratar de organizações operando em outras culturas nacionais.

De minha parte, utilizei o instrumento de Likert em algumas organizações e posso dizer por experiência própria que ele é bastante válido e útil. Entretanto, possui algumas lacunas que fizeram falta ao se tentar descrever certas culturas de forma completa. Por esse motivo, acabei deixando o questionário original de lado e passei a utilizar o mesmo formato com outros clientes, mas acrescentei algumas variáveis e perguntas para preencher essas lacunas. Essa nova versão do instrumento, adaptada, é mais eficaz do que a versão original.

Questões para refletir e exercitar os conceitos

Qualquer pergunta sobre cultura organizacional que possa ser respondida em termos de grau de intensidade, pode ser formatada no estilo do Perfil de Características Organizacionais. Portanto, escolha três aspectos de cultura e formule, para cada um, uma pergunta no formato introduzido por Likert.

Em seguida, aplique o seu instrumento em um grupo de integrantes de uma mesma organização (se você é estudante, podem ser seus colegas de curso), pedindo que respondam em relação à cultura atual e à cultura desejada para essa organização. Tabule as respostas e desenhe um gráfico de linhas.

Vejamos, em seguida, um instrumento de formato parecido e conteúdo diferente, desenvolvido por Bob Waisfisz.

11. O "Organizational Culture Scan" de Bob Waisfisz

Waisfisz foi co-fundador do ITIM em sociedade com Huib Wursten. Trabalharam juntos durante muitos anos e com o passar do tempo passaram a se dedicar a enfoques diferentes dentro do amplo tema da cultura organizacional. Wursten desenvolveu os seis estilos apresentados no Capítulo 9, enquanto que Waisfisz decidiu criar um novo conjunto de dimensões culturais que ele chamou de *"Organizational Culture Dimensions"* para diferenciá-las do modelo 5D de Hofstede.

No começo dos anos 1990, Waisfisz e outros fizeram algumas pesquisas de cultura organizacional para clientes do ITIM, usando para tanto o modelo de dimensões culturais de Hofstede. Verificaram, após alguns casos, que as dimensões utilizadas para avaliar as culturas nacionais (Distância de Poder, Individualismo, Desempenho, Controle da Incerteza e Orientação de Longo Prazo) eram de tal forma prevalentes entre organizações diferentes de um mesmo país, que diferenciavam muito pouco essas organizações entre si, ou seja: todas as organizações brasileiras tendiam a apresentar escores altos em DDP, escores baixos em IDV, etc. Waisfisz desenvolveu então um outro conjunto de perguntas e, por análise fatorial, chegou a um outro conjunto de sete dimensões, diferentes das cinco dimensões anteriormente identificadas por Hofstede. Essas novas dimensões são:

1. Meios vs. Fins
2. Dentro vs. Fora (Clientes)
3. Severa vs. Solta (Disciplina)
4. Local vs. Profissional (Controle Social)
5. Fechada vs. Aberta (Pessoas Externas)
6. Empregados vs. Trabalho
7. Aceitação da Liderança

A primeira dimensão mede até que ponto a cultura organizacional de uma instituição valoriza os seus fins (resultados, produtos, serviços prestados) em detrimento dos meios utilizados para atingir esses fins, tais como processos, procedimentos, estruturas, organização do trabalho, tecnologia. Sabemos que algumas empresas estão claramente orientadas para resultados enquanto que outras se preocupam mais com a forma de trabalhar para atingir os resultados almejados.

A segunda dimensão mede até que ponto a organização está voltada para fora, para seus clientes, ou até que ponto está mais voltada para suas interações e processos internos.

A terceira dimensão mede até que ponto a organização valoriza a manutenção de uma disciplina severa ou se prefere um estilo de trabalho mais solto, deixando as pessoas trabalharem mais à vontade de acordo com suas preferencias pessoais.

A quarta dimensão mede o grau de controle social em termos de ser o mesmo exercido conforme padrões profissionais comuns a uma mesma profissão que permeia vários empresas (por exemplo: Contabilidade, Tecnologia da Informação, Assuntos Jurídicos), ou até que ponto a empresa possui seus próprios padrões que regem a conduta do seu pessoal (de Contabilidade, TI ou Jurídico) de maneira própria, característica dessa empresa e diferente dos padrões de outras empresas.

A quinta dimensão mede até que ponto a organização está aberta ou fechada a pessoas de fora da instituição. Certas organizações falam livremente com pessoas de fora a respeito de sua maneira trabalhar; outras organizações preservam uma certa confidencialidade e evitam discutir seus processos internos com pessoas que não sejam integrantes da própria instituição.

A sexta dimensão mede até que ponto a organização enfatiza as tarefas em detrimento das pessoas empregadas, ou vice-versa.

A sétima dimensão mede o grau de aceitação da liderança dentro da organização. Certas instituições aceitam e admiram seus chefes, enquanto que em outras os chefes são constantemente criticados. Não se trata aqui de aceitar ou não a hierarquia em si, como ocorre com Distância de Poder, mas aceitar ou não o estilo de liderança e/ou os líderes específicos dessa organização.

O instrumento desenvolvido por Bob Waisfisz é chamado de "*Organizational Culture Scan*", ou "*OC Scan*", e é composto por uma série de perguntas que pedem, para cada uma, que o respondente assinale uma resposta para a cultura vigente, atual, e uma segunda resposta para a cultura desejada, numa escala de zero a cem.

Vantagens e desvantagens

O *OC Scan* apresenta uma série de vantagens, sendo destaques:

1. Trata-se de uma medida quantitativa, como o Perfil de Características Organizacionais de Likert (PCO), permitindo medir simultaneamente a cultura atual, a cultura desejada e os *gaps* ou diferenças entre uma e outra para cada aspecto medido. A escala de zero a cem oferece ainda uma precisão numérica maior.
2. A abordagem de Waisfisz permite que o consultar decida, em conjunto com o cliente, quais das sete dimensões ele deseja utilizar e quais ambos consideram menos relevantes para a organização em tela. Isso dá uma grande flexibilidade para customizar o instrumento.
3. Existem uma série de perguntas que podem ser agrupadas como sub-dimensões. A flexibilidade da abordagem permitem que o consultor defina com a diretoria da organização quais serão as dimensões e sub-dimensões escolhidas como relevantes. Este é mais um aspecto de customização do instrumento. Se o instrumento mais completo vier a ser utilizado, pode conter mais de 70 perguntas e avaliar 30 dimensões e sub-dimensões. Na sua versão mais simples, pode avaliar apenas três dimensões utilizando dez perguntas.
4. O instrumento pode ser preenchido *on-line*, via internet e tabulado eletronicamente, o que facilita e acelera a elaboração dos relatórios.

Existem também desvantagens na utilização desse instrumento e elas são:

1. As dimensões de Waisfisz não são tão intuitivas quanto as de Hofstede. Ao se falar de Distância de Poder as pessoas rapidamente entendem o que se está querendo medir, por exemplo. Já ao falar de Meios versus Fins, ou de "Orientada para Dentro versus Orientada para Fora", é preciso explicar em mais detalhes o significado de cada uma dessas dimensões e principalmente como elas se diferenciam da dimensão "Fechada versus Aberta". Esses aspectos são frequentemente confundidos ao discutirem-se os relatórios de pesquisa.
2. Da mesma forma que o PCO de Likert, o *OC Scan* não tem a mesma abrangência, por definição, de perguntas abertas como as de Reddin.
3. O *OC Scan* tem uma versão resumida, chamada de *Quick Scan*, que emite relatórios pré-programados por computador. Essa opção emite relatórios ainda mais rapidamente, porém se trata de respostas computadorizadas, em detrimento da customização que uma análise humana oferece.
4. Ao excluir as dimensões de Hofstede, o *OC Scan* termina por deixar de fora aspectos importantes da cultura organizacional. Usar o *OC Scan* sem estes outros aspectos resulta num diagnóstico incompleto.

Na minha experiência, um resultado melhor pode ser obtido juntando-se as dimensões de Hofstede com as de Waisfisz. Assim fazendo, é possível medir até doze dimensões diferentes de maneira a ter um diagnóstico bastante abrangente e ao mesmo tempo com medidas quantitativas, o que facilita a análise e discussão dos resultados.

Nessa análise, é importante discutir a compatibilidade (ou incompatibilidade) entre a estratégia de negócios da empresa e sua cultura organizacional (tanto atual quanto desejada). Por exemplo, se uma organização pretende internacionalizar suas atividades, como parte de seu plano estratégico de expansão, ter uma cultura organizacional "Fechada" não favorece a implantação dessa estratégia. Seria importante trabalhar tanto a cultura quanto a estratégia para colocá-las em sintonia, sob risco de ver frustrada a implantação do plano de negócios.

Questões para refletir e exercitar os conceitos

Agora que você conhece cinco diferentes instrumentos de diagnóstico da cultura organizacional, qual seria a sua preferencia para utilizar na sua organização? Quais são os motivos dessa preferencia?

Ao considerar a escolha de um instrumento de diagnóstico para uma outra organização, quais seriam os critérios que você utilizaria para escolher um dos cinco instrumentos aqui descritos?

Uma vez escolhido o instrumento e feito o diagnóstico, o que se pode fazer? Você está com o raio-x em mãos, o que fazer para mudar o que você quer mudar e manter aquilo que quer manter?

É o que veremos na próxima parte, ao tratar do terceiro vértice do nosso "eterno triângulo da mudança": como chegar lá, ou seja: como mudar a cultura de uma organização.

Parte 4 – Mudança verdadeira

12. Antes de começar a mudar

E agora, o que é que eu faço?

Digamos que você conseguiu concluir um bom diagnóstico da cultura organizacional da sua empresa ou instituição, utilizando uma das cinco ferramentas descritas nos capítulos anteriores, ou algum instrumento equivalente. Graças a isso, você agora tem em mãos uma bela descrição da cultura atual da sua organização e uma boa descrição também da cultura desejada. E agora, o que você deve fazer?

O erro mais comum dos líderes organizacionais, qualquer que seja o ramo de atuação da organização em tela, é achar que basta dizer às pessoas "eis aqui o que nós queremos ser!" e isso será o suficiente para que todos mudem seu comportamento e comecem a transformar a cultura desejada de um sonho a uma realidade.

Seria ótimo se a vida fosse simples assim... mas não é, em que pese muitos e muitos gestores, na prática, agirem como se fosse. Insistem em considerar que, para administrar a cultura organizacional, basta dizer a seu pessoal "é assim que nós queremos ser: prestem atenção e se comportem de acordo com estes valores; quem fizer isso, será recompensado e terá sucesso entre nós; quem não fizer isso, será punido (de um jeito ou de outro) e é melhor que deixe nossa organização."

Sempre que um CEO ou a Direção de uma instituição expressa o desejo de "trabalhar a nossa cultura", imaginando que isso significa apenas definir e articular "nossos valores corporativos", lançando em seguida uma bela campanha publicitária de comunicação interna, um grande engano está sendo cometido. E esse engano, infelizmente, é muito comum. Devo dizer que esse engano é ainda mais comum nas culturas anglo-saxônicas do que em outras, pois nessa cultura há uma grande valorização da imagem organizacional e da reputação. Entretanto, vale ressaltar que as culturas que tendem a imitar a cultura anglo-saxônica padecem do mesmo mal, com a mesma intensidade; e nenhuma cultura está totalmente livre de cometer esse engano de achar que basta falar e as pessoas fazem o que você quer.

Devido a isso, o mercado está cheio de organizações com belos valores articulados e anunciados, nas paredes, no material de propaganda corporativa e até nos cartões de visitas do seu pessoal. Nada contra que se faça tudo isso; para manter e mudar a cultura organizacional, um passo importante é a articulação e comunicação dos valores corporativos, que representam a essência da cultura desejada. O erro está em pensar que isso, apenas, será o suficiente para manter ou mudar a cultura verdadeira, a cultura dos valores realmente empregados para nortear o comportamento e o desempenho das pessoas no dia-a-dia.

Para mudar a cultura verdadeira e torna-la consistente e coerente com os valores corporativos oficiais, é preciso muito mais do que discursos e propaganda. É preciso conversar com as pessoas, travar um verdadeiro diálogo que permita a todos entenderem de que maneira os valores corporativos se traduzem em termos de comportamento e desempenho, de que maneira o comportamento de cada um reflete a cultura organizacional verdadeira.

Edgar Schein, na sua obra *Organizational Psychology and Leadership*, fala de **mecanismos primários** de criação e disseminação da cultura organizacional. Ele enumera uma série de fatores, todos eles decorrentes do comportamento dos líderes da organização:

- Aquilo que os líderes medem, controlam e ao que dedicam sua atenção no dia-a-dia
- Como os líderes reagem a crises organizacionais e incidentes críticos
- Critérios (observados) usados pelos líderes para alocar recursos escassos
- Exemplos deliberados, ensinamentos, aconselhamento
- Critérios (observados) usados pelos líderes para distribuir reconhecimento e recompensas
- Critérios (observados) usados pelos líderes para recrutar, selecionar, promover, aposentar e demitir integrantes da organização

Note-se o destaque dado à expressão "critérios observados". Não se trata dos critérios que os líderes dizem adotar, mas sim daquilo que é percebido pelos funcionários diante do que eles observam ser feito pelos líderes. Não é o que os lideres dizem, mas sim aquilo que fazem que determina e dissemina a cultura.

Schein destaca que as políticas articuladas da empresa, inclusive os seus valores articulados, são apenas *mecanismos secundários* de apoio à cultura organizacional. Como tal, têm menor importância do que o comportamento dos líderes. Eles incluem coisas tais como:

- Estrutura e Desenho Organizacionais
- Procedimentos e sistemas organizacionais
- Ritos e rituais organizacionais
- Desenho dos prédios, fachadas e espaços físicos
- Estórias, lendas e mitos sobre pessoas e acontecimentos
- Declarações formais sobre filosofia organizacional, valores e crenças

O comportamento dos Diretores determinará como a cultura irá se desenvolver: em que aspectos será mantida, em que aspectos irá mudar. Portanto, é fundamental que a importância desse papel seja plenamente compreendida.

Os líderes da empresa devem liderar pelo exemplo as questões dos valores corporativos e da cultura desejada; e devem abrir espaços de discussão para que cada funcionário tenha a oportunidade de entender a cultura atual e a cultura desejada, em termos de comportamentos práticos, em termos do seu próprio comportamento no exercício da sua função. De certa forma, podemos dizer que **a cultura organizacional precisa ser personalizada,** precisa adquirir significado pessoal para cada pessoa, para que cada um possa se engajar, de forma autêntica, no desempenho do seu papel de refletor dos valores da cultura que se quer ter.

Essa discussão para entender (e poder promover) a cultura desejada é um diálogo perene, nunca termina. O produto desse diálogo é a cultura verdadeira, a cultura praticada. Se o processo for bem administrado e existir um espaço real para a discussão, aumentam as chances de que a cultura verdadeira será bastante próxima da cultura anunciada. Caso contrário, a cultura verdadeira irá se distanciar da cultura anunciada e quem sofrerá com isso será a imagem da instituição. Pouco a pouco, o público interno e os públicos externos perceberão que os valores anunciados não são, realmente, praticados. A partir daí, serão motivo de piadas, chacotas e até de ataques e críticas à organização. Esse é o risco de um trabalho de cultura organizacional mal feito ou incompleto: pode prejudicar a organização e seus funcionários, ao invés de ajudar.

Para mudar a cultura (mantendo o que se deseja manter) basta seguir alguns passos simples, mas que encerram em cada um uma enormidade de coisas a administrar:

1. **Descrever a cultura atual e a cultura desejada**; (basicamente isso se obtém com o diagnóstico da cultura organizacional, de um jeito ou de outro);
2. **Comunicar** a cultura desejada (através de um amplo programa de comunicação interna, permanente);
3. **Engajar as pessoas** num diálogo autêntico para que adotem genuinamente os valores e a cultura desejados, para que seu comportamento seja um espelho da cultura desejada e para tornar a cultura real coerente com os valores corporativos;
4. **Liderar pelo exemplo** do CEO, dos Diretores e principais líderes formais e informais da organização;
5. **Revisar as políticas** organizacionais para que reforcem a cultura desejada, eliminando discrepâncias e contradições;
6. **Criar mecanismos de acompanhamento e renovação** da cultura (pesquisas de clima com análise e discussão de ações decorrentes, programas de desenvolvimento gerencial, gestão de relacionamentos com fornecedores, clientes e outros *stakeholders*).

Nos Capítulos 13 e 14 veremos como conduzir um Programa de Desenvolvimento da Cultura Organizacional (PDCO) detalhado, um exemplo de como isso pode ser feito. Na vida real, cada organização desenha o seu próprio programa, com a ajuda de consultores externos ou não. Todavia, qualquer que seja o formato de tal programa, se ele não tocar nos seis aspectos acima, dificilmente terá sucesso duradouro. Poderá, na melhor das hipóteses, gerar algo temporário. Na pior das hipóteses, pode causar mais prejuízo do que benefício.

Se voltarmos ao "Eterno Triângulo" que vimos no Capítulo 6, vale lembrar que dois dos três vértices correspondem ao diagnóstico cultural, em termos de Onde Estamos (cultura atual, verdadeira) e Aonde Queremos Ir (cultura desejada, anunciada). Portanto, o primeiro passo acima corresponde a dois vértices do Eterno Triângulo.

O terceiro vértice do triângulo (Como Chegar Lá) se desdobra nos passos de "2" a "6" da sequência. É um vértice só, mas encerra um bocado de coisas.

Quais são os seus valores?

Digamos que você tenha, portanto, completado o primeiro passo da sequência acima (o diagnóstico) e esteja prestes a começar o segundo passo, ou seja o plano de comunicação.

Esse é um bom momento para fazer um questionamento a respeito dos seus próprios valores pessoais, para estar consciente deles e de como podem influenciar inclusive a maneira como você irá analisar e interpretar os dados do diagnóstico recém concluído, para servir de base ao plano de comunicação. De maneira semelhante, é importante que a equipe dirigente da organização esteja consciente de suas preferencias pessoais em termos de valores e de como isso afeta sua maneira de encarar todo o programa de manutenção e mudança da sua cultura organizacional.

Muitas vezes o programa é iniciado graças à vontade do CEO. De uma forma ou de outra, seus valores irão afetar a maneira como encara o diagnóstico e a maneira como gostaria de ver o programa conduzido. Se o CEO deseja, em função de seus valores pessoais, ver uma organização mais voltada para a obtenção de resultados tangíveis no estilo de uma meritocracia europeia ou americana, isso afetará a interpretação do diagnóstico e também o estilo do plano de comunicação, que provavelmente terá um caráter mais "vendedor", positivista e promocional.

Se o CEO for uma pessoa que prefere um estilo mais discreto e voltado para a estabilidade de médio prazo, no estilo escandinavo, isso afetará o estilo da comunicação, de maneira correspondente. É provável que a comunicação seja menos "vendedora" e mais provocadora de reflexão e inclua um convite ao diálogo.

Já um CEO de estilo germânico tende a preferir um programa de cultura estruturado e planejado até o último detalhe. Se o relatório diagnóstico for sucinto e objetivo, este CEO poderá considerá-lo superficial demais. O programa de comunicação preferido provavelmente terá uma característica objetiva e direta.

Faço estas observações para destacar que todos nós temos um viés cultural, do qual geralmente não estamos conscientes. Nossos valores podem prejudicar nossa objetividade no momento de examinar um diagnóstico de cultura organizacional e ao considerarmos alternativas de estilo para comunicar os valores corporativos e a cultura desejada.

Para que se ganhe credibilidade e consistência, é importante questionar se o estilo da comunicação estará coerente com a cultura desejada. Se a cultura desejada for uma cultura meritocrática, de alguma forma a maneira de comunicar deve já espelhar esses valores. Se a comunicação tiver um estilo paternalista e condescendente, por exemplo, isso irá sabotar a credibilidade da campanha. O público interno é muito perspicaz quando se trata de identificar discrepâncias entre formato e conteúdo, entre discurso e prática. Portanto, vale fazer esse questionamento sobre os seus próprios valores, visando evitar que eles terminem por criar uma discrepância desse tipo, entre forma e conteúdo de comunicação.

O viés cultural americano

No Brasil vivemos uma situação curiosa: existe na cultura brasileira uma visão idealizada da cultura americana. Para a maioria das pessoas no Brasil, os Estados Unidos representam tudo o que as pessoas gostariam de obter. Não admira que todos os anos milhares de brasileiros se mudem em definitivo para os Estados Unidos da América, em busca de algo que acreditam ser mais difícil, ou mesmo impossível, de conseguir no Brasil.

Nessa visão idealizada, os Estados Unidos representa tudo "que deu certo" e que no Brasil "deu errado". Lá se consegue trabalhar e ser reconhecido pelo mérito, ao invés de ser preterido por alguém que é melhor relacionado com o chefe ou com os poderosos; lá não existe corrupção, ou se existe, pelo menos é muito menor do que aqui; lá qualquer um pode se tornar um vencedor na vida, mesmo que tenha nascido pobre, ou, como diria o ex-presidente Lula, mesmo que tenha nascido analfabeto...

Pelo mundo afora, o que se vê é que cada país tem uma cultura, com seus próprios valores e sua própria identidade, porém cada país tem também uma cultura ideal, uma cultura desejada e muitas vezes essa cultura desejada é percebida como existente num outro país. Se trata de uma espécie de "ego ideal" em termos Freudianos: uma versão idealizada daquilo que gostaríamos de ser.

Esse é um mecanismo geralmente inconsciente, embora possa ser também consciente para algumas pessoas. O que se verifica é que, por exemplo: os holandeses têm uma visão idealizada da Inglaterra. Para eles o Império Britânico, com o qual disputavam a hegemonia mundial no Século XVI e XVII, foi a versão que deu certo. O Império Holandês entrou em declínio a partir do Século XVIII e desde então só diminuiu de tamanho, praticamente desapareceu com o passar do tempo. Já o Império Britânico teve o seu auge no Século XIX e manteve uma aura de sucesso até meados do Século XX. No inconsciente coletivo holandês, a Inglaterra foi o império que deu certo.

Outros exemplos existem em diferentes partes do mundo: na Índia até hoje a Inglaterra é idealizada. Se poderia dizer que os indianos, no fundo, querem ser ingleses, assim como os holandeses.

Na Argentina existe uma situação semelhante: diz a piada que o portenho (morador de Buenos Aires) é um italiano que fala espanhol e pensa que é inglês...

A Inglaterra, entretanto, não é o ideal de todos os países. Esse lugar é ocupado muitas vezes pela França, pela Alemanha, ou pela Espanha.

No Brasil, vivemos historicamente épocas de idealização da Inglaterra (no Século XIX), da França (na virada do Século XIX para o Século XX) e, a partir da II Guerra Mundial, passamos a idealizar os Estados Unidos.

Isto se agravou com a fase de industrialização brasileira no período pós-guerra: trouxemos indústrias americanas (de automóveis, bens de consumo) e importamos com isso os valores de gestão americanos. Esses valores de gestão foram reforçados pelo fato de que dois terços dos livros de administração e gestão publicados no mundo anualmente são oriundos dos Estados Unidos, do Canadá e da Inglaterra. Essas obras exercem forte influência nas universidades brasileiras, principalmente nos cursos de administração de empresas.

Aprendemos nas universidades que a maneira eficaz de administrar é, na verdade, a maneira americana (ou anglo-saxônica). Aprendemos administração por objetivos, avaliação de desempenho, estilos de liderança, gestão de talentos, "feedback" e "coaching", tudo com o viés dos valores americanos.

Não há nada de errado com os valores de gestão americanos, exceto pelo fato de que eles são valores coerentes com a cultura americana como um todo. Como tal, funcionam muito bem na sua cultura, mas não necessariamente na cultura brasileira, que possui valores diferentes.

Assim é que os brasileiros aprendem determinados valores na infância (na família, na escola, na comunidade) e ao se tornarem gestores aprendem valores diferentes, que muitas vezes entram em choque com os valores culturais brasileiros. As práticas de gestão brasileiras estão sujeitas, por isso, a um choque cultural.

A cultura brasileira não é meritocrática; no entanto, aprendemos nas empresas e faculdades que a meritocracia é a forma ideal de gestão. A cultura brasileira é paternalista; mas aprendemos dos americanos que o paternalismo é ruim, é errado, é ineficaz. Nossa cultura é coletivista, valoriza os relacionamentos e a lealdade a grupos; mas aprendemos que o indivíduo deve ser mais valorizado do que o grupo.

Se verifica então uma situação de conflito entre esses valores antagônicos. Por um lado, temos uma cultura de afeto, relacionamento, respeito à hierarquia, fidelidade aos grupos, esperança num futuro distante e busca de segurança. Todavia, aprendemos que deveríamos valorizar mais as estruturas com baixa hierarquia, os indivíduos que confrontam seus chefes e colegas, a busca de desafios, o risco e os resultados imediatos, mensuráveis no curto prazo.

O socialmente aceitável fica sendo uma mistura de tudo isso. No ambiente de trabalho, o socialmente aceitável é endossar os valores americanos: a meritocracia, o desempenho individual, a competição e o conflito. Na prática, muitas vezes dizemos uma coisa e fazemos outra. Nosso discurso é americano, mas a prática é brasileira. Falamos bem da meritocracia, mas praticamos o paternalismo e o corporativismo.

Ao tratarmos de cultura organizacional é preciso conhecer e entender essa dinâmica; é preciso reconhecer a existência do viés americano naquilo que as pessoas dizem ser o seu ideal. É preciso discutir a cultura americana, sua influência sobre a cultura brasileira e é preciso fazer escolhas informadas a respeito daquilo que realmente queremos desenvolver como cultura organizacional.

Nenhuma cultura é melhor do que outra. O que torna uma cultura organizacional mais eficaz ou menos eficaz é a sua consistência interna e a sua coerência com a estratégia organizacional e com o mercado em que a organização atua. No Brasil temos empresas com uma cultura paternalista que funciona com eficácia e temos empresas de cultura organizacional meritocrática que também funcionam bem. E temos empresas meritocráticas que fracassam e empresas paternalistas que fracassam.

O importante é desenvolver e gerenciar a cultura organizacional de forma consciente, entendendo os valores subjacentes no ambiente em que a organização atua e entendendo os valores inerentes à cultura brasileira que conflitam com os valores disseminados nos livros de gestão anglo-saxônicos.

Os "gurus" americanos precisam ter suas ideias examinadas com cuidado e, se for o caso de adota-las, devem ser adaptadas. A implantação de ideias e "melhores práticas" oriundas de outros países (outras culturas), quer sejam americanas, alemãs, francesas, espanholas ou bolivianas, precisam ser analisadas e adaptadas; caso contrário, haverá choques de valores e desgastes que, esses sim, encerram desperdícios de energia, ineficácia e ineficiência.

Faço esse destaque porque é muito comum que pessoas, no Brasil, ao serem perguntadas sobre o que desejam para si no trabalho e para suas organizações, terminem por responder aquilo que é socialmente aceitável e que reflete não o que realmente querem, mas aquilo que acham que seu interlocutor deseja ouvir (aliás esse é um comportamento cultural: coletivista e de respeito à hierarquia). Respondem expressando valores americanos, porque acreditam que essa é a resposta esperada, foi o que aprenderam na faculdade, foi o que leram nas revistas brasileiras de gestão. Todavia, seu comportamento, na realidade prática do dia-a-dia, está mais alinhado com os valores brasileiros do que com seu discurso americanizado.

Diferenças e semelhanças no trabalho

Vejamos o que essa diferença de valores subjacentes na cultura organizacional de instituições americanas e brasileiras significa em termos de situações de trabalho. A distinção que se segue, é bom dizer, é uma distinção didática, até certo ponto exagerada, apresentando essas características em termos de "preto" e "branco". A realidade, como sabemos graças à valiosa contribuição da guru americana do erotismo executivo, E. L. James, é composta de pelo menos cinquenta tons de cinza... O preto e o branco ajudam a entender os extremos; isso deve ser adaptado para compreender melhor cada tom de cinza que uma organização oferece, na vida real.

Recrutamento e Seleção

O processo de gestão de pessoas começa pela atração e seleção de talentos (vide meu livro "Tire Os Seus Óculos"). Desde o início desse processo, as empresas de estilo "Competição", que é o estilo mais encontrado na cultura americana, adotam uma abordagem distinta daquela que é mais adotada nas empresas brasileiras, cujo estilo predominante varia entre o da "Pirâmide Social" e o da "Família Tradicional".

Na empresa americana, o foco da busca de candidatos está em identificar "realizadores", pessoas que demonstram capacidade de fazer. O foco da empresa é a ação; portanto, buscam-se candidatos que sejam capazes de agir, que tenham iniciativa, que demonstrem sua capacidade de desempenhar melhor do que os outros. O estilo dos entrevistadores é inquisitivo, buscando evidências de que o candidato entrevistado realmente tem a capacidade de fazer.

Na empresa brasileira, o foco do recrutamento e da seleção está em identificar pessoas confiáveis, capazes de serem leais à organização. Mesmo que o discurso aparente fale em desempenho, os candidatos selecionados (consciente ou inconscientemente) pelos entrevistadores são aqueles que mostram habilidades de relacionamento, cortesia, respeito à autoridade e fidedignidade.

A preparação do currículo

Para quem está no papel de candidato, é importante saber qual é o estilo de currículo valorizado por potenciais empregadores. Nas empresas americanas, o currículo valorizado é sucinto e objetivo, de preferencia com uma página apenas. O conteúdo deve enfatizar aquilo que o candidato efetivamente fez, aquilo que realizou em suas experiências anteriores, os resultados obtidos em cada etapa da sua carreira. Os talentos e pontos fortes do candidato devem ser explicitados de forma bastante evidente e sem rodeios. Para demonstrar autoconfiança, se preferem os currículos escritos na primeira pessoa: eu sei fazer isso, eu obtive tais resultados, eu sou assim e assado.

Nas empresas brasileiras se espera que um bom currículo seja mais extenso, com no mínimo duas páginas, de preferencia que tenha de três a cinco páginas. No conteúdo o destaque é para as áreas de responsabilidade, a quantidade de atividades, unidades e número de funcionários supervisionados. Frequentemente o currículo é escrito na terceira pessoa, como forma de demonstrar imparcialidade e modéstia, como se o candidato estivesse sendo apresentado por uma outra pessoa e não por si mesmo. Os cursos realizados e os conhecimentos adquiridos também devem ser destacados, mais do que os resultados obtidos, pois estes parecem mais difíceis de medir. Mudanças frequentes de emprego ou função tendem a ser malvistas.

Como se espera que um candidato a emprego se comporte numa entrevista

Na empresa americana o candidato deve demonstrar confiança e assertividade; deve vender suas qualidades ao entrevistador, dando a entender que se ele consegue vender a si mesmo, será capaz de vender ideias e produtos a clientes e colegas de trabalho. Deve assegurar que ele é capaz de fazer tudo que a função exige e ainda mais, sempre com uma atitude muito positiva.

Na empresa brasileira o importante é seguir os rituais de uma típica entrevista de seleção: mostrar cortesia na forma de cumprimentar, aceitar o cafezinho que lhe for oferecido, etc. Uma conduta fora do padrão esperado não será benvinda. O respeito à hierarquia é essencial. Perguntas são benvindas, desde que formuladas com muito cuidado e boa educação. O candidato deve indicar quem ele/ela conhece, pessoas que possam agregar valor à sua rede de relacionamentos e eventualmente estabelecer uma ligação com pessoas da empresa e com o próprio entrevistador.

Quando o candidato de estilo Competição faz entrevista numa empresa de estilo Pirâmide, seu comportamento pode ser percebido como sendo arrogante e desrespeitoso. Ao invés de qualidades, suas características são vistas como defeitos.

Quando o candidato de estilo Pirâmide é entrevistado numa empresa de estilo Competição, a discrepância afeta sua candidatura negativamente.

O fato de citar nomes e relacionamentos é percebido como uma tentativa de pressionar o entrevistador a contratá-lo independente dos seus méritos. Ao invés de ajudar, essa menção de outras pessoas prejudica sua imagem. Se ele aparentar modéstia, isso pode ser visto como timidez e falta de confiança.

Como é um bom gerente?

Numa organização americana, o bom gestor deve ser decisivo, corajoso, um herói no campo de batalha do mundo dos negócios. Ele deve ser capaz de "vender" suas decisões aos funcionários, de tal forma que eles "comprem" as decisões.

Ele deve possuir informações e dados disponíveis para instruir e informar sua equipe sobre o que precisa ser feito. Com isso, demonstra ter o controle das situações.

Deve estabelecer objetivos claros e verificar periodicamente o progresso conseguido rumo a esses objetivos. Delega a execução das tarefas e controla os resultados; recompensa os bons resultados obtidos. O bom gerente lança desafios motivadores, que estimulam a equipe a superá-los e levam os funcionários a se sentirem vitoriosos.

Já numa empresa tipicamente brasileira, o bom gestor parece mais uma figura paternal, exigente mas também benevolente, que guarda uma certa distância dos seus subordinados. Ele deve dar instruções claras e detalhadas, inspecionando regularmente o andamento do trabalho. As pessoas valorizam aquilo que o chefe inspeciona. O que não é inspecionado não é valorizado.

Precisa dedicar tempo e energia para os relacionamentos externos, fora da equipe, com outros departamentos, clientes e fornecedores. Deve também zelar pela competência moral do seu pessoal, ou seja, se estão motivados, se permanecem leais ao chefe e à organização, se obedecem às regras (formais e informais) da instituição.

Como é um funcionário modelo

Na empresa de estilo Competição o que se quer é funcionários que sejam autônomos, que não precisem de supervisão constante e que saibam tomar decisões necessárias para a execução de suas tarefas e atingimento das suas metas. O bom funcionário deve sewr proativo, antecipando-se a circunstâncias que mudam a situação. Deve ser autoconfiante, flexível e capaz de levar as coisas até o fim, indo além do seu dever para atingir os resultados esperados.

Na empresa de estilo Pirâmide o mais importante é respeitar o chefe em todas as situações. O bom funcionário deve também ser disposto a colaborar, deve evitar confrontações e ter bom relacionamento com todos. Precisa mostrar lealdade ao chefe e à organização, e deve estar bem preparado para o que está na pauta e também para aquilo que pode surgir.

Estabelecimento de Metas
Na empresa de estilo Competição as metas são negociadas entre superior e subordinado. Elas devem ser específicas, definidas de maneira a serem quantitativamente mensuráveis e devem ter um prazo de atingimento claramente definido no tempo. São os chamados *SMART Objectives*, na sigla em inglês: *Specific, Measurable, Achievable, Relevant e Time-bound*.

Na empresa brasileira de estilo Pirâmide as metas são geralmente definidas de cima para baixo, com pouco ou nenhum espaço para negociação. Não são, necessariamente, mensuráveis. Muitas empresas definem objetivos um tantos vagos, tais como: "aumentar nossa participação no mercado" ou "garantir a qualidade do atendimento". Na maioria das empresas brasileiras não há sequer metas estabelecidas.

Treinamento
O treinamento e desenvolvimento nas empresas americanas tem um caráter eminentemente prático, é centrado no participante, baseado em estudos de caso e é voltado para a ação.

Nas empresas brasileiras o treinamento, quando existe, é centrado no professor e tem uma pesada carga explanatória e teórica. São poucas as discussões em grupo, prevalecem as palestras, nas quais os participantes têm um papel passivo, limitado a fazer algumas perguntas no final.

Avaliação de Desempenho
Nas empresas americanas a avaliação de desempenho é baseada no atingimento (ou não) das metas negociadas. Existe uma discussão entre superior e subordinado em torno desse desempenho em relação às metas.

Nas empresas brasileiras a avaliação abrange aspectos mais gerais e subjetivos, diante da ausência de metas quantificáveis. O avaliador comunica ao subordinado a avaliação que fez. Em muitas empresas não há sequer uma conversa entre os dois: o avaliado fica sabendo pela área de Recursos Humanos qual foi a nota que o avaliador lhe atribuiu.

Remuneração

Nas empresas de Competição a remuneração está vinculada aos resultados, ao desempenho no atingimento de metas. Uma boa parte da remuneração é constituída por um bônus, calculado em função dos resultados da empresa e do atingimento das metas pelo funcionário. Se não há bom resultado da empresa, o bônus pode ser zero.

Nas empresas de estilo Pirâmide a remuneração leva em conta o tempo de casa, experiência na função e a lealdade do empregado para com a organização, bem como o relacionamento com a chefia e com os colegas. Na ausência de metas, o vínculo com resultados é mais fraco, quando existe. A atribuição de bônus é mais rara e costuma ter valores menos significativos em relação à remuneração total. Diante da valorização da lealdade, muitas vezes o bônus é atribuído em função desse aspecto.

A cultura e a escolha da melhor abordagem para tratar da própria cultura

Um paradoxo interessante é que a cultura atual influencia a escolha da abordagem para tratar da cultura organizacional.

Uma organização que tenha uma cultura de Competição tende a valorizar a abordagem do tipo "pesquisa-ação", na qual se usam seminários de discussão com pequenos grupos, ao invés de um extenso questionário distribuído a todos os integrantes da instituição.

A prioridade nas culturas de Competição é agir rapidamente. A abordagem de pesquisa-ação, desenvolvida por Richard Beckhard e adotada em larga escala por vários consultores americanos e ingleses, como William Reddin e outros, privilegia decisões rápidas e a formação de grupos-tarefa voltados para a ação. É claro que essa abordagem surgiu e floresceu nos Estados Unidos e na Inglaterra. Não é de admirar que as empresas que têm uma cultura de Competição, independente da sua nacionalidade, prefiram esse enfoque. Ele permite uma discussão entre iguais, decisões rápidas e um plano de ação que pode começar a ser implantado em 48 horas.

Uma organização com uma cultura de Pirâmide tende a preferir uma abordagem de pesquisa extensiva, análise especializada e decisão pela cúpula. É preferível usar um questionário extenso, como os desenvolvidos por Likert e por Waisfisz, pois eles permitem que se faça uma análise mais demorada antes de qualquer decisão. Nessa cultura de Pirâmide, as decisões devem ser feitas pela cúpula, essa é a sua prerrogativa. Nada de decisões apressadas, pois essas cultura costumam ter também maior aversão a risco e evitam a confrontação. Portanto, seus integrantes preferem analisar com cuidado um extenso relatório, receber recomendações do consultor, e depois decidir com calma o que fazer a respeito. Também não é de admirar que muitas vezes os relatórios das consultorias terminem nas gavetas da diretoria. Na cultura do tipo Pirâmide, a cúpula costuma evitar aquilo que possa ameaçar sua própria posição. Sugestões ousadas são arquivadas e esquecidas.

Uma organização com uma cultura do tipo Rede aprecia as discussões dos seminários de pesquisa-ação, mas não aprecia o fato de ser necessário decidir e agir rapidamente. A discussão democrática é bem-vinda, mas não a conclusão por uma linha de ação que possa não agradar a todos. É preferível que se tenha mais tempo disponível para chegar a um consenso. Isso significa várias discussões ao longo de semanas e meses, até que se chegue ao dito consenso. Também nessas culturas é frequente o arquivamento dos relatórios antes que produzam algum resultado. Em primeiro lugar, costuma haver menor senso de urgência. Em segundo lugar, é mais importante haver um acordo do que haver uma conclusão. Se não há acordo, a conclusão deve esperar. E se o acordo demora a acontecer, talvez seja melhor esquecer a coisa toda... Vamos discutir alguma coisa diferente.

Uma organização com uma cultura do tipo Engrenagem costuma preferir uma abordagem na qual os especialistas tenham a palavra final. Nesse sentido, mais uma vez pode ser preferível usar um questionário do que uma discussão aberta com rápidas conclusões para implantação imediata. Nessas culturas se apreciam os métodos estruturados, os questionários extensos, detalhados e quantificáveis. A análise e as recomendações devem ser feitas por especialistas, sendo que as recomendações preferidas são aquelas que tratam de mudanças de estruturas, procedimentos e normas. A revisão de políticas é um aspecto bem-vindo.

Uma organização de cultura do tipo Sistema Solar aprecia conceitos robustos que sustentem todo o trabalho. A cúpula costuma ter um espírito crítico bastante afiado e não se dá conta que esse espírito crítico pode levar a uma lentidão do processo decisório ou até mesmo a uma paralisia organizacional. Mais uma vez, questionários extensos são apreciados, mas o aspecto mais importante é o conceito subjacente de cultura organizacional. A mensuração em si não é tão importante e sim a capacidade do conceito resistir a ataques intelectuais, venham de onde vierem. O lado negro dessas culturas é que as conclusões demoram a ser aceitas e são reinterpretadas por cada área no momento da implantação, o que pode acabar permitindo grandes distorções.

Na cultura organizacional do tipo Família, o método deve preservar a posição dos líderes formais e informais na hierarquia. A abordagem de pesquisa-ação pode ser adotada, desde que o Presidente tenha sua posição resguardada para tomar as decisões finais fora do ambiente de um "workshop". Seguidamente, o que ocorre é que o Presidente prefere não participar das discussões. Mantém-se à margem, recebe os relatórios e propostas, para então decidir com seus assessores de confiança o que deve ser levado adiante ou não. De maneira semelhante, essas organizações podem também preferir os questionários extensos e a apresentação de relatórios e recomendações. O fundamental, sempre, é preservar a figura do líder principal, qualquer que seja a abordagem.

Por isso tudo, vale a pena ter pelo menos uma noção empírica sobre o tipo de cultura que você acha que caracteriza a sua organização. Isso permite que você tenha uma ideia sobre qual tipo de abordagem será preferida pela diretoria ao discutir-se um diagnóstico e um programa de desenvolvimento da cultura organizacional.

Certas empresas adoram a abordagem de pesquisa-ação; outras preferem tudo menos isso. A cultura desejada também pode ser um fator de influência. Caso a organização queira uma cultura de maior meritocracia (frequentemente é isso que se busca), o sistema de pesquisa-ação vai nesse rumo e por isso pode ser o escolhido. O importante é estar consciente de que a sua escolha de abordagem para desenvolver a cultura organizacional será uma escolha influenciada pela cultura atual da sua organização e talvez também pela cultura desejada. A cultura está em tudo o que fazemos e influencia também a nossa maneira de discutir cultura.

É possível mudar a cultura organizacional, sim

Alguns acreditam que a cultura organizacional é como o tempo, no sentido meteorológico do termo: é um assunto sobre o qual todo mundo fala, todos têm uma opinião, mas não se pode fazer nada para mudar o que existe nem muito menos o que vai acontecer. Isso não é verdade.

A cultura organizacional sempre existiu em todas as organizações, desde os homens das cavernas até às mulheres de Wall Street. Ocorre que só recentemente o fenômeno teve a sua existência descoberta e só mais recentemente ainda, a partir dos anos setenta, se verificou (a partir de Hofstede) que a cultura pode ser avaliada, quantificada e (a partir de Schein) modificada.

Na época em que as pessoas não tinham consciência da cultura organizacional em que estavam imersas, como peixes que não sabem da água que os cerca, a cultura se criava, se desenvolvia, mudava (ou não) ao acaso, sem ser dirigida deliberadamente. Os grandes empreendedores, fundadores de empresas que cresceram e fizeram sucesso, formavam uma cultura organizacional forte e duradoura sem se dar conta de que o estavam fazendo. Criavam uma cultura baseada nos seus valores pessoais, sem usar esses termos.

Hoje em dia sabemos como descrever a cultura organizacional de qualquer empresa, instituição, departamento ou grupo de pessoas. Temos um vocabulário que nos permite descrever, avaliar e medir a cultura. Esses instrumentos nos permitem também descrever (a partir de Likert) a cultura organizacional que gostaríamos de ter.

Se podemos descrever a situação atual e podemos descrever uma situação futura desejada, certamente podemos examinar as ações necessárias para tornar o futuro desejado uma realidade. Podemos, sim, mudar a cultura vigente e desenvolver uma cultura nova. Todavia, esse não é um processo fácil e tampouco ocorre rapidamente. O processo é complexo e demorado, mas os resultados obtidos, de importância estratégica essencial, compensam o esforço requerido. A cultura organizacional é um fator mais importante para o sucesso ou fracasso de qualquer instituição, do que a sua estratégia.

Édipo e a mudança organizacional

Essa estória me foi contada por Paulo Gaudêncio, quando trabalhamos juntos no processo de mudança do Banco ABN AMRO Real, nos idos de 2001/2002: eu como agente de mudanças interno e ele como consultor externo.

Até então eu não sabia que na tragédia grega de Édipo Rei, usada por Freud para descrever o "complexo de Édipo", havia também uma passagem relevante ao papel do consultor, interno ou externo.

A certa altura da peça teatral, o rei Édipo está muito preocupado com uma terrível peste que está adoentando e matando os habitantes de Tebas, onde ele se tornou rei após matar o monarca anterior. Os médicos da cidade não conseguem identificar a causa do mal e não sabem como tratar a doença. O rei decide, então, chamar um consultor externo, ou seja, o Oráculo de Delfos, capaz de decifrar os desígnios dos deuses e prever o futuro.

Ao invés de ir até Delfos para fazer uma consulta, Édipo manda que seus soldados tragam o Oráculo até sua presença e trava com ele o seguinte diálogo.

Diga-me, Oráculo, tu que tens renome internacional, atendes multinacionais e cobras mais caro do que a McKinsey e o Boston Consulting Group somados, porque meus súditos estão morrendo nas ruas como corintianos? (habitantes da cidade grega Coríntio, dizimada também por uma praga vinda do Luxemburgo), disse o rei.

Não posso revelar a causa do mal, senhor CEO, pois se o fizer, o senhor irá me matar sem sequer pagar meus régios honorários, contestou o Oráculo, cercado por trainees.

Pois, se não me revelares a causa desse mal, aí sim é que irei rescindir o seu contrato e acabar com sua reputação, um destino pior do que a morte! Trovejou o rei.

Prometa, então, que não irá me matar e nem rescindir o contrato de consultoria, Majestade. Então revelarei a causa do mal que está matando a todos, disse o Oráculo.

Está bem, tens a minha palavra, prometeu Édipo a contragosto.

O Oráculo pediu que os trainees deixassem a sala, mandando-os revisar as planilhas. Se aproximou do rei e lhe disse no ouvido: *A causa do mal é um estrangeiro, que trouxe a peste para a cidade. Esse estrangeiro não é afetado pela peste ele mesmo, mas espalha o mal pela cidade.*

Quem é esse estrangeiro? Exigiu o rei. Diga-me e eu mandarei matá-lo na UPP mais próxima!

Não posso dizer, se desculpou o Oráculo. *Se eu revelar o seu nome, o senhor ficará tão furioso que irá me expulsar daqui sem mesmo pagar a multa rescisória ou liberar o meu FGTS.*

Não diga isso, ponderou o Rei. *Eu assinarei uma declaração dizendo que a Diretoria confere a você o nosso total apoio!*

Aí mesmo é que o Oráculo sabia que estava com os dias contados, mas não tinha mais argumentos e resolveu ceder. Se aproximou ainda mais do rei e sussurrou: *o estrangeiro é o senhor mesmo. O senhor é o responsável pela peste que está matando a todos na cidade.*

Édipo, como seria de se esperar, ficou mais furioso ainda do que o Oráculo podia imaginar. Pegou sua espada e matou o Oráculo ali mesmo, na sala de reuniões.

Esse trecho da tragédia grega serve para ilustrar como é difícil a tarefa do agente de mudanças. Se for um consultor externo, arrisca ver o trabalho abortado. Se for um agente de mudanças interno, pode muito bem perder o emprego.

A triste realidade é que na maioria dos casos o Presidente da organização e a sua Diretoria são os principais responsáveis pela cultura organizacional vigente. Para que a cultura possa mudar, o Presidente e os Diretores deverão mudar o seu próprio comportamento, liderando a mudança pelo exemplo. Dependendo da natureza das mudanças desejadas, essa mudança de comportamento poderá ser maior ou menor, poderá ser mais difícil ou não tanto. Todavia, é importante que as pessoas envolvidas estejam conscientes dessa dinâmica. O condutor do processo muitas vezes terá de expressar "verdades inconvenientes", desagradáveis de ouvir. A Diretoria e a Presidência, por outro lado, precisam encarar a sua necessidade de mudar, para com isso dirigir a mudança desejada na cultura organizacional. A cultura está sempre muito ligada aos líderes organizacionais.

PARTE 4 – MUDANÇA VERDADEIRA

Questões para refletir e exercitar os conceitos

É possível mudar a cultura de uma organização trabalhando inicialmente com os gerentes de nível médio e, depois disso, com os diretores da instituição? Por quê?

Como se pode fazer para dizer ao CEO de uma organização que o principal fator a influenciar a situação da empresa é o seu próprio comportamento?

Qual a melhor estratégia para conduzir um processo de mudança da cultura organizacional?

É comum ouvir que para mudar a cultura de uma organização não existe uma receita simples a seguir, como uma receita de bolo. A seguir, vamos destruir esse mito. Em seguida, vamos apresentar alguns conceitos básicos que nos permitem conduzir uma mudança de cultura de maneira descomplicada.

13. Como mudar a Cultura Organizacional

A receita de bolo: como mudar a cultura

Alguém já deve ter dito que isso não é receita de bolo, mas vou discordar dos que fazem essa afirmação. Existe uma receita para mudar a cultura e vou revela-la em seguida. A receita é fácil; o difícil é a execução da receita. Como em qualquer receita culinária, existem detalhes de execução que podem mudar totalmente o resultado final. E cada cozinheiro/agente de mudança tem um estilo próprio, que fatalmente afeta a execução.

Certa vez, minha mulher ensinou quatro equipes de cozinheiras a fazer moqueca de camarão, simultaneamente, em quatro fogões no mesmo salão. Ao final da aula, o resultado foi quatro moquecas bem diferentes, embora as instruções fossem idênticas... Cada equipe executou a mesma receita ao seu estilo.

A receita para mudar a cultura organizacional é esta:

1. Descreva a cultura desejada
2. Descreva a cultura atual
3. Diagnostique/tire as medidas das diferenças
4. Faça um plano de ação e envolva o máximo de pessoas numa panela grande
5. Aqueça a panela em fogo brando e vá implementando e mexendo o plano aos poucos, até ficar em ponto de calda
6. Acrescente liderança pelo exemplo, com uma pitada de humor e diversão
7. Reforce o comportamento desejado, mas sem engrossar o caldo e sem panos quentes

8. Acompanhe a fermentação e resolva os pepinos e abacaxis rapidamente
9. Enxague e repita

A descrição pode ser feita conforme a sua preferencia. Alguns usam um longo instrumento de diagnóstico quantitativo, mas outros preferem uma abordagem mais simples e qualitativa. Ambas essas abordagens funcionam, mas é importante usar o mesmo instrumento para descrever a cultura desejada e a cultura atual. Evite usar dois pesos e duas medidas.

Descreva a cultura atual, usando o mesmo instrumento/abordagem e compare as duas descrições. Faça isso envolvendo os líderes da organização. Quando falo em líderes, não me refiro apenas ao CEO e à Diretoria. O melhor é envolver todos os líderes, em todos os níveis.

Aqui começa a fazer diferença a experiência do mestre-cuca e será preciso tomar algumas decisões importantes. Quantos líderes devem ser envolvidos? Você terá que decidir, em conjunto com os diretores da instituição. Como referencia, posso lhe dizer o seguinte: quando fizemos esse trabalho no ABN AMRO Banco Real, envolvemos 500 líderes para uma organização de cerca de 20.000 funcionários. Participaram gerentes de agências, diretores regionais, gerentes de departamentos de apoio no escritório central, além do Presidente e toda a diretoria.

De maneira semelhante, as diferenças entre o atual e o desejado podem ser medidas com sofisticados instrumentos estatísticos ou simplesmente com discussões abertas em pequenos grupos, conforme a preferencia dos convivas. O mais importante é que essa comparação (ou diagnóstico) não seja feita a portas fechadas, apenas por você e a Diretoria da empresa. É importante que as pessoas afetadas por uma possível mudança de cultura sejam participantes ativos no próprio diagnóstico. O diagnóstico deve ser feito através de um diálogo com um grande número de pessoas, um processo que eu gosto de chamar de "dialognóstico". As pessoas precisam concordar entre si sobre os problemas antes de poder discutir as soluções e é isso que se procura fazer com um "dialognóstico".

O plano de ação para a mudança planejada deve envolver o máximo de pessoas relevantes para o sucesso do processo. Discuta com a sua equipe de gestão e use o bom senso. Uma empresa de 10.000 empregados não precisa envolver todos, mas deve envolver pelo menos cerca de 500, incluindo as principais lideranças formais e informais, bem como uma amostra que inclua pessoas de diferentes níveis hierárquicos, não apenas o topo da companhia.

O processo acontece através de uma série de seminários, reuniões e discussões, em cascata. Começa no topo, sendo o primeiro seminário um encontro (geralmente de dois dias) com o presidente e a diretoria. Em seguida, fazem-se seminários semelhantes com os reportes diretos dos diretores e assim por diante, até envolver o número de líderes desejado.

De cada seminário devem resultar um feixe de ações concretas, com responsáveis e prazos, para mudar ou manter diferentes aspectos da cultura organizacional. Mais uma vez, isso será um desafio exigindo grande habilidade do mestre-cuca e coordenador geral. É preciso manter várias panelas no fogo, mexendo simultaneamente, acrescentando temperos e ingredientes à medida em que você vai provando a evolução de cada prato. O melhor é empregar um grupo de cozinheiros e assistentes, distribuindo tarefas sob a coordenação do "chef". Acenda várias fogueiras (ou vários fogões) e assegure-se de manter a coordenação geral e a convergência de todos os pratos.

Aqueça o grupo e mantenha-o em fogo brando. Pode ser também em banho-Maria. O processo deve levar pelo menos dois ou três anos e você não quer aquecer demais para não queimar tudo no início, nem deixar que esfrie. Faça vários seminários e discussões em grupo, dando bastante espaço para ventilar as ideias, expressar críticas apimentadas e levantar uma certa ebulição. O segredo é não deixar que passe do ponto e para isso você precisa de alguém com experiência ajudando na coordenação.

Você pode usar consultores externos, mas por melhores que sejam, a cultura só vai mudar se o processo todo for liderado pelo exemplo dos diretores da organização. A liderança pelo exemplo é o único ingrediente que não pode ser substituído por outra coisa parecida. A pitada de humor e diversão é para evitar que a ebulição chegue ao ponto de transbordar. Se derramar, dá a maior meleca e fica difícil limpar a sujeira sem estragar tudo. Se os líderes do topo da instituição tiverem dificuldade em exercer seu papel de liderar pelo exemplo, acrescente porções generosas de "coaching" até atingir a consistência necessária.

À medida que surgirem os comportamentos desejados, que espelham a nova cultura, reforce-os com açúcar e com afeto. Não é uma questão de liquidez financeira, mas de elogio e reconhecimento, sem errar a mão no tempero.

Faça uma ampla revisão das políticas de gestão da organização, para assegurar que todas estejam coerentes com as mudanças desejadas, especialmente as de avaliação de desempenho e de remuneração. Se essas políticas estiverem na contramão, corte-as em pedacinhos bem pequenos e jogue no lixo, substituindo-as por normas que reforcem a cultura desejada.

Não deixe engrossar o caldo. Resolva os conflitos e trate das hortaliças de forma direta, sem rodeios. Lembre que a cultura se forma pela observação do comportamento dos líderes em situações críticas. Você até pode ter um belo plano de comunicação com valores bem articulados e cartazes na parede, mas a cultura desejada somente se desenvolve em função da conduta dos líderes. O marketing interno ajuda, mas é como A-ji-no-moto: destaca o tempero existente, mas não o substitui.

É preciso paciência e persistência. Você deverá repetir muitas vezes as mesmas mensagens até que caia a ficha para muita gente. Serão precisos muitos exemplos de liderança, não apenas meia dúzia. Pouco a pouco o processo irá se consolidar e a partir do terceiro ano, poderá ter vida própria e exigir menos esforço das lideranças. Se a nova cultura for bem feita, as pessoas vão querer cada vez mais e farão elas mesmas a manutenção do processo. Você só vai precisar verificar de vez em quando, à distância. Se começar a cheirar mal, volte a se aproximar e mexer na mistura, para não desandar.

Acrescente, misturando devagar, programas de Desenvolvimento Gerencial e de Treinamento. Eles representam oportunidades de reforçar os valores da cultura desejada. Os programas de Desenvolvimento Gerencial, especialmente, devem ser utilizados para discutir a cultura atual e a desejada, monitorando o processo de mudança. Não devem ser usados para catequisar os funcionários e sim para criar um fórum de discussão. Aquilo que pode ser discutido abertamente termina por ser aceito. Aquilo que é imposto como dogma, sem espaço para discussão, termina em indigestão.

Eu gosto de incluir "Temas Transversais" nessa receita. Trata-se de valores básicos, ingredientes escolhidos pelos próprios líderes do processo como parte do dialognóstico, que devem estar presentes daí em diante em todas as refeições, em todos os momentos-chave e em todos os rituais representativos da cultura organizacional.

Eis um exemplo, para degustar o sabor do conceito: digamos que um tema transversal escolhido tenha sido a simplicidade: neste caso, tudo o que se faz na organização deve ter presente o tema da simplicidade. Sempre que se comece a planejar alguma coisa, seja uma reunião de negócios, um encontro com um cliente, um grande evento ou uma entrevista de seleção, deve-se indagar se a simplicidade estará presente nessa atividade e como se poderia evidenciar esse tema. Isso inclui cursos de treinamento técnico, entrevistas coletivas com a imprensa, festas de final de ano, tudo o que acontecer na organização. Os temas transversais são uma forma de reforçar os valores centrais da cultura.

Depois de algum tempo, faça uma pesquisa de clima para provar o sabor da mudança e verificar a temperatura. A pesquisa será uma realimentação do processo: com ela, se faz um novo dialognóstico e se pode gerar novas ações de mudança ou manutenção, renovando todo o processo de desenvolvimento cultural.

Em tudo isso, é fundamental manter a credibilidade e a consistência. Um programa coerente e permanente de comunicação interna é o parceiro indispensável de todo mestre-cuca cultural, em qualquer organização. A comunicação não pode faltar nunca e ela nunca é excessiva. Deve ser criativa, inteligente, mas principalmente passar credibilidade e consistência. Para tanto, é fundamental que seja também interativa e não apenas unidirecional. Deve permitir um diálogo contínuo entre as lideranças e as bases da hierarquia organizacional, para que todos possam se deliciar com a cultura e com o seu processo de permanente criação e renovação.

A cultura organizacional deve ser nutritiva e saborosa, deve ter substância. Deve promover o bem-estar e a saúde, sendo ao mesmo tempo saborosa ao ponto de despertar paixões e um amor duradouro. Ela pode ser tudo isso, se for feita com amor.

Bom proveito!

Executando a receita

Vamos à execução da receita usando todos os truques de culinária inerentes ao processo. Como é que se faz tudo isso realmente, na prática?

Antes de mais nada é preciso tentar entender de onde vem a necessidade de tratar do tema Cultura Organizacional. Edgar H. Schein é o autor que maior experiência prática possui a respeito. Além de escrever vários livros e lecionar sobre o assunto no MIT, Schein prestou serviços como consultor de grandes multinacionais americanas. Viveu a experiência prática de conduzir seminários e discussões com os CEO's e com as equipes de gestão desses clientes. Entre tantas coisas que disse, Schein falou recentemente:

"Meu interesse pela cultura decorre do meu interesse em intervir para fazer melhorias. Entretanto, aprendi da maneira mais difícil que melhorar o funcionamento organizacional não começa com uma análise da cultura, mas sim com a identificação de um problema, com o estado atual do sistema, com o estado futuro desejado do sistema em termos concretos, comportamentais. Quando fazemos tudo isso, somente então chegamos ao momento de fazer perguntas sobre cultura: de que maneira as nossas culturas e subculturas atuais irão ajudar ou prejudicar os nossos programas de melhoria. Aí então será o momento de reunir alguns grupos (ao invés de fazer pesquisas), apresentar o objetivo de mudança e pedir que discutam de que maneira os valores e normas existentes irão ajudar ou prejudicar os nossos esforços de mudança. Agora a cultura tem significado e relevância." (conversa com o autor, março de 2014).

Faço minhas as palavras do professor.

A melhor maneira de mudar uma cultura é começar sem falar de cultura. Começar falando de questões práticas de gestão que precisam ser melhoradas. Em função disso, prefiro o uso das perguntas abertas de Reddin como forma de orientar a discussão. A discussão das respostas a essas perguntas tangibiliza o tema da cultura organizacional e facilita a identificação de problemas e soluções. Isso é fundamental para engajar as pessoas no processo, pois a maioria dos gestores não se entusiasma com uma discussão meramente intelectual e acadêmica.

13. COMO MUDAR A CULTURA ORGANIZACIONAL

Todavia, ao falar de cultura organizacional e valores, cabe esclarecer antes de mais nada qual será o foco da nossa ação, que pode se dar em três níveis distintos, como vimos no Capítulo 4:

- Primeiro nível: O comportamento e o desempenho das pessoas, os símbolos, heróis e rituais da organização, aquilo que Schein chamou de "artefatos" da cultura organizacional e que é o foco das perguntas de Reddin; ou
- Segundo nível: Os valores anunciados, esposados, articulados formalmente nas mensagens institucionais oficiais de relações públicas com os públicos externos e internos; ou
- Terceiro nível: Os valores subjacentes, que Schein chamou de "pressupostos", e que são os verdadeiros determinantes da cultura organizacional real, das práticas gerenciais e de comunicação, do comportamento e do desempenho das pessoas.

O trabalho de mudança começa com uma discussão conjunta entre consultores externos e as lideranças da organização. O primeiro passo desse trabalho conjunto é esclarecer em quais desses três níveis iremos focar nossa atuação.

Talvez a organização queira focar o trabalho nos valores anunciados. Talvez deseje começar por articular esses valores, se é que isso ainda não foi feito. É comum que certas organizações queiram começar o trabalho de cultura pela articulação de valores corporativos. Na verdade, isso se trata mais de uma descrição da cultura desejada do que de uma descrição da cultura atual ou de valores praticados atualmente no dia-a-dia. O risco em começar o trabalho por esse aspecto é o de que a discussão se torne excessivamente etérea. Pode ser que os debates fiquem por demais distantes daquilo que está realmente acontecendo na atualidade da organização, em termos de comportamento e desempenho.

É bastante fácil discordar quando se fala em tese e em conceitos amplos. Por trás das discussões de valores amplos, as pessoas têm referências conscientes e inconscientes com situações práticas de sua própria experiência. Por exemplo, as pessoas podem discordar sobre o valor "ser metódico" porque para um isso significa um sinal de qualidade, enquanto que para outro isso significa rigidez e bitolamento. Ao discutir as implicações práticas dos valores, fica mais fácil se chegar a um acordo sobre a situação desejada e sobre a situação atual. Começar a discussão pela abordagem de problemas concretos (primeiro nível) que requerem melhoria torna ainda mais fácil a discussão posterior acerca de cultura e valores.

Entretanto, como vimos anteriormente, a preferencia por uma abordagem ou outra é influenciada pela cultura. É claro que Edgar Schein, como americano, tem uma preferencia sobre o método da pesquisa-ação (primeiro nível). Em muitas organizações brasileiras, entretanto, é bem provável que a discussão dos valores articulados seja preferida (segundo nível), pois essa discussão é mais coerente com uma cultura organizacional vigente do tipo Pirâmide.

Caso a preferência seja efetivamente por focar o trabalho de cultura na discussão dos valores esposados/anunciados/articulados (segundo nível), a abordagem terá seu foco no segundo nível e envolverá a discussão dos valores a serem articulados e comunicados aos públicos externos e internos. Esse trabalho deve iniciar pela discussão da sua abrangência inicial, ou seja: definir quem deverá participar dessa articulação dos valores e como será desenvolvido o processo de discussão e articulação, seguido de um plano abrangente de comunicação institucional.

A prática desses valores (primeiro nível) será abordada, então, posteriormente, mediante um plano de desenvolvimento da cultura focado no terceiro nível (cultura real), que são os valores subjacentes e que determinam o comportamento das pessoas no dia-a-dia.

Em outras palavras, podemos dizer que o primeiro nível da cultura (o comportamento das pessoas) é definido muito mais pelo terceiro nível (valores subjacentes, ou pressupostos) do que pelo segundo nível (valores esposados, ou anunciados).

Ao iniciar um processo de diagnóstico e mudança/manutenção da cultura organizacional, podemos começar por qualquer um dos três níveis; mas o objetivo último é mudar o primeiro nível (o comportamento das pessoas), pois é isso que afetará o desempenho, o clima e os resultados da organização.

Se o trabalho ficar restrito ao segundo e ao terceiro níveis, teremos apenas uma discussão acadêmica, sem efeito prático. Isso pode beneficiar o intelecto dos estudiosos e o bolso dos consultores, mas pouco acrescenta à organização e aos seus integrantes.

A versão simplificada do plano de mudança

Na sua essência, a abordagem mais eficaz para diagnóstico e mudança/manutenção da cultura organizacional pode ser descrita pelo diagrama da figura 8.

O processo começa com um diagnóstico (ou "dialognóstico") para descrever a cultura atual, descrever a cultura desejada e elaborar um plano de ação para transformar o desejado em realidade.

Para implementar o processo de mudança, é necessário executar dois programas centrais simultaneamente: (a) uma série de projetos de mudança, gerados no processo de diagnóstico-ação, a cargo de grupos-tarefa; e (b) uma revisão detalhada de políticas e procedimentos que possam conflitar com a cultura desejada.

A consistência é fundamental para manter a credibilidade do processo de mudança. A revisão de políticas e procedimentos visa assegurar essa consistência. Este, aliás, é um aspecto ausente da maioria dos processos de mudança cultural: a ênfase é colocada apenas nos projetos de mudança e a revisão das políticas antigas é omitida. Isso provoca muitas vezes um conflito entre o novo desejado e a situação vigente. Se forem mantidas políticas que reforçam o passado e contradizem aquilo que se deseja para o futuro, a mudança carece de consistência, perde credibilidade e logo se desmancha.

Esses dois programas centrais são apoiados por dois outros programas de apoio complementares: (a) *coaching* e (b) comunicação interna e externa.

O *coaching* deve ser feito conforme necessidades identificadas, ou seja: quando necessário e para quem é necessário. O comportamento dos líderes da organização é um fator crítico para o desenvolvimento da cultura: as pessoas seguem os líderes por imitação, fazendo aquilo que eles fazem, muito mais do que obedecendo o que eles dizem.

Se um líder se comporta de maneira conflitante com a cultura desejada, isso (mais uma vez) diminui a consistência e a credibilidade do processo como um todo. Nesses casos, o *coaching* serve para entender o que está levando esse líder a se conduzir dessa forma e como se pode ajudá-lo a mudar seu comportamento.

É claro que é preciso evitar exageros na busca de conformidade. Não se trata de fazer com que todos os líderes da organização sejam obrigados a se comportar da mesma forma, desprovidos de seus estilos individuais de comunicação e das características de sua personalidade. O que se quer é evitar a eventual contradição gritante com valores desejados. Por exemplo: se um dos valores desejados é "tratar as pessoas com respeito," aquele líder que é visto constantemente abusando verbalmente de seus funcionários precisa mudar seu comportamento. O *coaching* é uma forma de tentar ajuda-lo a conseguir essa mudança.

O segundo programa de apoio complementar diz respeito à elaboração de um plano de comunicação (interna e externa) que reforce a cultura desejada. Mais uma vez é fundamental que se mantenha consistência e credibilidade no conteúdo e estilo das mensagens, tanto para o público interno como para o externo.

Esses quatro programas, executados de maneira coordenada e coerente, deverão assegurar que o desenvolvimento da cultura ocorra conforme o desejado.

A continuidade da cultura deve ser auxiliada também através da inclusão dos valores desejados como "temas transversais" presentes em todas as atividades de treinamento e desenvolvimento. Mais adiante faremos uma descrição mais detalhada desses aspecto.

Finalmente, o processo se completa com um ciclo de *feedback*, ou realimentação. Isso se obtém pela realização de pesquisas de clima e engajamento do pessoal, cerca de dois anos depois de iniciado o programa de mudança. Essas pesquisas são, em essência, um novo diagnóstico que realimenta o processo. Desta forma, o ciclo se repete a cada dois anos e se perpetua como um processo permanente de renovação da cultura organizacional.

A cada repetição do ciclo, ele será menos detalhado e mais fácil de realizar, pois o foco estará colocado principalmente em apenas refinar e ajustar certos aspectos da cultura, assegurando continuidade.

Figura 8 – Essência do Processo

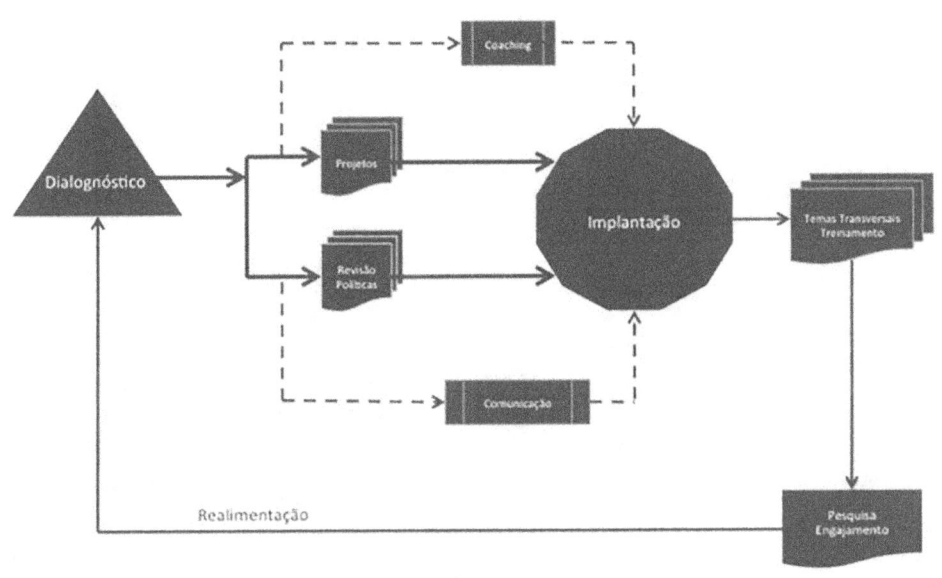

A versão germânica do plano de mudança

Na cultura de Engrenagem as pessoas costumam apreciar uma visão detalhada do plano todo de mudança cultural. Antes de começar, gostam de ter uma visão geral do que vai acontecer, de forma estruturada e razoavelmente organizada. É aquilo que na McKinsey os consultores chamam "a apresentação germânica", uma ilustração bastante completa, que contrasta com "a apresentação americana", que é menos detalhada e tem foco nos resultados esperados.

Na figura 9 se vê um exemplo de "apresentação germânica", com todos os passos de um programa de desenvolvimento da cultura organizacional colocados numa única página. Em seguida vamos abordar cada um desses passos em detalhe.

PARTE 4 – MUDANÇA VERDADEIRA

Figura 9 – Visão geral de um programa de cultura

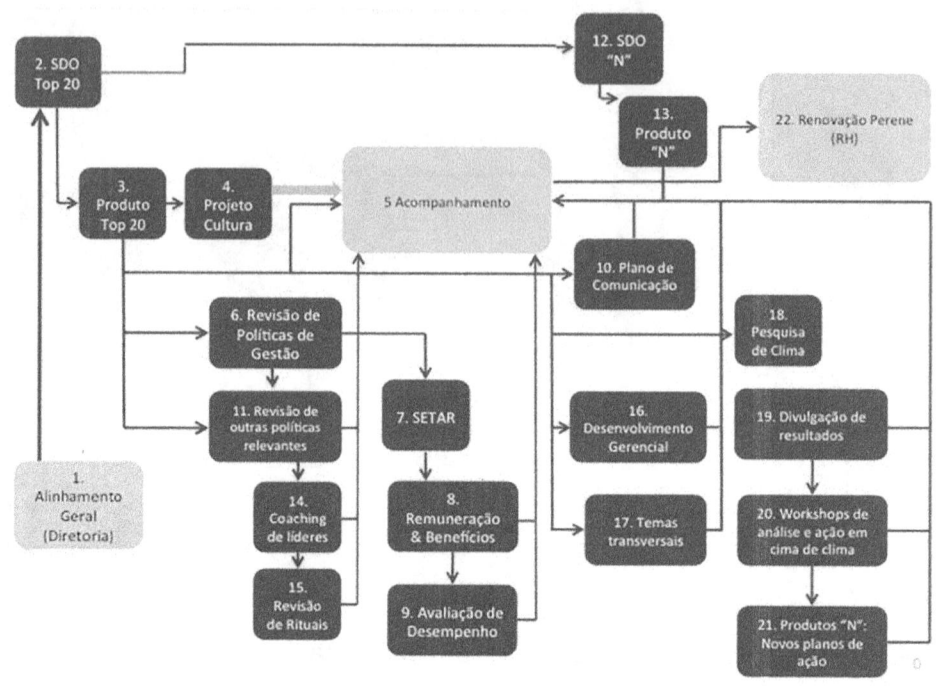

O possível roteiro do Programa de Desenvolvimento da Cultura Organizacional (PDCO) tem, pelo menos, 22 passos; isso porque muitos passos se desdobram em vários outros. O total de passos, ou etapas, pode ser bem maior.

O desenho da página anterior pretende apresentar, de forma gráfica, apenas uma visão sucinta dos projetos e atividades envolvidos.

A numeração dos passos/etapas não significa necessariamente uma precedência no tempo de uns em relação a outros; muitas etapas acontecem em paralelo e a duração de algumas pode ser equivalente a duas outras ocorrendo ao mesmo tempo. Na prática é necessário também elaborar um cronograma descrevendo a duração prevista para cada etapa e seu posicionamento no calendário.

Na figura 10 apresenta-se um exemplo hipotético de um cronograma a ser utilizado no planejamento de um PDCO típico. Neste exemplo, o programa começaria em Abril (mês 4) e terminaria em dezembro do ano seguinte, totalizando 21 meses.

Figura 10 – Cronograma

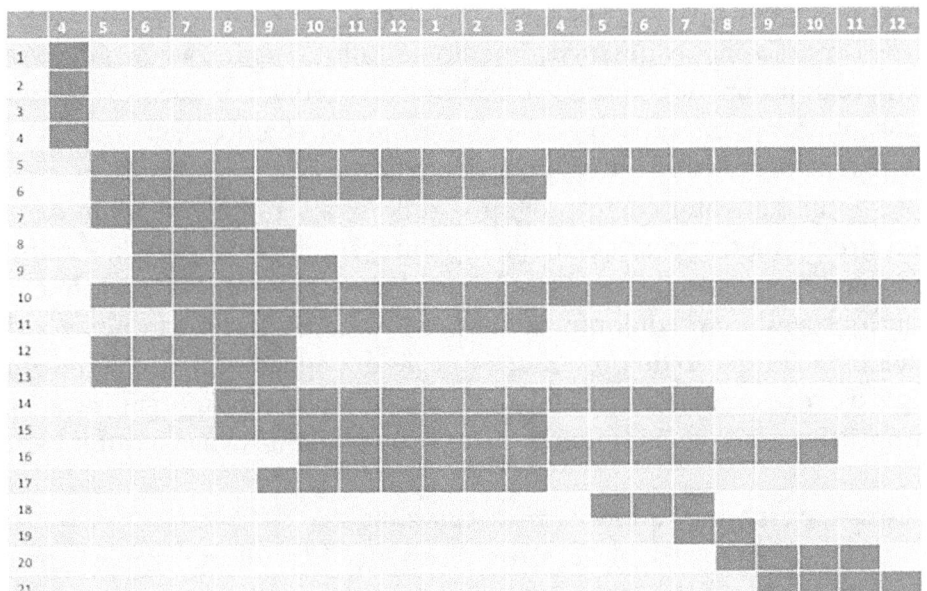

Pressupostos de uma abordagem holística

Nessa fase inicial do trabalho, é importante alinhar alguns pressupostos entre os líderes do processo, quer envolvam consultores externos ou não. O ideal é que o programa seja sempre liderado internamente, com a colaboração de consultores externos para assegurar objetividade e ausência de vieses ditados pela história da cultura atual. Se o programa for liderado por consultores externos, estes deverão necessariamente envolver intensamente os líderes da organização como agentes internos de mudança. É essencial que a organização se sinta "dona" do programa. Se o trabalho for percebido dentro da organização como sendo "da consultoria", será muito mais difícil mudar a cultura.

Construção Colaborativa

O primeiro pressuposto a ser alinhado é o de que o trabalho deve ser produto de uma construção colaborativa. O desenho geral do programa, apresentado na figura 8, deve ser visto sempre como uma proposta para discussão e detalhamento em conjunto com a equipe de trabalho da organização. É um roteiro possível, um exemplo de como poderia ser um roteiro geral de um programa dessa natureza.

Um trabalho de desenvolvimento de cultura organizacional deve ser sempre uma obra de construção colaborativa envolvendo agentes externos (consultores) e internos, para assegurar que o trabalho esteja totalmente alinhado com a realidade singular da organização.

É fundamental que o programa todo seja sempre entendido como um programa de propriedade da organização, dirigido por ela e nunca um modelo trazido de fora para dentro. Para tanto, ele precisa realmente ser construído em conjunto. A função dos consultores externos é a de facilitar a condução do processo; a função dos agentes internos é a de dirigir o processo para os destinos escolhidos pela própria organização. O próprio grupo de colaboradores deve ser o protagonista nessa caminhada.

Cultura, personalidade e comportamento
Conforme já vimos, os valores são parte essencial da cultura organizacional.

A discussão dos valores que sustentam a cultura organizacional passa necessariamente pela discussão da prática desses valores, ou seja: a maneira pela qual esses valores se expressam no comportamento das pessoas no trabalho.

Na medida em que a organização já tenha articulado seus valores esposados ou anunciados e já tenha esses valores definidos, isso reforça a abordagem de discutir a sua prática e como isso se manifesta no dia-a-dia. Se trata, muito mais, de revitalizar os valores anunciados pela discussão sobre os comportamentos que espelham esses valores.

Essa discussão será enriquecida pela compreensão das dimensões da cultura e de como essas dimensões podem reforçar ou inibir a prática dos valores articulados. Em seguida a essa compreensão, serão discutidas as opções disponíveis para reforçar os comportamentos alinhados aos valores e inibir aqueles comportamentos contrários, que vão de encontro à cultura desejada.

Também é importante destacar que o comportamento das pessoas não é determinado exclusivamente pela cultura. A cultura é um fator de influência, assim como a personalidade de cada um é também um fator influente na conduta.

Em resumo, se pode dizer que as dimensões culturais influenciam a cultura organizacional,
que influencia a personalidade,
que influencia o comportamento

Figura 11 – Cultura, personalidade e comportamento

As dimensões do ser humano

Na figura 12 é apresentada uma visão do ser humano em quatro dimensões: racional, emocional, espiritual e física.

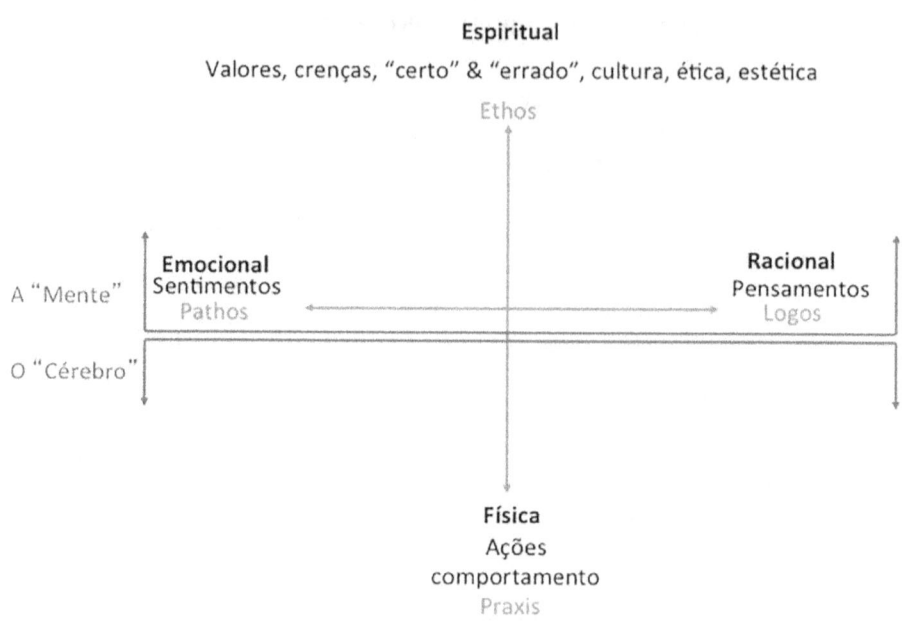

Figura 12 – As dimensões do ser humano

A dimensão racional consiste no aspecto intelectual da realidade humana, no pensamento, no conhecimento e no raciocínio lógico. Em função disso é por vezes referida como Logos, a partir de termos usados por Aristóteles (vide também "Cruzando Culturas sem ser atropelado – Gestão Transcultural para um mundo globalizado").

Pathos é a dimensão emocional, que se refere aos sentimentos e emoções. Está intimamente ligada a Ethos, a dimensão espiritual que corresponde aos valores, à noção de certo errado, à ética, à estética e à cultura.

Os valores culturais estão ligados a fortes emoções. A conduta e as ideias contrárias a esses valores despertam uma reação emocional de forte rejeição. A conduta e as ideias de apoio à cultura despertam emoções positivas e entusiasmo.

A quarta dimensão é Praxis, a dimensão física que se refere ao comportamento. O comportamento é determinado pela interação entre o racional, o emocional e o espiritual (Freud já dizia isso há mais de cem anos).

É importante considerar as quatro dimensões do ser humano de maneira integrada. Uma discussão sobre valores culturais que envolva apenas a dimensão racional e a dimensão espiritual carece de validação emocional e prática. Para muitos colaboradores, especialmente nos níveis mais operacionais da organização, é preciso dar uma conotação pragmática às discussões culturais. Essas pessoas se interessam em saber como os valores se aplicam no dia a dia, como se expressam no comportamento rotineiro.

Isso lhes dará a direção de que necessitam para guiar seu próprio comportamento. Uma discussão apenas intelectual pode lhes parecer despida de realismo e até mesmo elitista e hermética.

A maioria das abordagens sobre cultura organizacional carece de amplitude, de um lado, e de especificidade, de outro. Falta amplitude para reconhecer o viés cultural da abordagem; as consultorias geralmente não percebem que sua metodologia nasceu prisioneira de um viés cultural de origem. A abordagem de Hofstede, por ser transnacional, oferece essa visão de perspectiva mais ampla, que falta nas abordagens tipicamente americanas, inglesas e alemãs.

A falta de especificidade se nota quando a discussão sobre valores se restringe ao plano intelectual e não inclui o comportamento e a emoção. As abordagens de Edgar Schein e de William Reddin resolvem isso ao focar o comportamento como ponto de partida da discussão.

Prefiro uma abordagem que combine Hofstede, Schein e Reddin, de maneira a acrescentar a amplitude e a especificidade que faltam, tipicamente, na metodologia das grandes consultorias. Esse é mais um conceito a ser alinhado com a equipe que irá liderar o PDCO, pois muitas vezes deverão lidar com as implicações emocionais das discussões sobre valores e comportamentos.

Dialognóstico

Este termo é um neologismo criado apenas para enfatizar que o processo de diagnóstico da cultura organizacional deve ser sempre participativo, envolvendo os próprios integrantes da organização em todos os seus passos, ou seja: não apenas no fornecimento de informações relevantes, mas também na análise interativa dessas informações, na formação de conclusões e na discussão das ações decorrentes, bem como, principalmente, no processo decisório sobre o que será feito, afinal, em decorrência do diagnóstico.

Essa abordagem contrasta com aquelas adotadas pelas grandes consultorias, que se colocam na posição de juízes externos avaliadores dos fenômenos da organização. Essa postura do "cientista/analista externo" serve mais aos interesses de quem se coloca na mesma, do que aos interesses da organização em si, que deseja envolvimento total nas análises e decisões pertinentes.

Ela parte do pressuposto (errado) de que a organização em si não é capaz de analisar e decidir sobre seus próprios destinos sem ser dirigida por recomendações externas. Também considera que o papel do consultor externo é semelhante ao de um médico que examina e prescreve, mas não se responsabiliza pelo tratamento e como tal se preserva de qualquer crítica que ultrapasse o momento de apresentar suas recomendações.

A abordagem aqui descrita é eminentemente interativa; respeita e valoriza o papel dos profissionais da organização em todas as etapas do processo; se baseia na crença de que se a organização de alguma forma não se sentir totalmente proprietária do processo, isso só pode prejudicar os seus resultados eventuais. A responsabilidade dos consultores externos inclui o acompanhamento do processo organizacional até o final, ajudando a instituição a lidar com questões estratégicas, táticas e operacionais, de forma a garantir os resultados desejados.

Somente através de uma verdadeira parceria dessa natureza se pode garantir o sucesso do PDCO. O diálogo constante, em todos os níveis, é a base de um diagnóstico autêntico e de uma evolução bem sucedida do Programa.

Questões para refletir e exercitar os conceitos

Dentre os conceitos básicos apresentados como importantes para sustentar a execução da receita de mudança, qual você destacaria como o mais importante? Por quê?

Se é verdade que o ser humano tem quatro dimensões (Física, Racional, Espiritual e Emocional), em qual dimensão estaria localizado o pensamento crítico? Justifique sua resposta.

Vimos que a mudança da cultura organizacional pode ser planejada de forma abrangente e simplificada, e que podemos desenvolvê-la de maneira semelhante àquela empregada para seguir uma receita de bolo. Uma vez alinhados os pressupostos de nossa abordagem holística, vejamos como se executa, em mais detalhes, essa receita.

O que se segue é um programa baseado em casos reais. Com algumas adaptações em cada um dos casos, o programa descrito no próximo capítulo foi realizado em três empresas brasileiras, sendo duas do setor de serviços e uma do setor industrial.

14. Fazendo a mudança acontecer

Uma vez alinhados os conceitos e pressupostos que norteiam o trabalho, pode-se começar o programa propriamente dito. Vejamos como isso tipicamente acontece.

Primeiro passo

Uma das formas de descrever a cultura desejada é passar pelo processo de detalhamento da Árvore do Significado, um conceito que desenvolvi inicialmente em 2006 e aperfeiçoei com o uso ao longo dos anos.

A condução dos trabalhos se dá em quatro ou cinco encontros de quatro horas cada, explorando a fundo os aspectos mais estratégicos da "Árvore do Significado", apenas com a Diretoria, e que não serão abordados nos demais seminários com outros integrantes da instituição.

Esses aspectos dizem respeito ao Propósito último da organização; à discussão e articulação da Ambição Institucional; à discussão e identificação dos seus Clientes-alvo; e à articulação de uma Proposição de Valor abrangente e definidora. Esses quatro aspectos podem levar de quatro a oito horas, dependendo dos participantes dessas sessões.

Em seguida se discute e define a Estratégia da Instituição e a Estrutura Organizacional necessária para levar adiante essa estratégia. Uma vez que a organização já tenha anteriormente definido a sua estrutura estratégica, esse trabalho serviria para revisar os conceitos definidos e eventualmente complementar algum aspecto, se for o caso.

A seguir são discutidas a Cultura Atual e a Cultura Desejada; a Proposição de Valor para os Colaboradores; e a Estratégia de Mudança Organizacional (o PDCO) que será empregada para tornar a Cultura Desejada uma realidade.

A Árvore do Significado

Esse conjunto de reuniões trata de articular os componentes essenciais da expressão estratégica da organização. Algumas instituições confundem estratégias com estruturas, *slogans* publicitários com comunicados de relações públicas, marca institucional com ambição estratégica. Muitas empresas expressam sua estratégia de maneira incompleta, deixando-a exposta a críticas e indagações que ficam sem resposta. Isto submete a organização a dúvidas de parte dos seus interlocutores e a questionamentos, por vezes embaraçosos, sobre a competência dos seus dirigentes. A árvore do significado busca preencher essas lacunas, dissipar as dúvidas e esclarecer as confusões. O resultado é uma articulação estratégica completa, clara e consistente, aumentando a admiração de todos os interlocutores externos e internos.

A árvore pode ser utilizada também para articular os mesmos dez componentes essenciais para uma divisão, departamento ou função da organização. Esse conjunto de articulações é que dá ao conceito o formato de uma ampla árvore decisória, compreendendo a a articulação estratégica geral da empresa e também as suas estratégias funcionais (de vendas, de produção, de gestão de pessoas, de finanças, de tecnologia, de marketing, etc.) regionais e por segmentos de negócios.

Os dez componentes essenciais da Árvore do Significado são:

1. Missão

Trata-se de articular qual é o propósito da organização. Por quê ela existe? Para fazer o quê? Qual é o papel desempenhado pela organização na sociedade como um todo? Se a organização não existisse, o que estaria faltando no mundo? Qual é a contribuição feita para a sociedade na economia (da região, do país, do mundo)? Quem são os interlocutores essenciais da organização? Como são afetados por aquilo que a organização faz?

A resposta a essas perguntas geralmente acontece na forma de um parágrafo de três ou quatro linhas.

Nesse aspecto, cabe ressaltar mais uma vez a importância da cultura como fator a influenciar a articulação da missão. Nas culturas anglo-saxônicas, como nos Estados Unidos e na Inglaterra, a objetividade é muito valorizada. É comum, portanto, que organizações oriundas dessas culturas tenham enunciados extremamente curtos e diretos, parecendo mais um *slogan* de propaganda, que cabe bem no rodapé da página como assinatura de um anúncio impresso ou no final de um comercial de televisão.

Cuidado. Nem tudo que cai bem nas culturas anglo-saxônicas será bem recebido nas culturas sul-americanas, asiáticas, ou outras. A diretoria da organização precisa se perguntar qual é o seu público-alvo mais importante e articular sua missão pensando em como essa mensagem será recebida por esse público alvo. Aliás, essa preocupação com o público alvo é encontrada com mais facilidade nas culturas coletivistas do que nas culturas individualistas. Como já vimos, as culturas individualistas valorizam mais o conteúdo da mensagem e o seu emissor, enquanto que as coletivistas dão mais valor ao formato da mensagem e aos seus receptores.

A articulação final da missão pode ser apenas uma frase, mas a discussão a respeito costuma durar pelo menos quatro horas... O fruto dessa discussão não é apenas o enunciado final da mensagem, mas, principalmente, **o entendimento compartilhado dos diretores sobre o significado** desse enunciado.

2. Ambição

Muitas vezes confundida com a missão e/ou com a estratégia, a ambição expressa apenas o que a organização deseja alcançar, de maneira sucinta. As perguntas utilizadas para se chegar a um conceito comum sobre isto são, por exemplo: que tamanho queremos ter, em termos de faturamento, número de empregados, balanço contábil? De que maneira queremos medir o nosso tamanho? Queremos ser os maiores ou os melhores? Quem são nossos competidores? Como desejamos nos posicionar em relação a eles, em termos de tamanho? Como mediremos nosso sucesso?

Muitas organizações confundem ambição com estratégia, ou com missão. Quando alguém pergunta "qual é a sua estratégia?" recebe como resposta "queremos ser a melhor provedora de refeições industriais do Brasil!" Ora, essa é uma ambição e não uma estratégia. A estratégia é a expressão de como você quer satisfazer a sua ambição. Isso veremos mais adiante.

3. Clientes-alvo

Quem são nossos clientes-alvo, ou seja, a quem pretendemos oferecer nossos produtos e serviços? Não se trata, sem dúvida, de dizer que "todo mundo que quiser comprar é bem-vindo!" A questão é bem mais complexa do que isto... Uma boa maneira de abordar a questão é perguntando seu oposto: quem não serão clientes potenciais? A quem nós nos recusaremos a atender? Os participantes da discussão serão convidados a levar essa pergunta ao extremo: queremos ter como clientes traficantes de drogas? Redes de pedofilia? Onde se traça a linha divisória, por exemplo, em relação à pornografia?

É fácil dizer "não" a uma empresa que publica websites de pornografia, mas isso inclui a revista Playboy, que é publicada pela Editora Abril? O que dizer da UOL, que mostra mulheres seminuas na sua página de esportes? Essas questões são polêmicas e costumam exigir horas de discussão até que se chegue a um consenso. O resultado, mais uma vez, vale a pena: é o entendimento compartilhado acerca de quem são as pessoas e instituições que pretendemos atrair para adquirir nossos produtos e serviços, onde estará o nosso foco comercial. Essa definição servirá para informar nossas estratégias de negócios, de marketing e de comunicação.

Parte dessa questão é a localização dos clientes em potencial. Queremos atingir clientes de uma determinada região geográfica? Apenas aqueles que vivem numa grande cidade? Todo o País? Como lidamos com estrangeiros? Tudo isso precisa ser discutido e acordado, pois facilitará, em muito, as etapas seguintes do processo, principalmente em termos de estratégia de comunicação e distribuição.

4. Proposição de valor aos clientes

Qual é o valor agregado que oferecemos, em última análise, aos nossos clientes? O que estamos realmente oferecendo? Por que motivo os clientes compram os nossos produtos e serviços? O que oferecemos que nos diferencia dos nossos concorrentes? É uma questão de preço, de qualidade, de custo-benefício, de conveniência? Quais são os aspectos tangíveis e intangíveis da nossa proposta?

Este é um aspecto de extrema importância, pois encerra uma avaliação de pontos fortes e fracos da organização em termos comerciais e de seus produtos e serviços também. Uma vez articulada a proposição de valor, fica mais claro também qual deve ser o foco do recrutamento, seleção e treinamento de funcionários, que devem ser designados para oferecer a proposição de valor da maneira mais eficaz e eficiente possível.

5. Estratégia

Agora sim, uma vez que se definiu qual é a missão/propósito da organização, qual é a sua ambição, quem são seus clientes alvo e qual é a sua proposição de valor, podemos falar de estratégia. A estratégia é a descrição de como a organização pretende oferecer sua proposição de valor aos seus clientes-alvo, para realizar sua ambição e satisfazer seu propósito/missão.

Portanto, a articulação da estratégia deverá responder a perguntas como: de que maneira lograremos atingir nossa ambição? De que forma entraremos em contato com nossos clientes-alvo, tanto atuais como clientes em potencial? Como iremos comunicar nossa proposição de valor? Como iremos nos diferenciar dos nossos concorrentes?

6. Estrutura

Certa vez fui me encontrar com os diretores de uma organização que era um cliente em potencial para mim. Eles me chamaram para ajuda-los a implantar sua nova estratégia.

Ao iniciarmos a reunião, após as saudações de praxe, perguntei: "por favor, me expliquem em poucas palavras qual é a sua nova estratégia que vocês querem implantar com a minha ajuda?"

O Presidente respondeu: "é simples: queremos implantar uma estrutura matricial, com responsáveis globais por produtos e serviços, de um lado, e responsáveis locais em cada país lidando com os clientes em termos geográficos."

"Isso não é uma estratégia, isso é uma estrutura... " contestei com um certo cuidado. "A estrutura matricial é uma forma de organização, é a forma como vocês decidiram se organizar para executar uma estratégia; mas qual é, então, a estratégia?"

Para encurtar a história, os diretores presentes tiveram grande dificuldade em esclarecer qual era a estratégia da organização. Nos minutos seguintes, fizeram algumas tentativas, mas logo ficou claro que não haviam discutido o assunto o suficiente entre si. As opiniões ao redor da mesa começaram a ser contraditórias, pois cada um tinha um entendimento um pouco diferente da situação. Antes de discutir a maneira de implantar a "estratégia", que na verdade era uma estrutura, seria necessário articular uma verdadeira estratégia para depois discutir qual a melhor estrutura para implantar a dita estratégia. Essa estrutura poderia ser matricial ou não, era preciso primeiro ter um entendimento comum sobre a estratégia, para então poder-se discutir os méritos de uma estrutura matricial.

As perguntas sobre estrutura começam com "como iremos nos organizar para melhor executar nossa estratégia?"

As perguntas seguintes incluem: como iremos acompanhar e controlar a execução da estratégia? Como organizaremos o processo decisório? Quem terá autoridade para decidir sobre quais assuntos? Qual será nossa maneira formal de comunicação?

Outras perguntas decorrentes da estrutura dizem respeito à distribuição e organização do trabalho: quem faz o quê? Qual será nossa política de cargos, salários e remuneração em geral? Qual será nossa estrutura de benefícios? Quais serão nossas políticas de gestão, em termos de pessoas, serviços e organização interna? Quais serão as alçadas decisórias para diferentes assuntos?

A estrutura, em sentido amplo, é a maneira de se organizar para executar a estratégia e cobrir os quatro primeiros itens da árvore. Geralmente as organizações confundem estratégia e estrutura justamente porque não esclareceram, para si próprias, os quatro primeiros itens citados.

No caso dos "workshops" da Árvore do Significado, não é necessário entrar nos detalhes de estrutura aqui citados. A ideia central é deixar claro que a estrutura deve se basear nos cinco primeiros itens e não o contrário. Estando essa noção firmemente estabelecida, se pode ir adiante para examinar os quatro componentes restantes.

7. Visão

Aqui, mais uma vez, a cultura influi muito na noção do que se entende por "visão". Na sua origem, como termo que entrou na moda nos anos oitenta, a visão se referia a uma descrição de como a organização seria vista num futuro desejado. Essa descrição, na verdade, era em linhas gerais uma descrição da cultura desejada: explicitava a maneira de trabalhar, as características gerais da organização, os seus sucessos e pontos fortes, uma espécie de visão idealizada de tudo aquilo que a organização gostaria de ser. Nesses termos, essa visão era descrita num texto de cerca de duas páginas.

Entram em cena, então, os peritos de comunicação das culturas anglo-saxônicas. Para eles, sem terem consciência do seu viés cultural, uma visão que é descrita em duas páginas é simplesmente comprida demais. Espalhou-se a noção de que uma "visão" deveria ser curta e direta, atraente e sucinta, inspiradora com um mínimo de palavras. Ou seja: um *slogan* publicitário, mais uma vez.

Instalou-se a partir daí uma considerável confusão com a ideia de missão. Está certo que "missão" é o propósito da empresa e "visão" é uma descrição do seu futuro desejado, mas quando se reduz tudo isso a uma única frase de efeito, fica bem mais difícil distinguir uma coisa da outra... E como se diferenciam essas duas noções do conceito de ambição organizacional?

Por isso tudo, prefiro considerar que a visão representa uma descrição mais extensa, que exige necessariamente uma ou duas páginas de texto para realmente fazer sentido às pessoas. Inclui uma descrição da cultura desejada e talvez um pouco mais: também a imagem e reputação desejada.

Para articular a visão nesses termos, as seguintes perguntas são úteis: que tipo de organização queremos ser? Como queremos trabalhar juntos? Como queremos ser conhecidos e reconhecidos por nossos clientes? Como seremos descritos por nossos concorrentes? De que maneira outros interlocutores (organizações não-governamentais, sindicatos de trabalhadores, entidades de classe, reguladores, etc.) nos descreverão? Como gostaríamos de ser descritos? Quais são ou serão nossos valores? Por que as pessoas nos respeitam? O que simbolizamos? Somos ou seremos um exemplo do quê?

8. Identidade

Se a visão representa tudo aquilo que queremos ser como organização, a identidade representa tudo aquilo que somos hoje, ou seja: a cultura atual. A identidade, contudo, pode ir um pouco além em termos de mencionar também como somos vistos, qual é a nossa imagem diante de diferentes públicos.

Em última análise, trata-se de responder a perguntas do tipo: quem somos, como organização? Onde estamos atualmente?

A cultura atual, um dos aspectos centrais deste livro, pode ser descrita de muitas formas e incluir extensos relatórios, quantificados ou não. Todavia, assim como ao nos apresentarmos pela primeira vez como indivíduos a uma pessoa que recém conhecemos, não fazemos uma descrição extensa e nem relatamos nossa autobiografia completa, a descrição da identidade pode ser mais sucinta também. Uma pergunta útil pode ser: como você descreveria essa organização para sua avó, ou para uma criança de oito anos de idade? Esse tipo de pergunta nos leva a buscar resumir o essencial para quem não conhece nosso ramo de atuação. Entender a essência da organização pode ser muito útil para definir nossas capacidades organizacionais, nossos pontos fortes e fracos, e também os dois últimos componentes da Árvore do Significado.

9. Proposição de valor para o quadro de pessoal

Essa proposição de valor está dirigida especificamente para os funcionários da organização e para os candidatos a trabalhar nela. Está intimamente ligada ao conceito de *employer brand*, ou seja, a marca institucional como empregador.

Para enunciá-la, deve-se responder a perguntas do tipo: por que as pessoas decidem trabalhar conosco? O que oferecemos aos candidatos a emprego? Qual é a nossa expectativa em relação ao nosso quadro de pessoal? O que oferecemos em contrapartida? Como você descreveria a nossa organização para um amigo, ou para um possível candidato a emprego?

A proposição de valor para o quadro é fundamental para direcionar as políticas de gestão de pessoas, para promover o engajamento dos funcionários e conseguir atrair e reter talentos. Entretanto, cabe ressaltar que, cada vez mais, e especialmente para funções técnicas e gerenciais, parte da proposição de valor para o pessoal está na clareza da Árvore do Significado. Um jovem recém graduado em administração ou engenharia não escolhe onde trabalhar apenas por aquilo que o empregador potencial lhe oferece em termos de salario, benefícios e ambiente de trabalho. Quanto mais talentoso, mais o candidato desejará saber sobre a estratégia da empresa, sobre a sua cultura, sobre o seu potencial de sucesso enquanto organização.

O mercado está cheio de empresas novas e ambiciosas promovendo suas ideias de se tornarem um sucesso retumbante em apenas cinco anos. Algumas delas têm estratégias sólidas e uma cultura atraente; outras têm estratégias furadas e uma cultura que convida os funcionários a buscarem outros empregadores. O jovem talentoso no Século 21 sabe diferenciar uma organização da outra. Se a empresa não parece robusta ou aparenta não saber o que quer, a pessoa de talento vai procurar outra: num mundo cada vez mais competitivo, quem tem talento pode se dar ao luxo de escolher. Os melhores irão trabalhar nas organizações que oferecem uma noção clara de quem são, do que querem e de como farão para chegar lá. Muitas vezes isso é mais importante do que salario e mordomias.

10. Plano de mudança

O último item da Árvore do Significado é, de certa forma, o próprio PDCO. Se trata de estabelecer um plano de mudança, que leve a organização de uma situação atual a uma situação desejada. Isso pode envolver mudanças de cultura, de políticas, de estratégias. Se há necessidade de mudar algumas coisas e manter outras, como faremos isso?

Outras perguntas que podem ser úteis dizem respeito a: precisamos mudar a maneira de executar a nossa estratégia atual? Precisamos rever a nossa estratégia? Como faremos as mudanças necessárias? Quais são os obstáculos que deveremos enfrentar nesse processo de mudança planejada? Como poderemos contornar ou remover esses obstáculos?

Discutindo os dez itens da Árvore do Significado a Diretoria da organização estará pronta para dar os passos seguintes no Programa de Desenvolvimento da Cultura Organizacional.

Alinhamento sem a árvore

O desmatamento não acontece apenas na Floresta Amazônica e na Mata Atlântica; também ocorre nas salas de reuniões das grandes organizações. Pode ser que, por diversos motivos, a Diretoria de determinada organização não se disponha a passar pelo processo de discussão da Árvore do Significado. Esses motivos podem ser extremamente válidos. Talvez esses itens todos, ou a maioria deles, já estejam definidos com a clareza necessária. Talvez o processo seja demorado demais e a Diretoria esteja motivada para começar o PDCO o quanto antes, deixando a Árvore para ser discutida em paralelo.

Isso tudo não é problema. O essencial para fazer ao começar um PDCO é alinhar com a Diretoria uma visão geral do Programa, para evitar surpresas, desapontamentos e contradições.

Isso se faz necessário porque a Diretoria tem um papel crucial na liderança da cultura organizacional, conforme já vimos.

Vale repetir que **o comportamento dos Diretores determinará como a cultura irá se desenvolver:** em que aspectos será mantida, em que aspectos irá mudar. Portanto, é fundamental que os Diretores estejam conscientes desse papel que possuem, mesmo sem querer.

Além disso, os Diretores serão convidados a apoiar ativamente determinadas propostas submetidas à sua apreciação durante o processo de desenvolvimento da cultura. Os consultores terão contato frequente com os Diretores assessorando suas ações e é importante esclarecer no que consistirá o trabalho de desenvolvimento da cultura organizacional nos meses seguintes.

Esse alinhamento pode acontecer através de uma reunião prevista para cerca de hora e meia de duração. Pode também se realizar em encontros individuais dos consultores com cada integrante da Diretoria de modo a explorar interesses específicos e aprofundar temas relevantes.

O PDCO precisa necessariamente começar com o envolvimento da Diretoria? Será que não é possível iniciar o processo em outro ponto da organização que não seja na sua cúpula? Mais uma vez faço minhas as palavras do Prof. Schein:

"Eu diria que se não houver o entendimento e a iniciativa da cúpula, qualquer mudança, se ocorrer, provavelmente será temporária. Compete à Diretoria pelo menos discutir com os consultores/agentes de mudança onde será melhor começar, levando em conta o que aprendi com (Richard) Beckhard e outros: (1) onde se tem acesso; (2) até que ponto esse subsistema é suscetível a mudanças; (3) se existe suficiente conexão desse subsistema com outros de tal forma que a mudança se prolifere; e (4) até que ponto a mudança é adequada ao respectivo subsistema. Em todos os casos, a mudança continua precisando ser definida em termos de comportamentos concretos. Muitas vezes parece lógico que o melhor é começar pela cúpula em termos desses critérios, mas é preciso alinhar também outros subsistemas, se não nem vale a pena começar." (troca de correspondência com o autor).

Segundo passo: o Seminário de Desenvolvimento Organizacional (SDO) com os executivos "Top 20"

O trabalho de mudança cultural com a descrição da cultura atual, da cultura desejada e os primeiros planos de ação, começa com um seminário de pesquisa-ação do qual participam os cerca de vinte executivos que constituem a cúpula da organização. Este número é apenas uma referencia: podem ser um pouco mais ou um pouco menos, dependendo daquilo que realmente fizer sentido para a organização. Numa organização que tenha uma diretoria de 22 integrantes, provavelmente faz sentido que todos participem desse seminário. Por outro lado, numa organização que tenha apenas cinco diretores, pode ser interessante agregar os seus reportes diretos. O critério para selecionar quem deve participar do primeiro SDO é o de reunir um grupo que possibilite discussões mais ricas e representativas de áreas diferentes. Dependendo do tamanho da organização, talvez nem seja necessário envolver mais do que vinte pessoas no processo todo de mudança da cultura. Tudo isso precisa ser discutido e decidido em conjunto entre os consultores e os principais líderes organizacionais.

O SDO em si é muito semelhante ao descrito no capítulo sobre as perguntas de Reddin enquanto ferramenta de diagnóstico. Consiste numa série de discussões em pequenos grupos (de 5 ou seis pessoas) consolidadas no grupo todo, versando sobre valores culturais aplicados em situações de trabalho. Discutem-se alguns conceitos teóricos para servirem de referência, mas o foco da discussão é colocado na aplicação prática dos valores na rotina diária.

O propósito último de todo o trabalho de cultura organizacional é direcionar o comportamento das pessoas. Portanto, a ênfase das discussões é colocada na discussão dos comportamentos e das políticas organizacionais que espelham a cultura. Discute-se a cultura atual e a cultura desejada, em termos práticos. Em seguida, discute-se o que deve ser mantido e o que deve ser mudado, em termos concretos e práticos.

Para discutir as questões teóricas que servem como base conceitual, se utilizam as dimensões culturais de Hofstede. Um dos possíveis produtos dessa discussão (a definir com a liderança da organização é o desenho do perfil da cultura atual e do perfil da cultura desejada.

As questões práticas são discutidas respondendo às doze perguntas abertas de William Reddin já citadas. Para cada pergunta se discute como é a situação atual e como seria a situação desejada. Com isso se chega a uma descrição prática de cultura atual e cultura desejada, suas semelhanças e diferenças.

Em seguida, discute-se quais ações concretas se fazem necessárias para manter o que deve ser mantido e mudar o que deve ser mudado.

Um aspecto chave na condução do seminário é que as propostas de ação sejam efetivamente concretas e incluam as pessoas responsáveis por levar cada proposta adiante após o seminário e qual o prazo previsto para finalizar a implantação da ação proposta. A ideia é que a Presidência da organização, em última instância, possa simplesmente expressar o seu "de acordo" e isso seja suficiente para que um grupo-tarefa de pessoas responsáveis inicie o trabalho de transformar a proposta em realidade, com prazo de conclusão previsto.

O seminário tipicamente tem dois dias de duração. Esse tempo é necessário para criar um clima de confiança entre os participantes, desenvolver uma linguagem comum e ter uma discussão realmente produtiva sobre a cultura da organização.

Por vezes alguns executivos perguntam se não é possível fazer tudo isso em menos tempo, em apenas um dia. A resposta simples é de que dois dias é o tempo necessário para que o produto final tenha a qualidade desejada. Discutir cultura com pouco tempo significa não dar ao assunto a profundidade e seriedade que o assunto requer.

A situação é semelhante a fazer um *coaching* organizacional. Para fazer *coaching* com indivíduos, com executivos, é preciso ter de três a seis sessões, cada uma durando no mínimo uma hora, podendo chegar a duas horas. "Ah, mas não dá para fazer a mesma coisa em duas sessões de 45 minutos?" Não dá, não. Duas sessões de 45 minutos é um jogo de futebol. Mudança de comportamento é coisa séria. Exige tempo e energia. Se você não está disposto a dedicar algumas horas a um processo de *coaching*, não vale a pena nem tentar, é perda de tempo.

Pois bem: mudar a cultura organizacional é um processo muito mais sério, mais abrangente e mais complexo do que *coaching*. Se a organização não estiver disposta a investir tempo e energia nesse processo, é melhor nem começar.

Terceiro passo – Produto do SDO Top 20

Ao final do seminário, o seu produto principal será **um conjunto de ações** propostas com responsáveis e prazos para implantação.

Estas propostas serão submetidas á aprovação da Diretoria, de maneira a seguir a governança estabelecida e, se aprovadas, serão implantadas de acordo com os respectivos cronogramas.

Essas propostas somente serão geradas no decorrer do seminário; entretanto, é comum que elas contenham aspectos importantes relativos ao processo de **comunicação** e à **gestão de pessoas**, dentre muitos outros aspectos. Na nossa experiência esses temas sempre fazem parte das propostas apresentadas pelos grupos.

As ações que forem aprovadas pela Diretoria passam então a um Project Management Office (PMO) para coordenaçãoo e acompanhamento.

Quarto passo – Estabelecer o PMO

O Programa de Desenvolvimento da Cultura Organizacional necessita ter um acompanhamento geral dentro da Organização como um projeto de grande abrangência, de modo a assegurar que esta detenha todas as informações necessárias à sua coordenação geral vis-à-vis outras atividades em andamento.

Para tanto é recomendado estabelecer um "Program Management Office", para coordenar as informações a respeito das diversas iniciativas decorrentes do PDCO e garantir seu alinhamento com a estrutura vigente. Compete ao PMO zelar pela coordenação e consistência das iniciativas, alertando seus responsáveis para eventuais contradições ou duplicidades além de reportar o andamento dos projetos para a Diretoria ou Presidência, conforme for estabelecido.

Os integrantes do PMO serão definidos pela própria empresa e poderão ser profissionais com dedicação total ou parcial do seu tempo ao projeto, mantendo outras funções correntes na organização.

Quinto passo – Acompanhamento

"Acompanhamento" é o que o PMO faz, mas envolve, na verdade, coordenação, controle, correção de rumos e redirecionamento de diversas atividades e projetos ligados direta e indiretamente ao Programa.

Acompanhamento inclui também o alinhamento das etapas entre si, especialmente aquelas que se sobrepõem e/ou que ocorrem simultaneamente, em paralelo.

Para fazer o acompanhamento, o PMO conduz reuniões periódicas recebendo relatórios de progresso dos líderes dos diferentes projetos e encaminha as medidas necessárias aos responsáveis por autorizá-las.

O PMO não tem autonomia ou autoridade para se sobrepor às linhas de governança formalmente existentes; ele deve, sim, agregar valor ao processo decisório no sentido de informar, instrumentar e facilitar decisões na estrutura vigente, agindo como controlador e catalisador

Sexto passo – Revisão das políticas de gestão

A partir dos produtos gerados pelo SDO "Top 20" será desencadeada uma ampla revisão das políticas de gestão, que inclui basicamente as políticas clássicas de Recursos Humanos, mas não se restringe a estas.

A ideia é alinhar todas as políticas de gestão com a cultura desejada, gradativamente. Tipicamente esse processo pode levar até dois ou três anos, pois não há uma urgência específica, mas simplesmente a preocupação de garantir um alinhamento geral, a médio e longo prazo, para evitar inconsistências. O ritmo dessa revisão é ditado pela organização.

O processo envolve revisar políticas existentes e construir políticas ainda não existentes de forma coerente com a cultura desejada. Esse trabalho é conduzido pela área de Recursos Humanos, com eventual assessoria dos consultores através de "desafios construtivos" pontuais. O processo inclui, também, trabalhar em sintonia com outros consultores externos que já estiverem envolvidos no desenvolvimento de outras políticas. É fundamental garantir a consistência geral das políticas, alinhadas com o comportamento dos líderes. Desta forma se coordenam os **mecanismos primários e secundários** mencionados por Schein e se assegura a coerência geral do programa.

Sétimo passo – *SETAR*

Esse conceito visa oferecer à instituição uma forma simplificada de entender as políticas de gestão de pessoas, reduzindo-as à sua essência.

A gestão de pessoas implica, basicamente, em fazer cinco atividades essenciais, indicadas pelo acróstico "***SETAR***", ou seja:

Selecionar a pessoa certa para o lugar certo.

Estabelecer metas, designar tarefas, definir as expectativas para essas pessoas.

Treinar as pessoas para que saibam desempenhar suas tarefas e atingir suas metas.

Avaliar o desempenho fornecendo feedback e corrigindo rumos.

Recompensar as pessoas através de remuneração e benefícios.

É claro que no mundo moderno essas atividades essenciais se desdobram em competências, avaliações de cargo, planejamento de carreiras, planos de incentivo, gestão de talentos, reconhecimento, avaliação de desempenho e muito mais. Todavia, todas essas atividades podem ser ligadas às cinco atividades básicas mencionadas no acróstico.

A utilidade disso está em tornar mais fácil para toda a organização, em todos os níveis, uma visão do todo e um entendimento da consistência geral da cultura desejada. Isso ajuda a dar sentido às mudanças que acontecerão, na medida em que facilita a percepção das interconexões dessas medidas, para todas as pessoas que trabalham na instituição, mesmo em funções operacionais bastante simples.

Oitavo passo – Remuneração e benefícios

Essas talvez sejam as políticas mais importantes de serem revisadas primeiro, antes de quaisquer outras, uma vez que abrangem todos os colaboradores da instituição e possuem forte poder de influência sobre o comportamento das pessoas.

Caso as políticas de remuneração e benefícios estejam desalinhadas de outras intervenções organizacionais, podem botar tudo a perder. Caso estejam devidamente alinhadas, reforçam as demais e geram motivação adicional para a aprendizagem de novas formas de trabalhar.

O mais importante é simplesmente identificar e corrigir eventuais inconsistências ou contradições, pois essas podem minar o sentido que o trabalho todo deve ter para cada pessoa que trabalha na empresa.

Certa vez fui chamado por um cliente potencial para discutir a condução de um programa de cultura organizacional. No decorrer dessa primeira conversa, ficou claro que o cliente desejava uma série de *workshops* para discutir a necessidade de mudar comportamentos. Ponderei que, além dos *workshops*, seria importante revisar as políticas de remuneração, principalmente as de remuneração variável, de bônus, premiação e incentivos. Um dos comportamentos que o cliente desejava mudar era de que houvesse maior cooperação entre departamentos distintos e maior *cross-selling* entre linhas diferentes de serviços. Caso o sistema de bônus continuasse a ser definido com base no desempenho individual, haveria uma contradição inerente. As pessoas seriam solicitadas a cooperar, mas seriam recompensadas financeiramente por se preocupar consigo mesmas e não com resultados coletivos.

Meus interlocutores contestaram que não desejavam fazer muitas mudanças ao mesmo tempo. Alegaram que sua tradição era a de mudar devagar, gradativamente. Mudar o plano de bônus não era algo que pretendessem fazer num futuro próximo.

Argumentei então que, sem examinar em paralelo os critérios de bônus, não faria sentido tentar mudar o comportamento através de *workshops*. Os participantes estariam recebendo mensagens conflitantes e a credibilidade do trabalho seria comprometida.

A conversa não foi adiante, ficou nessa primeira (e última) reunião. Sem alinhamento de políticas, não há mudança cultural duradoura. O máximo que se consegue é um entusiasmo passageiro, que desvanece após alguns meses.

Nono passo – Avaliação de desempenho

A avaliação de desempenho é a tradução operacional da cultura organizacional.

As políticas de avaliação de desempenho têm igualmente grande influência sobre a cultura, pois traduzem a nível operacional, basicamente, aquilo que é considerado aceitável e o que é rejeitado, ou seja: os próprios valores culturais.

Essa política necessita estar totalmente alinhada à cultura desejada, que começou a ser definida no item "2. SDO Top 20".

Ela deverá estar alinhada também às políticas de avaliação de cargos e de uso de competências, bem como aos próprios valores anunciados, expressos através de comportamentos. A política de avaliação de desempenho é a essência da gestão de pessoas. Por isso é destacada, junto com a política de remuneração, para ser revisada e alinhada à nova cultura. Sem isso, não faz sentido continuar com o programa.

Décimo passo – Plano estratégico de comunicação

A mudança da cultura organizacional só pode acontecer mediante um amplo programa de comunicação interna e externa, totalmente alinhado à cultura desejada.

A comunicação interna, inicialmente, é a mais importante, para passar **consistência, credibilidade e coerência** com os valores desejados.

A comunicação externa está necessariamente junto desse processo, pois **toda a comunicação externa é também comunicação interna.** O público interno vê e escuta toda a comunicação externa. O inverso não é verdade.

Uma comunicação externa mal feita pode destruir a coerência da cultura organizacional desejada. Portanto, é essencial alinhar todos os planos de comunicação com o programa.

O plano de comunicação precisa abranger toda uma estratégia de comunicação que acompanhará o programa. Não se trata de realizar uma campanha, nem mais de uma campanha; mas de modificar toda a estratégia de comunicação da organização, de forma a torna-la coerente com a cultura desejada. Se trata, também, de utilizar a comunicação como importante veículo de disseminação da nova cultura. Portanto, há que repensar a forma de comunicar, o conteúdo de todas as mensagens, o "timing", os canais de mídia, tudo, enfim.

A cada necessidade de comunicar, quer seja interna ou externa, há que se perguntar: como podemos transformar essa ocasião numa oportunidade de reforçar a cultura desejada? De que maneira podemos comunicar de modo a garantir **consistência, credibilidade e coerência** com a nova cultura?

A equipe encarregada de comunicação precisa estar totalmente alinhada ao PDCO, inclusive os provedores externos de serviços diversos, a assessoria de imprensa, as agências de publicidade também. A comunicação, depois da função de Gente & Gestão, tem o papel funcional mais importante em todo o processo.

Passo 11 – Revisão de outras políticas relevantes

A cultura organizacional não é feita apenas de políticas de gestão.

Existem outras políticas (em qualquer instituição) que espelham a verdadeira cultura organizacional, independente do discurso. Essas necessitam também estar alinhadas com a cultura desejada e incluem políticas que tratam das relações com fornecedores, investidores e clientes; políticas de gestão de risco, de uso de tecnologia, de relações públicas, de relações governamentais, de auditoria interna e externa, políticas jurídicas, de administração patrimonial, de compras, viagens, serviços gerais, etc. Todas precisam ser gradativamente revisadas para incrementar coerência e consistência.

Passo 12 – Outros SDO's

Os Seminários de Desenvolvimento Organizacional serão tantos quanto forem considerados necessários para cobrir uma parcela significativa da instituição. Poderão ser três, trinta ou trezentos, a quantidade e abrangência total precisa ser definida para cada organização de modo a fazer sentido específico para cada uma.

Ao mesmo tempo que se iniciam as 11 atividades mencionadas até aqui, devem ser conduzidos outros seminários para envolver outros integrantes da organização além da Diretoria e dos "Top 20".

Esses grupos serão de cerca de 20 participantes de cada vez, com um desenho semelhante ao usado com os Top 20.

O Produto de cada grupo será incorporado aos projetos já iniciados, adicionando novas iniciativas quando for o caso, sempre sob a coordenação do PMO. Onde houver repetições e redundâncias, elas serão eliminadas e isso deve ser esclarecido aos integrantes de cada seminário envolvidos na respectiva proposta, no momento em que a incorporação acontecer. É importante que as pessoas saibam que suas propostas, de uma forma ou de outra, estão representadas nos projetos coordenados pelo PMO.

Passo 13 – Produto dos SDO's

As propostas de ação geradas em cada SDO serão encaminhadas ao Program Management Office para avaliação e entrosamento com as ações já em andamento.

É de se esperar que possam surgir propostas bem diferentes: algumas deveras específicas, concretas e fáceis de implantar, caso sejam aprovadas; outras provavelmente serão bastante amplas e terão muitas implicações, impactos e ramificações. Precisam ser analisadas com cuidado e discutidas com a Diretoria antes de qualquer decisão.

Passo 14 – Coaching de líderes

O comportamento dos líderes é o principal fator que influencia a cultura real de qualquer organização, conforme já vimos.

As políticas, normas e comunicados oficiais têm apenas efeito secundário sobre o comportamento das pessoas.

14. FAZENDO A MUDANÇA ACONTECER

As pessoas agem em função da **conduta dos líderes** diante de *incidentes críticos* e de quaisquer situações icônicas. Essa conduta pode reforçar a cultura desejada, se for coerente com ela; pode revelar a sua falsidade se for incoerente.

É preciso que os líderes da organização estejam conscientes do seu papel: **todo líder é um líder da cultura organizacional**, mesmo que não esteja consciente disso.

O *coaching* é uma forma de ajudar os líderes a terem consciência do seu papel; é também uma forma de ajudá-los a desempenhar melhor o seu papel de líder da cultura. Portanto, deve-se considerar seriamente a opção de instituir um programa de *coaching* para apoiar os líderes no desempenho desse papel.

O coaching pode ser desenvolvido pelos mesmos consultores externos envolvidos no PDCO, ou por profissionais totalmente independentes do programa, até aqui. Precisam, contudo estar alinhados com a cultura desejada, para entender como podem atuar de maneira a ajudar os líderes a mudarem seu comportamento. Geralmente esse alinhamento pode ser obtido mediante uma reunião dos coaches com a equipe dos consultores e principais agentes de mudança internos.

A relação entre *coach* e *coachee* é algo bastante personalizado; cada líder deve definir a frequência e quantidade de sessões que lhe convém; alguns talvez nem desejem fazer *coaching*. Isso tudo não é problema, desde que os líderes estejam conscientes do seu papel de líderes da cultura e do impacto que seu próprio comportamento tem sobre a cultura organizacional como um todo. Os líderes precisam receber *feedback* frequente sobre sua conduta (tanto positivo como negativo), esse é um instrumento muito valioso. O *feedback* deve ser fornecido tanto pelos consultores externos como pelos agentes de mudança internos da organização, sempre com o propósito de ajudar.

Passo 15 – Revisão de rituais

O que são rituais no contexto de trabalho numa organização? Eles são quaisquer momentos em que se formalize, através de uma cerimônia que segue repetidamente certas regras próprias, o reforço ou incentivo a certos comportamentos e/ou o repúdio a outros comportamentos.

Os exemplos de rituais organizacionais, que podem incluir apenas uma ou duas pessoas, ou também uma grande plateia, incluem:

a. o momento de assinar o contrato de trabalho e os documentos de admissão;
b. a apresentação de um funcionário recém-admitido aos seus colegas de trabalho;
c. a abertura de um curso de treinamento;
d. reuniões de trabalho, sobre qualquer assunto;
e. entrevistas de avaliação de desempenho;
f. comunicação de promoções, aumentos de salario, prêmios de incentivo, transferências ou demissões;
g. festas da empresa, qualquer que seja o motivo;
h. recepção de visitantes à empresa;
i. etc.

Os rituais constituem uma das camadas externas da cultura organizacional; eles espelham os valores, que constituem o seu âmago.

Ao definir um conjunto de valores para a cultura desejada, há que examinar os rituais existentes e indagar se estão coerentes com os valores que se deseja propagar.

Ao planejar novos rituais, há que se fazer a mesma indagação.

Os rituais devem ser criados e mantidos como instrumentos de reforço dos valores organizacionais. É comum acontecer de determinados funcionários apontarem incoerências e contradições nos rituais da empresa. Essas denúncias devem ser muito bem recebidas, pois oferecem uma oportunidade valiosa para reforçar a cultura desejada.

Todavia, é muito importante que os rituais **não** venham a ser utilizados como uma forma de **impor** a vontade de poucos sobre a conduta de muitos. O que se quer é reforçar a nova cultura, porém não pela força. Se a cultura desejada realmente o é por todos, não deve haver problema. Se não se deixar espaço para dissidência e discussão, isso tende a diminuir a consistência cultural, ao invés de aumenta-la.

Se a cultura desejada foi elaborada de forma participativa, ela será um produto coletivo que não requer o uso da força para ser propagado. A liderança pelo exemplo e a iconização de comportamentos em rituais devem estar sempre ligados ao sentido autêntico dos valores escolhidos, de tal forma que o ritual seja não apenas aceito, mas admirado e desejado por todos, na medida em que espelha o que todos querem. Em meio a isso tudo, é preciso fornecer espaço para discussão, interpretação e entendimento, pois somente assim haverá adesão espontânea e verdadeira à cultura. Quando se perde a adesão espontânea, será hora de revisar, repensar e reinventar a cultura, criando uma nova cultura organizacional.

Passo 16 – Desenvolvimento Gerencial

Os programas de Desenvolvimento Gerencial têm tudo a ver com a cultura organizacional.

Eles devem espelhar os valores da instituição.

O desempenho dos gestores, afinal, é o desempenho dos líderes da cultura. Assim como o *coaching*, os programas de Desenvolvimento Gerencial são instrumentos de apoio para ajudar os líderes da organização a desempenhar seus papéis de líderes da cultura.

Os programas de Desenvolvimento Gerencial têm uma importância adicional: servem de foro para a discussão coletiva das questões de valores culturais da organização. Abordam, direta e indiretamente, a aplicação dos valores; a prática da cultura e a cultura na prática.

Se a organização já possui programas de DG em andamento, os mesmos devem ser alinhados à nova cultura; se não os possui e deseja criá-los e implementá-los, os programas precisam ser desenhados de maneira congruente.

Mais uma vez, não se trata de dar ênfase exagerada a esse processo de alinhamento. Não se está querendo fazer uma verdadeira "lavagem cerebral" dos integrantes da organização. Em todas as situações, deve haver espaço para discordância, discussão e entendimento. O que se quer é evitar contradições gritantes que representariam uma negação dos valores escolhidos.

Por exemplo: se um dos valores escolhidos para a cultura desejada é dar mais oportunidades aos talentos mais jovens de desempenho comprovado, o critério de indicação para participar em cursos de Desenvolvimento Gerencial não deve estar calcado em senioridade e tempo de serviço. Este seria um exemplo de incoerência entre a cultura anunciada e aquela que é praticada no dia-a-dia: a organização diz que valoriza jovens talentos, porém estes são preteridos na indicação de participantes de programas de DG.

Como as pessoas seguem o que os líderes fazem e não aquilo que está escrito nos cartazes da parede, todos logo perceberão que os valores anunciados não passam de balela; o que a organização realmente valoriza é a senioridade (no exemplo) e não o desempenho. Com isso, todos os valores da cultura desejada perdem credibilidade, por semelhança: se um valor não é verdadeiro, provavelmente nenhum deles é. Em duas semanas a cultura anunciada viraria motivo de piada.

Portanto, nada de lavagem cerebral nem patrulha ideológica; todavia, as grandes contradições precisam ser resolvidas ou explicadas, para não sabotar todo o trabalho.

Passo 17 – Temas transversais

A noção de "temas transversais" diz respeito à presença dos valores organizacionais em todas as atividades de aprendizagem (formais e informais) que ocorrem na instituição.

Um curso de Matemática Financeira está imbuído de valores também. Sua forma e seu conteúdo podem reforçar os valores ou contradizê-los. É preciso tomar decisões conscientes quanto a isso, definindo os temas transversais como tal e zelando para que estejam presentes, sempre.

Digamos que uma organização defina como um dos seus temas transversais o "empreendedorismo"; a empresa deseja que seus integrantes demonstrem espírito empreendedor e que façam isso tomando iniciativa, assumindo responsabilidades como se fossem "donos" da organização. Como se coloca esse tema de empreendedorismo num curso de matemática financeira?

De duas maneiras: trabalhando o conteúdo do curso e trabalhando o formato do mesmo.

Em termos de conteúdo, deve-se incluir o empreendedorismo nos exemplos, estudos de caso e exercícios utilizados. Ao invés de fazer exercícios apenas teóricos sobre cálculo de juros compostos, deve-se apresentar um problema no qual um empreendedor necessita calcular os juros de um empréstimo de capital de giro, ou alguma outra situação típica enfrentada por um empreendedor.

Em termos de formato, o curso deverá dar oportunidades aos participantes de tomarem iniciativas e assumirem responsabilidades. Ao invés de se usar o método de aulas expositivas, deve-se usar com maior frequência a discussão de casos, pesquisas de responsabilidade dos alunos, apresentações dos alunos aos seus colegas.

Sempre que houver um programa de treinamento e desenvolvimento, deve-se fazer a pergunta: como podemos incluir os temas transversais nesse programa?

De maneira semelhante, em qualquer situação envolvendo interação com clientes, fornecedores, reguladores, com a imprensa, enfim, com quaisquer interlocutores, deve-se fazer a mesma pergunta: como podemos incluir os temas transversais nessa situação? Como podemos aproveitar o ensejo para expressar nossos valores?

Passo 18 – Pesquisa de Clima

As pesquisas de clima, de satisfação ou de engajamento (qualquer que seja a denominação preferida) são uma forma de avaliar como está a cultura real, na prática. Representam um modo de tirar a temperatura da situação.

Essas pesquisas ajudam a identificar questões que carecem de atenção. Elas servem de fonte de realimentação e renovação continuada do processo de gestão da cultura real.

O formato e a frequência das pesquisa de clima são aspectos que precisam ser planejados com cuidado.

O formato da pesquisa deve ser consistente com a cultura. Por exemplo, se a cultura valoriza a objetividade e a eficiência, uma pesquisa com 248 itens vai na contramão desses valores: vai de encontro à cultura, ao invés de ir ao encontro dela. Melhor seria encurtar a pesquisa para no máximo cinquenta perguntas, ou ainda menos.

A frequência tem mais a ver com bom senso. Pesquisas muito frequentes se tornam repetitivas e cansativas. Acabam desmotivando os participantes. Costumo recomendar uma pesquisa a cada dois anos, por esse motivo. Geralmente pesquisas com maior frequência têm mais a ver com a ansiedade dos executivos do que com a real necessidade da organização.

É claro que a frequência é afetada, também, pelo tamanho da pesquisa. Uma enquete de 10 perguntas pode ser feita anualmente sem problemas. Existe uma empresa americana especializada em tirar uma medida do nível de energia da empresa fazendo uma pergunta apenas, uma vez por semana. Isso pode ser muito útil, dependendo da cultura e do que se quer obter com essa medida.

Em resumo: planeje a frequência e o formato das pesquisas de clima com cuidado.

Passo 19 – Divulgação de Resultados

Ao se realizar uma pesquisa envolvendo o quadro de colaboradores, é preciso agir de forma consciente e coerente também na hora de divulgar os resultados de tal pesquisa.

Mais uma vez, a forma de fazê-lo espelha os valores praticados. Isso tem importância decisiva na formação e manutenção da cultura real.

Portanto, é fundamental planejar esse processo de forma a torná-lo mais uma oportunidade de reforçar os valores e a cultura da instituição.

Muitas organizações, infelizmente, realizam uma pesquisa de clima com seus funcionários de maneira estreita e limitada; com isso, não aproveitam a oportunidade com toda a riqueza que ela oferece.

Divulgar os resultados será o começo de um processo de renovação da cultura; é preciso pensar essa divulgação como uma intervenção de desenvolvimento organizacional, que em si mesma afetará o clima e a cultura.

É recomendável que a divulgação dos resultados receba uma atenção especial em termos de forma e estilo; de preferência, que não se limite a uma carta-circular divulgando alguns resultados de maneira pro-forma.

O formato deve ser diferenciado, como um livreto ou folheto de comunicação institucional. Deve-se ter um cuidado especial para passar credibilidade e consistência, mais uma vez. Um estilo excessivamente "oba, oba", cheio de fotos de pessoas sorrindo contentes, pode dar uma ideia de falsidade; melhor é usar ilustrações com desenhos ao invés de fotos. Em termos de conteúdo, a divulgação deve ser feita destacando aspectos positivos e negativos dos resultados, identificando questões que precisam ser melhoradas e questões em que o clima parece estar muito bem. O tom geral deve ser de autenticidade e transparência, sem jamais dar motivo a que alguém considere que a cúpula da organização esteja escondendo alguma informação do seu quadro de funcionários.

Passo 20 – Workshops de análise e ação em cima de clima e renovação da cultura

As pesquisas não devem ser utilizadas para apenas "medir a temperatura" do paciente e depois abandoná-lo à própria sorte.

As pesquisas são uma forma de diagnóstico organizacional. Se trata de um acompanhamento do progresso e de um "re-diagnóstico".

Portanto, de maneira coerente com a proposta de diagnóstico inicial, deve-se fazer, mais uma vez, um "dialognóstico": um *diagnóstico participativo*, com o envolvimento dos colaboradores de cada unidade, para analisar e propor ações relevantes sobre as questões identificadas nas pesquisas.

Ao fazer o diagnóstico inicial e o primeiro plano de ação, minha sugestão foi a de começar pela cúpula da organização e depois ir baixando, "em cascata", o processo de pesquisa-ação, para os níveis da gerência média e outros abaixo. Desta feita, ao fazer-se um re-diagnóstico para acompanhar a evolução do PDCO, a proposta é de fazer um processo que comece com uma visão geral para a cúpula e depois caminhe de baixo para cima: cada unidade deve receber um relatório do seu clima específico, junto com um resumo do relatório geral do clima da organização como um todo.

O primeiro a receber esse relatório deve ser o gestor da unidade, que deve discutir as informações com um consultor (interno ou externo) e planejar uma reunião de meio turno com sua equipe para discutir os dados e identificar um assunto, no máximo dois, que mereça atenção direta.

O "assunto", no caso, deve ser algo o mais específico possível.

Um engano comum cometido pelas organizações em geral, muitas vezes gerado pelas grandes consultorias, se trata de tomar como alvo de mudança um tópico de caráter excessivamente geral e pouco específico, algo como "Liderança" ou "Resistência à Mudança". Tópicos muito abrangentes como esses dificultam o foco; eles levam os participantes de seminários a longas discussões dispersivas, difíceis de serem conduzidas a uma conclusão e a resultarem em ações concretas.

As grandes consultorias, quero crer, induzem a este engano inconscientemente. Discutir generalidades é uma forma de perpetuar o vínculo e a dependência dos consultores externos. À medida que os assuntos de clima e cultura permaneçam um tanto inescrutáveis, isso mantém a dependência dos especialistas externos, únicos detentores do valioso conhecimento de como transformar esses conceitos (falsamente) complexos em algo tangível e passível de resolução.

O antídoto a esse veneno conceitual é trabalhar com algo que seja o mais específico possível. Minha preferencia recai sobre trabalhar perguntas específicas do questionário de clima, ao invés de tópicos que consolidam as respostas de várias perguntas.

Tipicamente os relatórios de clima apresentam sua análise sobre tópicos consolidados: no questionário são feitas dez ou doze perguntas sobre, por exemplo, o tópico "Liderança"; no relatório, é apresentada uma análise dos consultores sobre o tópico, mas as respostas dadas a cada uma das perguntas pode até mesmo nem fazer parte do relatório. A justificativa dessa abordagem está em simplificar o entendimento de quem lê o relatório; todavia, esse formato encerra uma atitude condescendente para com os clientes, privando-os de fazerem, eles mesmos, sua própria análise dos dados brutos.

Ao adotar-se, por contraste, uma abordagem de "dialognóstico", se faz necessário examinar cada pergunta dentro do tópico Liderança. Isso permite que os participantes de um seminário escolham, por exemplo, a pergunta na qual se constatou a maior distância entre a situação atual e a situação desejada, ou aquela em que o escore foi o mais baixo, ou onde a diferença entre o escore da organização e o escore de comparação com um banco de dados de organizações da mesma cultura foi a maior. Qualquer que seja o critério adotado pelo grupo, o importante é que essa seleção permita discutir algo um tanto mais concreto do que simplesmente Liderança.

Portanto, o que se visa é que cada grupo escolha, dentre todas as perguntas da sua pesquisa de clima, uma ou duas que representem questões específicas com as quais o grupo pretende trabalhar para obter uma melhoria desejada. Com a ajuda de um facilitador, cada unidade organizacional propõe ações concretas que estejam ao seu alcance realizar, ou seja, que não dependam de terceiros, para melhorar o clima e influenciar a cultura na direção da cultura desejada.

Essas ações são compiladas e submetidas à aprovação da Diretoria para execução.

Esse processo segue um caminho de consolidação de baixo para cima, de forma que as ações propostas por cada unidade sejam coordenadas ao nível de departamento, os planos de cada departamento sejam consolidados ao nível de sua respectiva divisão e assim por diante.

Esses workshops ao nível das unidades menores podem ser facilitados por integrantes da equipe de Gente e Gestão habilitados, sem necessidade da presença de consultores externos. Tipicamente se trata de grande número de seminários (vinte ou mais). Fazê-los todos com coordenação de consultores externos encarece o processo e prolonga a dependência dos clientes em relação aos consultores. Fazê-los com facilitadores internos reforça a noção de que a gestão da cultura é assunto de propriedade e responsabilidade da própria organização, sendo que cada unidade deve analisar e agir sobre suas próprias questões.

A Diretoria então fará uma reunião de trabalho, geralmente um *workshop* de três a quatro horas de duração, na qual examinará o conjunto de análises e soluções propostas por todas as unidades, consolidadas por departamentos reportando a cada diretor. Os diretores selecionarão uma ou duas questões que entendam representarem assuntos que devam ser abordados ao nível da organização como um todo. Como sempre, devem decidir pela realização de uma ou duas ações concretas que venham a ter impacto positivo sobre o clima e a cultura de toda a organização. Por exemplo, num caso recente uma organização decidiu pela implantação de um sistema aberto de recrutamento, para atender questões de mobilidade e desenvolvimento de carreira que surgiram na pesquisa de clima realizada.

Ao nível da organização como um todo, portanto, o foco será em apenas uma ou duas ações abrangentes visando melhoria de clima e cultura. Descendo ao longo da estrutura hierárquica, diferentes unidades estarão envolvidas em ações específicas relevantes a suas situações particulares.

Passo 21 – Produtos "N": novos planos de ação

Essas ações decorrentes de questões identificadas nas pesquisas se tornarão as novas propostas de ação a serem incorporadas ao PDCO.

Elas constituem a **renovação contínua** do processo de desenvolvimento **da cultura organizacional**.

Entretanto, existem táticas específicas que devem ser utilizadas na gestão dos produtos desses seminários. É preciso ter atenção especial para evitar que o excesso de iniciativas acabe por extenuar a energia da organização. É preciso dosar o número e a natureza dessas iniciativas, para garantir um nível ótimo de dedicação dos colaboradores. Essa coordenação geral compete à Direção da organização, instrumentada pelo PMO e pela área de Gente e Gestão. O processo não é simplesmente mecânico, como um fluxograma tradicional de gestão de projetos; é um processo orgânico, que exige uma gestão inteligente, atenta e constante. Ao contrário do que dizem os camelôs, isso exige prática e habilidade, sim!

Certa vez conversei com um cliente que me disse "talvez devêssemos esperar um pouco antes de começar esse trabalho de cultura; primeiro precisamos arrumar a casa". Não é por aí.

Em primeiro lugar, a casa nunca vai estar arrumada... o mundo de hoje exige que as empresas estejam em constante desarrumação e reforma; não dá para esperar que as coisas se acalmem, pois a calmaria não vai chegar nunca!

Em segundo lugar, o trabalho de cultura ajuda o processo de arrumar a casa, tornando-o mais eficiente e engajando as pessoas de maneira construtiva. O que acontece é que essas duas coisas (arrumar a casa e trabalhar a cultura) não terminam nunca, se tratam de processos contínuos e exigem gestão contínua.

O trabalho de cultura não faz com que, necessariamente, a gestão organizacional fique mais fácil; o que ele faz é tornar a gestão mais eficiente e mais eficaz, ou seja: você consegue fazer mais com menos dispersão de energia, consegue melhores resultados a médio e longo prazo. Todavia, no curto prazo, é preciso aprender uma nova forma de gestão. É preciso aprender a coordenar múltiplas iniciativas simultâneas.

Fazendo uma analogia ao esporte, é como a diferença entre ser "personal trainer" e ser treinador de futebol. O "personal trainer" só precisa focar sua atenção em um cliente de cada vez; o treinador de futebol tem que prestar atenção em onze jogadores ao mesmo tempo e ainda nos onze adversários. É mais difícil, mas sem dúvida é viável, ainda mais num país em que se diz que todo mundo é treinador de futebol...

Passo 22 (Final) – Renovação Perene (Gente e Gestão)

A área de Gente e Gestão pode ser a principal responsável, gestora e líder do processo como um todo, a critério da Direção.

Entretanto, o desafio da área é garantir que os gestores de linha se sintam proprietários da cultura organizacional. *É preciso que os líderes todos sintam que "esse processo é de nós todos", ao invés de se referir ao mesmo como "uma coisa do RH".*

Compete à área de Gente e Gestão zelar pelo desenvolvimento, manutenção e renovação da cultura organizacional, sempre. Para tanto, necessita periodicamente monitorar a cultura e fazer "benchmarking" para se manter em sintonia com o que ocorre dentro e fora da organização.

A cultura organizacional envolve também todos os outros interlocutores, além dos empregados e contratados da instituição: reguladores governamentais, clientes, fornecedores e a comunidade em geral. Esses interlocutores são fonte importante de contribuição e feedback sobre a cultura. Nesse sentido, Gente e Gestão deverá transcender seus limites históricos tradicionais, restritos aos colaboradores diretos. Precisará ampliar seus horizontes para interagir também com outros interlocutores e exercer sua liderança do processo de gestão cultural de maneira sustentável e abrangente.

Em qualquer hipótese, o critério de sucesso é verificar se os líderes organizacionais, os gestores de linha, assumem seu papel de gestores da cultura. Somente quando isso acontece podemos falar de um processo perene de gestão e renovação da cultura organizacional. O papel da área de Gente e Gestão é fazer com que isso aconteça e para tanto precisam saber liderar deixando espaço para que outros brilhem e assumam responsabilidades. *Coordenar não é centralizar e sim facilitar o andamento de um processo com vida própria.*

Compete à equipe de Gente e Gestão atuar como verdadeiro parceiro de negócios dos gestores de linha, principalmente do CEO, oferecendo *feedback*, assessoria e *coaching*.

No médio e longo prazo, consultores externos podem ajudar trazendo um olhar externo e objetivo, de tempos em tempos, para dar também *feedback* e *coaching* aos líderes organizacionais e à área de Gente e Gestão.

Questões para refletir e exercitar os conceitos

O Programa de Desenvolvimento da Cultura Organizacional descrito nesse capítulo tem 22 etapas no total. Se você tivesse que apresentar uma versão resumida com apenas sete etapas, quais seriam essas sete etapas que você incluiria em tal apresentação?

A discussão da "Árvore do Significado" faz parte do alinhamento inicial do planejamento estratégico de mudança com a equipe dirigente de uma organização prestes a iniciar um Programa de Desenvolvimento da Cultura Organizacional. Essa parte pode ser suprimida do programa? Por quê?

Vimos o programa de mudança cultural em detalhe, agora é só seguir a receita e o bolo estará pronto, certo? Nem sempre. Às vezes, ao se executar uma receita, o resultado obtido não corresponde exatamente ao que se pretendia. Vejamos, a seguir, alguns cuidados que são necessários manter para garantir que a mudança da cultura ocorra da maneira desejada.

15. Considerações gerais para garantir o sucesso de qualquer programa de mudança

Para trabalhar a cultura organizacional, mantendo o que se deseja manter e mudando o que se quer mudar, não basta apenas seguir a receita de bolo dos capítulos anteriores. Como já foi dito, cada cozinheiro tem seu toque pessoal, sua maneira de executar a receita. Cozinheiros diferentes obtêm resultados finais diferentes usando a mesma receita. O mesmo cozinheiro pode ter resultados diferentes com a mesma receita em ocasiões diferentes, intencionalmente ou não.

Eis alguns aspectos a serem levados em conta na gestão de cada trabalho sobre o clima e a cultura organizacional.

Erros comuns ao tentar mudar a cultura

William Reddin foi principalmente consultor de organizações e secundariamente escritor e palestrante. Por esse motivo seus livros encerram lições eminentemente pragmáticas, que refletem sua vivencia de consultoria. Pessoalmente, aprendi muito com ele nas reuniões de trabalho que tivemos, as quais me deram outro sentido para melhor entender tudo o que ele havia escrito.

A lista que se segue, no melhor estilo Reddin, é simples; porém contém um universo de sabedoria por trás de cada item.

Reddin diz que existem certos erros muito comuns cometidos por quem tenta mudar a cultura organizacional, erros que impedem que a mudança organizacional desejada aconteça, a saber:

a. *ênfase exagerada nos aspectos humanos*
b. *ênfase exagerada nos aspectos técnicos*
c. *falta de informação*

d. *falta de planejamento no processo de implantação*
e. *benefícios invisíveis*
f. *percebida como uma questão pessoal*

Vejamos o que há por trás de cada elemento dessa lista eminentemente simples.

Ênfase exagerada nos aspectos humanos
Muitas vezes os profissionais que trabalham com clima e cultura organizacionais entendem que os fatores que afetam esses fenômenos são eminentemente psicológicos e sociológicos. Esquecem ou subestimam a influências de coisas como a natureza dos produtos e serviços que constituem a essência do negócio, as políticas de remuneração, a estrutura, a estratégia de marketing e de preços, etc. Colocam toda a energia nos relacionamentos interpessoais, no lado emocional e nos valores. Acham que para motivar as pessoas, nada melhor do que seminários "motivacionais", exercícios divertidos e um churrasco de confraternização. Confundem "team building" com diversão.

Ora, não há festa de confraternização cujos efeitos durem além da ressaca do dia seguinte, se a estrutura salarial estiver errada... Nem treinamento motivacional que resolva problemas de precificação. O Desenvolvimento Organizacional exige uma abordagem equilibrada que considere tanto os aspectos humanos quanto os aspectos técnicos; vem daí o seu diferencial de valor agregado.

Ênfase exagerada nos aspectos técnicos
O lado oposto desse desequilíbrio é considerar apenas os aspectos técnicos sem levar em conta o lado humano das mudanças organizacionais. Isso tem acontecido com frequência alarmante, devido principalmente à dificuldade da maioria dos gestores em lidar com os aspectos interpessoais da sua função. Isso acontece ainda com maior frequência nas organizações cujo negócio exige conhecimento técnico, como empresas de engenharia, de tecnologia da informação ou de finanças.

As culturas dessas organizações valorizam excessivamente os aspectos racionais de suas atividades, de modo que não é de estranhar que seus gestores tenham grandes competências racionais e não de relacionamento.

Diante disso, ao se falar em "mudança de cultura", o assunto é tratado como um projeto de engenharia, abordando apenas seus aspectos racionais e lógicos: estruturas, processos e procedimentos.

Ao evitar-se considerar os aspectos emocionais e éticos, no entanto, se deixa de entender os motivos da resistência à mudança, ou os conflitos interpessoais que impedem equipes de chegarem a uma conclusão, ou a razão pela qual certos erros não são apontados nos processos de implantação de novos procedimentos. Isso termina por tornar toda a mudança muito mais difícil, quando não impossível.

O equilíbrio entre aspectos técnicos e aspectos sociais é condição necessária para que programas de clima e cultura sejam bem sucedidos.

Falta de informação
Para que as pessoas se engajem num processo de gestão cultural (ou de clima), é fundamental que se obtenham informações relevantes sobre a situação organizacional, que haja transparência e que todos tenham acesso às informações relevantes disponíveis. Se houver um sentimento de que informações estão sendo escondidas ou omitidas, isso prejudica todo o programa. Se houver a sensação de que o programa está sendo conduzido sem que seus líderes tenham informação suficiente, a sua credibilidade será perdida.

É preciso zelar pela obtenção e disseminação da informação necessária. Uma atitude de confidencialidade, ao invés de ajudar, nesse caso prejudica o sentimento de propriedade e corresponsabilidade que se deseja estimular. Na dúvida, colha mais informações, desde que isso não signifique duplicar o tempo de andamento do programa. Se as pessoas pedirem mais informações, não hesite em fornecê-las. Ter informações disponíveis dá às pessoas maior segurança e confiança para avançar em qualquer programa de mudança. A falta de informações gera dúvida e receio.

Falta de planejamento no processo de implantação
É bastante comum que se planeje em detalhe o estado desejado das coisas, mas que se adote um pressuposto (errado) que a implantação do novo estado ocorrerá sem percalços, de modo relativamente fácil e suave. O exemplo mais frequente é o da implantação de novos sistemas

de tecnologia da informação: 95% do tempo, dos recursos e da energia são dedicados ao desenho do novo sistema, enquanto que apenas 5% são alocados para planejar a mudança propriamente dita, o como fazer a transição de um sistema para outro; e é justamente aí, nessa fase de transição, que a maioria dos problemas acontecem.

Aplicando esse conceito ao PDCO descrito no Capítulo 14, considere a revisão da política de remuneração para que esteja melhor alinhada com a nova cultura organizacional, a cultura desejada. Tipicamente se investe bastante tempo e energia nessa revisão e no desenho de uma nova política. O perigo está em não planejar com o devido cuidado como será feita a transição da política anterior para a política nova: como serão tratados os casos individuais em que alguém pode se sentir prejudicado pela mudança, em que prazo acontecerá a mudança, quanto espaço estará disponível para administrar exceções, etc.

Não é à toa que hoje em dia existem diversas empresas, grandes e pequenas, no mundo inteiro, especializadas na implantação de novos sistemas de tecnologia. Essas empresas não desenham o software e seus aplicativos em si; elas preenchem a lacuna de treinar em detalhe os profissionais afetados pela mudança de sistemas, acompanhar a fase de transição e resolver os problemas não previstos pelo fabricante do software e pelo cliente que o adquiriu.

De maneira semelhante, é preciso dedicar tempo e energia para planejar e acompanhar o processo de transição da mudança de cultura. Isso pode ser feito por uma equipe interna, da própria organização, ou por consultores externos. Sempre que possível, é preferível que isso seja feito por uma equipe interna, pois se trata de um processo trabalhoso e que pode se revelar bastante caro se for alocado para uma equipe externa. Uma boa alternativa que combina as duas abordagens, é ter uma equipe interna atuando com a supervisão de um especialista externo. Desta forma, é possível dispor do conhecimento tático especializado, mas assumindo internamente a tarefa operacional de acompanhamento, com um custo menor.

Benefícios invisíveis

Ao implantar uma mudança de cultura decidida com a participação das lideranças da organização e também da maioria das pessoas afetadas por essa mudança, é fácil esquecer que possivelmente nem todos os indivíduos afetados pela mudança percebem com clareza os benefícios decorrentes dessa tal mudança. Esses benefícios geralmente estão muito evidentes na cabeça de quem esteve mais profundamente envolvido no processo, como o CEO, os diretores e gestores de maior senioridade. Como os benefícios da mudança estão claros para os líderes, eles presumem que estejam igualmente claros para todos... mas isso não é verdade, necessariamente.

A maior parte dos mal-entendidos, na vida, ocorre porque nós presumimos que os outros pensam de determinada maneira. Ao descobrir que os outros pensam (ou sentem) de um modo diferente da nossa expectativa, ficamos desapontados, tristes, ou até irritados.

Em termos de mudanças culturais, nunca é demais comunicar, tornar explícito, deixar claro. Não presuma que os outros sabem; peque pelo excesso, não pela falta. Esclareça dúvidas, dê espaço para perguntas, para discussões. Parta do pressuposto de que as pessoas não conhecem os benefícios inerentes à mudança, que não entenderam a mensagem quando isso foi explicado anteriormente, que não estavam presentes naquele dia, não abriram o e-mail, não prestaram atenção quando o assunto foi falado na reunião. Muitas pessoas só entendem a mensagem quando a ouvem pela sétima vez.

Eu já havia lido a respeito dessa necessidade de repetir a mesma mensagem várias vezes para garantir a eficácia da comunicação, mas achava que isso era uma consideração um tanto exagerada. Certo dia, percebi que não havia exagero na afirmação de que muita gente só entende a mensagem ao ouví-la pela sétima vez.

Eu era Diretor de Recursos Humanos do ABN AMRO Real. Nosso CEO no Brasil, Fábio Barbosa, acreditava na máxima de que era preciso repetir determinadas mensagens várias vezes para garantir que fossem entendidas. Sempre que ele fazia uma apresentação para um grupo, quer fossem trinta ou trezentas pessoas, Fábio repetia alguns slides com mensagens essenciais para a cultura desejada: o foco na satisfação do cliente, o fato de que estamos no mesmo barco e precisamos cooperar uns com os outros, a necessidade de jogar limpo, na bola e não na canela do adversário.

Eu e meus colegas de diretoria estávamos sempre presentes nas reuniões periódicas (a cada dois ou três meses,) feitas para cerca de 200 líderes da organização, fazendo um balanço do desempenho da empresa e discutindo cenários relevantes.

Certa vez um colega chegou alguns minutos atrasado e a reunião no auditório já havia começado, sendo que o Fábio já começara a fazer sua apresentação. O colega sentou ao meu lado e sussurrou, meio brincando e meio sério: "Ele já passou o slide do barquinho?" (era o slide que ilustrava a mensagem de que estamos todos no mesmo barco). "Ainda não", respondi discretamente. "Ah, bom!" disse o colega. "Então não perdi muito, ele ainda está no começo..."

Conto isso apenas para exemplificar o quanto nós todos já conhecíamos aquelas mensagens, pois havíamos ouvido e discutido as mesmas muitas vezes.

Pois bem, na reunião seguinte, dois meses depois, lá estava eu mais uma vez, assistindo a uma nova apresentação do CEO, porém um colega diferente sentou ao meu lado. Quando Fábio repetiu, uma vez mais, a necessidade de cooperação constante entre diferentes departamentos, mostrando de novo o famoso "slide do barquinho", esse outro colega murmurou ao meu lado: "Aahnn... Sabe que agora eu entendi o que o Fábio quer dizer com esse slide..." Tive de reprimir uma risada! Parecia incrível, mas era verdade: foi preciso ver o slide e ouvir a mensagem mais de seis vezes para finalmente "cair a ficha" no caso desse colega.

Portanto, nunca é demais comunicar mais uma vez os benefícios trazidos por uma mudança que se está implantando! A repetição se faz necessária.

Percebida como uma questão pessoal

Muitas vezes as pessoas acham que a mudança da cultura (ou qualquer outra mudança organizacional de grande impacto) está sendo dirigida por um determinado líder (geralmente o CEO ou um dos diretores) e que se trata de um projeto pessoal desse indivíduo. Como esse líder frequentemente se posiciona de forma apaixonada sobre a mudança, algumas pessoas acham que só ele (ou ela) acredita realmente na mudança.

Essa sensação de que "isso é uma questão pessoal do nosso presidente" pode ser reforçada se os demais diretores não demonstram a mesma paixão e a sensação é ampliada ainda mais se as pessoas em geral no quadro de funcionários acham que a mudança, na verdade, não é tão desejável assim.

Se as pessoas em geral identificam a mudança como algo pessoal, isso acarreta dois problemas. Em primeiro lugar, o líder da mudança pode ser atacado e criticado, como forma de oposição à mudança. Ao invés de criticar a mudança, se critica o líder da mesma, na esperança de que, se ele for substituído, a mudança será abandonada. E, se o líder tiver falhas importantes na sua conduta, mesmo que essas falhas nada tenham a ver com a mudança, a aceitação da mesma ficará comprometida.

Em segundo lugar, caso efetivamente o líder venha a deixar a organização, por qualquer motivo que seja, as pessoas presumem que a mudança será automaticamente cancelada, uma vez que se tratava de um projeto pessoal de quem acaba de ir embora.

Há anos atrás, fui admitido como Diretor de Recursos Humanos no Banco ABN AMRO no Brasil, com a missão de conduzir a mudança da sede do banco, no País, do Rio de Janeiro para São Paulo. Um mês depois de começar o trabalho, o CEO do banco no Brasil Dennis Zings anunciou que deixaria a organização para assumir a presidência de um outro banco holandês nos Estados Unidos. No seu lugar o Vice-Presidente Lex Klosterman assumiria o posto de CEO.

A quase totalidade dos funcionários do ABN AMRO no Rio de Janeiro eram contrários à mudança da sede para São Paulo. Imediatamente se espalhou o boato de que a ideia de fazer essa mudança para São Paulo era um projeto pessoal de Zings; com a saída dele, a mudança seria cancelada.

O boato chegou também aos ouvidos do novo CEO Lex Klosterman. No primeiro evento após a sua posse, uma reunião no Rio de Janeiro com a presença de cerca de 80 funcionários, Lex aproveitou a oportunidade para declarar, em alto e bom tom, que a mudança para São Paulo continuaria a ser executada conforme o cronograma já anunciado. A troca de comando entre Zings e ele próprio em nada modificava o andamento do projeto, que tinha importância estratégica para a organização e deveria continuar independente de quem estivesse exercendo o posto de CEO.

Portanto, é importante demonstrar que a mudança de cultura pretendida não é apenas algo desejado por uma única pessoa, mesmo que seja o CEO. Para que a mudança seja bem sucedida, deve ser percebida como algo desejado por todos os líderes e pela organização como um todo.

Como vencer a resistência à mudança

A questão da resistência às mudanças é muita debatida entre gestores e especialistas, pois em que pese todo o planejamento, cuidado e esforço dos proponentes de mudanças organizacionais, muitas vezes os programas de mudança planejada simplesmente fracassam. Os líderes desses projetos seguidamente consideram que existe um fenômeno amplamente disseminado nas empresas e que carece de maior entendimento: a resistência às mudanças.

Para alguns autores a resistência é inerente ao ser humano: nós todos resistimos a mudar, em maior ou menor grau. Trata-se de uma resposta instintiva a qualquer tipo de ameaça à sobrevivência e as mudanças são frequentemente vistas como ameaças.

Outros, como Paul R. Lawrence, destacaram que as pessoas não resistem às mudanças em si, mas resistem às consequências (reais ou imaginadas) que as mudanças poderão acarretar.

Edgar Schein destacou que geralmente se encontram quatro medos típicos manifestos por pessoas que resistem a mudanças organizacionais:

1. Incompetência temporária. As pessoas têm receio de que a mudança faça com que elas, pelo menos por um algum tempo, se sintam perdidas num ambiente novo e até certo ponto desconhecido. Temem uma perda de sua competência, ao não saber como lidar com situações diferentes daquelas às quais estavam acostumadas.
2. Castigo por incompetência temporária. As pessoas temem não apenas que se tornem incompetentes, mas que ainda por cima sejam castigadas por isso. Têm medo de que a organização espere delas o mesmo bom desempenho que apresentavam até então e que, diante da sua perda de incompetência, deixem de ser bem avaliadas, percam oportunidades de promoção, tenham seu bônus reduzido, sejam advertidas verbalmente por seu chefe, ou algo assim.
3. Perda de identidade pessoal. Muitos têm receio de perder sua auto-imagem de profissionais bem sucedidos. Isso poderia ocorrer em função da incompetência temporária, ou poderia ser uma

consequência de alguma mudança na estrutura organizacional ou nas políticas de remuneração que viessem a ocasionar uma perda de prestígio e de auto-estima. Pode ser também que as pessoas se sentissem orgulhosas de trabalhar na organização do jeito que ela existia até então. Numa organização modificada, com uma nova cultura, novos valores, as pessoas têm receio de não mais se sentirem identificadas com esses valores e com essa nova organização. Muita gente tem sua identidade pessoal fortemente vinculada ao seu trabalho e à organização na qual exercem suas funções. Se o trabalho muda, ou se a organização muda, isso mexe também com a identidade dessas pessoas, de uma maneira ameaçadora.

4. Perda do sentimento de pertencer a um grupo. De forma semelhante, a mudança da cultura organizacional pode fazer com que um indivíduo seja alijado de um grupo, ou que o grupo ao qual pertença (seja sua equipe de trabalho ou o seu grupo profissional funcional extra-empresa) termine por rejeitá-lo ou criticá-lo. As lealdades de um profissional hoje em dia são mais complexas e podem estar mais vinculadas a esses grupos do que à organização como um todo. Uma determinada mudança pode ser adotada pela organização e ao mesmo tempo ser criticada pelos profissionais de engenharia, por exemplo, ou por grupos profissionais de advogados.

Em função desses temores, podem ser observados comportamentos defensivos, tais como: negação da realidade, negação da inevitabilidade da mudança; ou o uso de "bodes expiatórios" para atribuir aos outros a culpa pela ocorrência da mudança ou por falhas na sua implantação; fuga de responsabilidades que são suas; omissão e falta de iniciativa. Ainda outra defesa bastante comum é a criação de jogos de poder, nos quais se exigem favores em troca de aceitação da mudança, se fazem manobras prorrogatórias e procrastinantes, tudo para tentar obter alguma vantagem que compense o medo das ameaças representadas pela mudança.

O medo daquilo que não se conhece é maior do que o medo daquilo que já se sabe como é. A fantasia é pior do que o monstro que se pode ver. Portanto, as primeiras providências que precisam ser tomadas para vencer a resistência à mudança é informar, informar e informar.

As pessoas querem saber mais sobre o contexto em que as mudanças vão acontecer. Quanto mais informações elas tiverem sobre o contexto, mais capacitadas estarão para entender e aceitar a mudança pela racionalização.

A cultura desejada e os benefícios decorrentes precisam estar bastante claros, como já vimos. Essa é uma necessidade básica dos afetados pela mudança: entender como será a nova situação e quais são os benefícios inerentes.

Em termos práticos, as pessoas querem saber de que forma a sua equipe será afetada, o seu departamento, a sua unidade específica. As mudanças organizacionais podem ser benéficas para certos setores da empresa e ruins para outros; alguns ganham e outros perdem. O que vai acontecer com a minha equipe?

Todos querem entender, também, como a sua própria função será afetada. O meu papel se torna mais fácil ou mais difícil com a nova cultura? O que se espera de mim na nova situação?

Finalmente, as pessoas querem saber que tipo de apoio terão para digerir as mudanças. Haverá treinamento para aprender como operar na nova realidade? Com quem posso esclarecer minhas dúvidas? Se eu me defrontar com um problema inesperado, quem pode me ajudar?

Para enfrentar as resistências de diferentes pessoas, Reddin propõe sete tipos de ações que devem garantir que a resistência se reduza a níveis insignificantes.

1. Diagnóstico compartilhado. Conforme já mencionado nos capítulos anteriores, fazer um diagnóstico compartilhado, aquilo que chamo de "dialognóstico", é fator fundamental para que um programa de mudança cultural possa ser bem sucedido. É preciso primeiro haver concordância sobre o problema, antes de passar a discutir qualquer solução. Na maioria dos casos em que se verifica resistência à mudança proposta, o problema é oriundo do fato de ter havido pouco envolvimento e participação na fase de diagnóstico, logo no início do processo.
2. Metas compartilhadas. Da mesma forma, de pouco adianta fazer um processo de diagnóstico participativo, para depois decidir a portas fechadas, em *petit comitê*, o que deve ser feito para desenvolver a cultura desejada. Se as metas de mudança forem impostas, ao invés de serem compartilhadas, isso em si já deverá gerar resistência, independente da qualidade dessas metas. Para

garantir engajamento e minimizar resistências, dê espaço para ampla participação, sempre que possível.
3. Enfatize as equipes. As pessoas organizadas em grupos podem apoiar-se mutuamente, discutir dúvidas e inquietações, buscar soluções. Os grupos tendem a ser mais sábios do que os indivíduos isolados. Busque o engajamento enfatizando o trabalho em equipe, a comunicação para os grupos e entre os grupos. Designe grupos-tarefa para implantar projetos; organize *focus groups* para colher opiniões e *feedback* sobre o processo. Ao realizar grandes reuniões com cinquenta pessoas ou mais, divida os participantes em grupos de seis a oito e peça que discutam questões específicas e apresentem sugestões. Essa abordagem de interagir com pequenos grupos é mais efetiva do que comunicar com indivíduos e multidões.
4. Maximizar a informação. Divulgue toda a informação relevante e repita a divulgação muitas vezes. Providencie que a informação divulgada permaneça disponível para consulta posterior, assim a repetição pode acontecer por iniciativa dos seus públicos alvos. Use múltiplos canais de comunicação, mesmo que redundantes. Aliás, não se preocupe com a redundância, ela é boa para reforçar a cultura desejada. Exemplo: quando o CEO faz um discurso importante, filme o evento em vídeo e deixe o vídeo disponível na intranet para ser visto posteriormente por quem não assistiu ao vivo. Transcreva o discurso em texto e deixe o mesmo disponível para quem quiser fazer um download ou uma impressão em papel.
5. Use rituais e cerimônias. Os rituais e as cerimônias têm um papel muito importante no reforço das culturas. Utilize-os para reforçar a cultura desejada. Por exemplo, se na sua cultura atual existe uma tradição de homenagear o tempo de serviço através de jantar anual para quem completa 25 anos de serviços prestados à organização e a cultura desejada pretende valorizar mais o desempenho do que o tempo de casa, crie um ritual específico para homenagear o bom desempenho, com um jantar mais festivo ainda para os destaques do ano em desempenho. Se no jantar para os jubilados há sempre a presença do CEO, organize o jantar para os destaques com a presença do CEO, de todos os Diretores e de membros do Conselho de Administração. Criar novas tradições vinculadas à cultura desejada reforça o sentimento de identidade que as pessoas necessitam para sua própria plenitude.

6. Discuta o processo de implantação. A participação das lideranças formais e informais deve acontecer não apenas na discussão da cultura desejada, mas também na discussão das estratégias e táticas de implantação das mudanças necessárias. A discussão dos meios é tão importante quanto a discussão dos fins. Você precisa do engajamento das pessoas não apenas quanto aos novos valores, mas também ao decidir como promover esses valores, como implantar novas políticas, como anunciar mudanças específicas ou a criação de novos procedimentos. Ao abrir esses assuntos para discussão, você estará criando oportunidades para desmanchar eventuais resistências.
7. Interprete a resistência. Quando você encontrar comportamentos que indicam resistência às mudanças, não hesite em apontá-los como tal e convide as pessoas para discutir a resistência abertamente. Resista a qualquer tentação de esconder a resistência e varrê-la para debaixo do tapete. Trate tudo com transparência, isso reforçará a confiança das pessoas no processo de transformação organizacional.

A mudança organizacional como fórmula matemática

Organizações cuja atividade principal exige conhecimento técnico especializado, como empresas de engenharia, fabricantes de instrumentos de precisão, instituições financeiras, etc. costumam sentir um certo desconforto com o assunto cultura organizacional e especialmente com as questões envolvendo mudança cultural. O argumento é que esses temas não podem ser mensurados, que são muito subjetivos e, portanto, impossíveis de serem administrados. Engenheiros e bancários gostam de tudo aquilo que pode ser traduzido em fórmulas matemáticas.

Pois bem; eis aqui uma fórmula matemática, uma equação que explica a mudança organizacional em geral, aplicável também às mudanças de cultura: $M = V F I > X$.

Onde:

"M" representa a ocorrência da mudança desejada, qualquer que ela seja.

"V", "F" e "I" representam diferentes fatores cujo produto deve ser maior do que X para que a mudança ocorra, a saber:

"V" representa a visibilidade da situação final desejada e seus benefícios e vantagens em relação à situação atual. As pessoas envolvidas na situação de mudança precisam perceber como será a situação depois da mudança. Muitas vezes essas pessoas se opõem à mudança justamente por que não vêem seus benefícios, não por uma questão de discordância, mas porque esses benefícios não foram adequadamente descritos e explicados. A situação futura não é clara o suficiente para que as pessoas possam endossá-la e o desconhecido é visto com desconfiança.

"F" representa a factibilidade dessa situação. Pode ser que a situação futura desejada seja vista com nitidez, porém as pessoas consideram que não é factível tornar essa visão futura uma realidade. Quais são os primeiros passos a serem dados para que se possa chegar lá? Os recursos necessários estarão disponíveis? Se a visão futura parecer um sonho inatingível, as pessoas resistirão à mudança.

"I" representa a insatisfação com a situação atual. Quanto maior for essa insatisfação, maior será a disposição de mudar. Se todos estiverem muito confortáveis com o presente, por que haveriam de querer qualquer mudança?

"X" representa o custo emocional da mudança. Não se trata de custo financeiro, mas sim daquilo que as pessoas terão de gastar em termos de energia e sentimentos para que a mudança dê certo e mais aquilo que as pessoas irão perder por abandonar a situação atual. Quando existe um apego afetivo muito grande em relação à situação atual, a mudança é mais difícil, se não impossível. Se a mudança implica em contrariar valores éticos, isso exige um dispêndio emocional muito alto que por vezes inviabiliza a mudança.

A fórmula pode ser aplicada para avaliar a viabilidade do seu projeto de mudança. Analise cada um dos fatores e atribua um valor numérico a cada um, numa escala percentual. A visibilidade da situação desejada está grande ou pequena atualmente. Se você avaliar que ela está em cerca de 50%, o que poderia ser feito para aumentar essa visibilidade até cerca de 70 ou 80%? É claro que essas avaliações são todas subjetivas, mas os números ajudam a lhes emprestar um pouco mais de objetividade. Numa discussão com a sua equipe de gestão do projeto, por exemplo, se você pedir que cada um atribua um percentual a visibilidade e em seguida vocês buscarem um consenso, essa é uma forma de chegar a um entendimento compartilhado acerca da situação e isso facilita a discussão de ações alternativas de correção do rumo do projeto. Quanto maior for o número de pessoas envolvidas, maior será a validade da avaliação, em termos estatísticos e levando em conta a sabedoria das multidões. Além disso, ao lidar com fatores humanos na gestão de mudanças, a realidade percebida é mais importante do que a realidade existente. Portanto, isso reforça a validade do uso da fórmula.

O mesmo processo pode ser seguido para cada um dos componentes da equação. O resultado será uma gestão mais eficaz do processo de mudança, além de facilitar a comunicação com os interlocutores de profissões técnicas que se sentem mais à vontade com fórmulas e equações.

Todavia, os profissionais das ciências humanas podem considerar que essa fórmula é reducionista, que um fenômeno complexo como a mudança da cultura organizacional jamais deveria ser expresso por uma equação matemática. Em todos os casos, se aplica uma outra equação, ainda mais simples: $E = Q \times A$. Ou seja, a eficácia de uma ideia depende da Qualidade dessa ideia multiplicada pela sua Aceitação. O uso de uma equação matemática pode aumentar o entendimento e a aceitação da mudança pelo pessoal da área de Tecnologia, mas piorar a situação com o pessoal do Departamento Jurídico.

A vida é feita de escolhas. Você terá de escolher qual a melhor abordagem para utilizar com cada público alvo. Nas empresas de engenharia e tecnologia sofisticada, a fórmula cai bem. Nas agroindústrias, nem tanto.

A mudança e o medo, segundo Schein

Um conceito que pode ser útil como auxiliar no processo de mudança da cultura organizacional foi apresentado por Edgar Schein no seu *Corporate Culture Survival Guide*: se trata do necessário desequilíbrio entre o medo de não sobreviver (a menos que haja mudança) e o medo de aprender (a mudar). Schein chamou isso, no original, de *survival anxiety* e *learning anxiety*.

O medo de não sobreviver é aquele receio que as pessoas sentem de que, se não mudarem, se não aceitarem a mudança organizacional, coisas ruins irão acontecer. Exemplos são: a empresa vai perder mercado, a organização pode falir, meu chefe vai ficar furioso comigo e vai me despedir ou me castigar, de alguma forma, etc.

O medo de aprender se refere àquele receio de que serei incapaz de aprender como fazer as coisas que são esperadas de mim na nova situação.

Se o medo de ser incapaz de aprender for muito grande, eu resisto à mudança. Prefiro sempre enfrentar o medo menor.

Para que qualquer mudança organizacional aconteça (inclusive mudança da cultura), o medo de não sobreviver deverá ser maior do que o medo de aprender (ou de não conseguir aprender, pois a mudança é percebida como sendo muito difícil de ser aprendida e incorporada).

Se o medo de (não) sobrevivência for maior do que o medo da aprendizagem, a mudança será adotada e se concretizará. Caso contrário, haverá resistências e demoras.

Para resolver essa equação, a maioria dos gestores, na maioria das organizações do mundo inteiro, consciente e inconscientemente, apela para o medo de sobrevivência como fator de motivação. As organizações constantemente disseminam mensagens que dizem, em sua essência, que a instituição precisa mudar, caso contrário ficará para trás, será ultrapassada pelos concorrentes, será abandonada por seus clientes, terminará por quebrar. A ideia é aumentar o medo da (não) sobrevivência, para com isso fazer com que a mudança aconteça. Muito tempo e energia são dedicados a esse processo de aumentar o medo da (não) sobrevivência, inclusive aumentando a urgência da mudança. "Precisamos mudar já, se não será tarde demais!"

Ocorre que as pessoas logo se acostumam a reagir com desprezo às ameaças de desastre iminente. Desconsideram os avisos de desgraça, minimizam as ameaças. Isso ocorre principalmente quando a ameaça não é tão claramente evidente. Quando o CEO diz que, a menos que se mude a cultura, nosso mercado será tomado por concorrentes estrangeiros, os céticos podem argumentar que sempre tivemos sucesso fazendo as coisas "do nosso jeito" e a ameaça de concorrentes estrangeiros não parece ser algo concreto. Muitas vezes, efetivamente, as pessoas só se convencem da necessidade de mudar quando a situação da empresa ficou tão ruim ao ponto de se tornar insustentável. A mensagem do otimismo, a de que tudo vai dar certo, é uma mensagem muito mais agradável de se ouvir; por isso, as pessoas preferem acreditar nisso, do que acreditar que mudar sua maneira de trabalhar é algo absolutamente necessário.

Especialmente se a mudança implica em aprender uma nova maneira de agir, um jeito diferente que, à primeira vista, parece difícil de ser aprendido e empregado com sucesso. Ou seja, o medo de aprender continua sendo maior do que o medo da sobrevivência… e nessas condições a mudança não acontece.

Schein argumenta que geralmente se obtêm melhores resultados quando se dedica tempo e energia para diminuir o medo da aprendizagem. Mostrar às pessoas que a nova forma de agir é, na verdade, mais fácil do que parece, consome menos energia do que a briga interminável sobre ameaças futuras que são difíceis de comprovar no presente. Não se trata, entretanto, de apenas persuadir, ou tentar persuadir; se trata de, efetivamente, ensinar as pessoas como proceder. O treinamento, a educação (no sentido amplo), a disponibilidade de informação, o *coaching*, tudo isso facilita a mudança, muito mais do que tentar assustar as pessoas para que mudem.

O que acontece, então, é que ao diminuir-se o medo da aprendizagem, esse fica menor do que o medo da (não) sobrevivência. Com isso, se resolve a equação conforme o preceito de Schein. O medo da sobrevivência se torna maior do que o medo da aprendizagem, não porque o medo da sobrevivência aumentou, mas porque o medo da aprendizagem teve seu tamanho reduzido pela ação educadora dos gestores e da organização como um todo.

Por quê então as organizações no mundo inteiro não mudam de estratégia e passam a investir na facilitação das mudanças pela redução do medo da aprendizagem? Ocorre que isso exige um pouco mais de sabedoria, conhecimento e visão estratégica. Assustar os outros é mais fácil do que ensinar os outros, mesmo que seja contraproducente.

Qualquer gestor de meia-tigela sabe fazer as ameaças. Ele (ou ela) provavelmente aprendeu isso desde sua infância, ouvindo seus pais lhe falando "bota um casaco, se não você vai se gripar", "cuidado ao atravessar a rua", "se você não estudar nunca vai ser nada na vida" e assim por diante. A gestão pelo medo faz parte da cultura básica das famílias, para evitar o perigo.

Os pais sábios acrescentam a aprendizagem ao seu processo de orientação: uma criança aprende com exemplos concretos, mais do que com palavra. Dizer que o fogo queima e por isso deve ser evitado, não é o suficiente para um menino de dois anos de idade; ele vai aprender que isso é verdade quando encostar o dedo numa chama e sentir dor. Os pais sábios poderão aproximar sua mão do fogo apenas o suficiente para que ele sinta um pouco de dor, sem realmente se machucar; e poderão ensiná-lo a usar um pano para pegar um objeto quente sem se queimar.

Na vida organizacional adulta, as coisas são um pouco mais complicadas, mas a essência é a mesma. Na prática, é preciso usar uma abordagem que combine um pouco de aumento do "medo da não-sobrevivência" com uma dose muito mais abundante de redução do medo da aprendizagem. Uma proporção em torno de 1 por 4, ou seja 20% de ênfase no aumento do medo da não-sobrevivência e 80% de ênfase na redução do medo de aprendizagem.

Um exemplo de ocorrência frequente diz respeito ao uso de equipamentos de segurança nas fábricas. Os operários geralmente resistem a utilizar artefatos novos, aos quais não estão acostumados. Os gerentes tipicamente tentavam simplesmente impor o uso do novo equipamento, acrescentando ameaças: "À partir de amanhã, todos têm que usar. Quem não usar, tá na rua!"

Os operários só usavam o equipamento na presença do chefe; quando o chefe não estava presente, deixavam o equipamento de lado. A ocorrência de acidentes não era o suficiente para mudar o comportamento das pessoas. Cada um pensava que "isso não vai acontecer comigo".

As empresas começaram a fazer campanhas de comunicação interna, inicialmente focadas apenas em aumentar o medo da não-sobrevivência. Essas campanhas destacavam o perigo de não usar o equipamento e mostravam os danos sofridos pelos acidentados. A ideia era assustar o público alvo, aumentando o medo da não-sobrevivência.

Com o passar do tempo, viu-se que essa tática não obtinha muitos resultados. Mudou-se então para uma linha de diminuir o medo da aprendizagem: criaram-se as CIPAs (Comissão Interna de Prevenção de Acidentes), convidando as pessoas a participar do processo decisório envolvendo a prevenção. A ênfase passou a ser a educação e o treinamento: ensinar as pessoas a usar o equipamento de proteção, demonstrar suas vantagens e uso adequado. Todas as empresas reportam melhores resultados usando essa abordagem.

Em termos de mudança da cultura organizacional, colocar mais ênfase na aprendizagem do que no medo da não-sobrevivência invariavelmente traz melhores resultados e diminui a resistência à mudança. O engano mais comum, como já dito anteriormente, é presumir que "as pessoas já sabem" das vantagens da mudança, pois isso já foi dito. Nunca é demais repetir, explicar, reforçar. Além disso, dar oportunidades para que as pessoas tentem, experimentem, apliquem, aquilo que se deseja que elas aprendam. Uma vivencia vale mais do que mil figuras e uma figura vale mais do que mil palavras.

O período de transição

A pressa é inimiga da perfeição e é antagônica à mudança cultural. Mudar a cultura demora, e muito. Não se consegue mudar a cultura de uma organização em alguns meses apenas. O processo envolve um período de transição, que costuma levar dois ou três anos, mas pode levar até sete ou dez anos.

Durante esse longo período de transição é importante entender que certos comportamentos e atitudes são comuns de acontecerem. É preciso aceitar e gerenciar essas ocorrências.

Costuma-se observar um aumento geral da tensão emocional no clima da instituição, durante um processo de mudança cultural. Mudar a cultura significa mudar valores e isso está sempre ligado a uma forte carga emocional; não é fácil. É de se esperar que as pessoas por vezes reajam de maneira emocional ao discutir diferentes aspectos da mudança. Esse processo dificilmente acontecerá de maneira linear, organizada, sequencial e racional. Se trata de um fenômeno orgânico, multidimensional, com várias coisas ocorrendo ao mesmo tempo e mexendo com os sentimentos das pessoas.

Não se aflija. Dar espaço para a expressão das emoções faz parte do processo. Aceite o lado emocional como parte das discussões sobre valores. Conforme já mencionado no Capítulo 4. isso tudo faz parte da natureza do ser humano: razão, emoção, valores e comportamento. Aceite o todo e não tente suprimir nenhuma de suas partes. Havendo espaço para expressar emoções, essa expressão reduzirá a tensão e se converterá em maior confiança no processo como um todo, menos resistência e maior engajamento.

O período de transição implica, portanto, em menor estabilidade. Isso, no entanto, pode ser administrado de forma a conseguir um equilíbrio homeostático, ou seja: um equilíbrio em que tudo está em movimento. Conduzir um processo de mudança cultural é uma espécie de dança coletiva, onde todos se movem, mas pode haver harmonia na instabilidade.

Muitas vezes se verifica que existe muita energia fluindo, talvez até de maneira dispersa ou sem direção. O clima entra em ebulição e pode transbordar. Mais uma vez: isso não é motivo para desânimo ou desespero, faz parte do processo.

Esse estado de coisas, entretanto, pode provocar em muitas pessoas uma preocupação maior com o controle. Não só com o controle do processo de mudança, mas com o controle de tudo: controle do negócio como um todo, da obediência aos procedimentos, do seguimento das políticas. A preocupação com o controle frequentemente se apresenta de forma deslocada, num processo psicológico de projeção. As pessoas podem estar preocupadas com a sua situação específica diante da mudança, mas expressam preocupação com o controle das despesas de viagem no departamento de vendas, ou com a verificação da identidade dos visitantes ao prédio.

É preciso entender que esse interesse em controlar as coisas está deslocado, que ele se refere, na verdade, ao receio de perder o controle sobre os efeitos do processo de mudança. Isso pode indicar uma necessidade de revisar o andamento da mudança e examinar alternativas para dar mais segurança e reforçar o sentimento de que "está tudo sob controle", não há nada a temer. É mais um argumento a favor da transparência e da disponibilização constante de informações.

Muitas vezes isso tudo gera uma certa nostalgia pelos padrões e comportamentos habituais antes da mudança ser iniciada. "Bons tempos aqueles, em que a organização era menor, todo mundo se conhecia... As pessoas eram menos estressadas, as coisas eram mais claras..."

Isso é uma reação ao estresse da mudança cultural e precisa ser aceito como natural. A mudança cultural não é um processo tranquilo, linear, constante e ascendente. Pelo contrário, parece mais um zigue-zague, com momentos em que tudo parece estar indo na direção desejada, seguidos de outros em que parece que está tudo errado.

Os conflitos podem também acontecer com maior frequência do que antes, como seria de se esperar. Tudo isso faz parte do processo. Não encare essas coisas como um sinal de que tudo vai mal. Considere tudo isso como um sinal de que as coisas estão realmente mudando.

Costumo dizer que a mudança da cultura organizacional é como aquele sambinha do Trio Irakitan, nos anos 1950: "Diz que vai, vai, vai; diz que vem, vem!" O processo dá três passos à frente e dois passos atrás, depois vai repetindo essa dança. O saldo é positivo, o movimento resultante ocorre na direção certa (desejada), mas há desvios, tropeços, retrocessos suficientes para que ninguém fique com tédio. Mantenha o ritmo, os olhos nos objetivos de longo prazo e dance conforme a música.

Questões para refletir e exercitar os conceitos

De acordo com sua própria experiência, quais os dois erros mais importantes a serem evitados quando da introdução de mudanças relevantes nas organizações?

Cite duas ações que poderiam ser engendradas para evitar a ocorrência desses erros.

Qual é a relação que Schein estabelece entre o medo da não-sobrevivência e o medo de aprender?

Neste capítulo concluímos a porção mais conceitual e prescritiva deste livro. Vejamos em seguida como esses conceitos se aplicaram em três casos de mudança cultural em organizações de grande porte. Os dois primeiros casos foram bem sucedidos e se tornaram referencias, inclusive fora do Brasil. Já o terceiro caso terminou sem sucesso, uma vez que a organização acabou adquirida e dissolvida. Em cada um deles há muito o que discutir e aprender. Se é verdade que se aprende mais com os erros do que com os acertos, talvez o terceiro caso encerre o maior valor de aprendizagem.

Passemos a examinar esses casos reais.

Parte 5 – Três casos, três mudanças

16. Primeira mudança: ABN AMRO no Brasil

No começo de 1992 fui procurado por um *head hunter* para uma vaga de gestor de Recursos Humanos no Banco Holandês, com sede no Rio de Janeiro. Minha primeira reação foi de desdém: minha impressão do Banco Holandês Unido, que acabava de simplificar o nome deixando cair o "Unido" não era nada boa.

Na década de 80, no meu período como diretor responsável por Recursos Humanos e Comunicação Corporativa no Banco Iochpe entre 1982 e 1989, muitas vezes havíamos recrutado profissionais de outros bancos para integrar a equipe do Iochpe. Contratamos excelentes profissionais, vindos de várias outras instituições; o Banco Holandês não era uma delas.

Os profissionais do BHU, como era também conhecido, geralmente não tinham o nível de qualidade que se via no mercado. Sua remuneração era bem inferior à média e esse fato parecia corroborar a impressão de que a qualidade não era boa.

Diante da insistência do *head hunter*, concordei em comparecer a uma primeira entrevista com o Vice-Presidente Administrativo Gerrit Thissen. Fui para o encontro com a ideia de vender meus serviços de consultoria para o banco. Afinal, eu estava já há três anos trabalhando como consultor independente e gostava do trabalho que estava fazendo, principalmente pela variedade e independência que a atividade de consultoria me proporcionava. Achava difícil me imaginar novamente como empregado de uma corporação, especialmente uma que tinha uma imagem de baixa qualidade profissional. Imaginei, então, oferecer ao Banco Holandês meu trabalho como consultor para ajuda-los a encontrar o profissional de RH que buscavam e ajudar esse profissional a reorganizar a função de Recursos Humanos.

Meu encontro com Thissen foi bastante interessante. Ele me surpreendeu positivamente, pois não era apenas um gestor administrativo conservador, conforme eu imaginava pela imagem que eu havia formado a respeito do banco. Ele tinha uma visão estratégica e me esclareceu que o banco estava passando por uma enorme transformação, decorrente da fusão acontecida na virada de 1990 para 1991 na matriz do banco na Holanda.

O antigo ABN, o Algemene Bank Nederland, que tinha o BHU como subsidiária no Brasil e sucursais em toda a América Latina, havia se juntado com o AMRO, Amsterdam Rotterdam Bank, formando o ABN AMRO a partir de 1º de janeiro de 1991. O novo banco estava mudando profundamente a sua rede internacional, buscando maior profissionalização e qualidade. Como parte desse processo, estavam contratando novos integrantes para a sua diretoria, incluindo um novo diretor para a área de tecnologia de informação e um novo diretor de planejamento, ambos recém-vindos do Citibank. Buscavam um novo responsável por Recursos Humanos e pretendiam contratar outros profissionais para postos-chave na estrutura.

Parte do plano estratégico do ABN AMRO no Brasil era mudar a sede nacional do banco, do Rio de Janeiro para São Paulo. Isso facilitaria sua ambição de subir na escala do ranking bancário, onde se encontravam na 34ª posição em depósitos.

A proposta de trabalho era interessante: eu havia participado da mudança do Banco Iochpe de Porto Alegre para São Paulo em 1987, como um dos líderes do processo. Havia aprendido muito, entre erros e acertos. O ABN AMRO representava uma oportunidade rara de ter uma espécie de segunda chance, fazendo uma mudança física da sede como forma de promover ao mesmo tempo uma profunda mudança no clima e na cultura organizacional da instituição. A mudança física e organizacional que eu ajudara a promover no Iochpe havia sido bem sucedida; porém, havia duas ou três coisas que eu faria de maneira diferente, se houvesse uma nova oportunidade. Essa nova oportunidade era o que o ABN AMRO oferecia.

Na época, o banco contava com 425 funcionários no Rio de Janeiro e tinha mais cinco filiais em outras capitais brasileiras. Ao todo, eram cerca de 500 funcionários. O Banco Holandês era constituído também por um banco de investimento, uma distribuidora de valores e uma corretora; entretanto, era administrado como um banco múltiplo, com estrutura administrativa unificada. Havia ainda uma subsidiária, uma empresa de financiamentos de automóveis, a Aymoré. Essa empresa era administrada de forma separada do restante do grupo, com grande autonomia do diretor responsável. A Aymoré tinha cerca de 625 funcionários e uma dúzia de filiais; era maior do que o banco em número de filiais e quadro de pessoal, e também mais lucrativa: era líder absoluta no mercado brasileiro de financiamento de carros usados, com mais de 20% de um mercado altamente pulverizado, onde o concorrente mais próximo detinha 6% e os demais tinham a metade disso ou muito menos.

O primeiro grande desafio seria enfrentar a mudança física do Rio de Janeiro para São Paulo. O banco não havia anunciado formalmente a intenção de mudar, mas os boatos corriam soltos e os funcionários falavam constantemente a respeito. O próprio mercado falava na mudança iminente do Banco Holandês, que se seguiria às mudanças do Citibank e do Chase, feitas em anos anteriores. O sindicato dos bancários pressionava a diretoria para anunciar seus planos, enquanto que esta não confirmava, mas também não desmentia, o plano de mudança.

A situação era desafiadora e como tal tinha aspectos estimulantes e outros nem tanto. Eu me perguntava se não seria uma decisão temerária assumir esse desafio, nas circunstâncias específicas.

Ao longo de quatro meses, fui conhecendo os diferentes diretores, ainda como parte do processo seletivo. Conheci o presidente da organização, Denis Zing, ao qual eu deveria me reportar se fosse contratado. Conversei com os diretores de Corporate Banking, de Corporate Finance, de Controle Financeiro, de Tesouraria, de Tecnologia e da Aymoré Financiamentos. Tive uma boa impressão pessoal de todos. Comecei a pensar que seria possível fazer um trabalho interessante como parte dessa equipe de gestão.

Até o final de abril, o BHU ainda não me havia feito uma proposta formal e concreta, embora demonstrasse claramente o interesse em me contratar. De minha parte, eu continuava nutrindo a ideia de conduzir o processo todo como um programa de consultoria, sem me tornar funcionário do banco.

Tive uma segunda entrevista importante com o presidente do banco. Ele me disse que gostaria que eu me juntasse ao banco para transformar a função de Recursos Humanos numa função realmente profissional, de alta qualidade. Ele considerava que a função de RH na atualidade daquela época estava num nível seis, numa escala de um a dez. Ele queria que eu levasse a função para um nível oito ou nove; "não mais do que isso, pois se não isso ficaria muito caro", disse com um leve sorriso.

No começo de maio, Thissen me chamou e me fez uma proposta concreta, acompanhada de um ultimato. Ele deixou claro que gostariam que eu assumisse a área de Recursos Humanos como parte da Diretoria e não como consultor; deveria começar imediatamente e conduzir a mudança física para São Paulo em seis meses; e precisava dar uma resposta em uma semana. Caso a minha resposta fosse negativa, eles fariam sua proposta a uma outra pessoa, que estava também adiantada no processo seletivo, mas que representava, para o banco, a segunda opção.

A necessidade de uma definição rápida tinha um motivo concreto: graças ao bom trabalho realizado no Brasil, Thissen havia sido nomeado presidente do Banco Holandês no Equador. Ele deveria se apresentar em Quito para assumir a nova função em 1º de junho; portanto, queria admitir logo o responsável por RH, fosse quem fosse, fazer uma transição rápida, de cerca de duas semanas, e deixar o País. O novo VP Administrativo, Lex Kloosterman, havia sido nomeado para substituir Thissen, mas chegaria depois da sua partida, em meados de junho. A situação toda acabava de ficar um pouco mais complexa, devido a essa troca de comando na área administrativa. O meu principal interlocutor, nos últimos quatro meses, não estaria mais lá depois de três semanas.

Decidi aceitar o desafio e ingressei no Banco Holandês no dia 14 de maio de 1992. Fui registrado como funcionário em São Paulo, mas deveria passar os próximos seis meses trabalhando quatro dias por semana no Rio, onde estavam sediados todos os diretores, preparando a mudança física e organizacional do banco.

A sede do Banco Holandês ficava na Rua do Ouvidor, um tradicional endereço no centro antigo do Rio de Janeiro. O banco havia sido fundado no Brasil em 1916, no próprio Rio, para financiar o comércio entre o Brasil e a Holanda. Era, portanto, uma instituição quase centenária, com uma cultura arraigada. A mudança não seria fácil. Em maio de 1992 a estrutura de gestão era assim constituída:

Presidência (reportes diretos: Auditoria, Planejamento e Recursos Humanos)
Vice-Presidência Administrativa
Diretorias:
Corporate Banking
Structured Finance
Tesouraria
Controle Financeiro
Tecnologia da Informação
Aymoré Financeira

O Departamento de Recursos Humanos era liderado por Martinus van Beck, um ex-padre holandês que largara a batina há muitos anos para casar com uma brasileira. Ocupava a função de Recursos Humanos há mais de dez anos. Esta possuía uma unidade de Recrutamento e Seleção, outra de Treinamento & Desenvolvimento, e uma unidade de Administração de Pessoal, englobando Registros, Folha de Pagamento e Benefícios. Ao todo, o departamento possuía 21 funcionários.

Coloque-se no lugar de responsável por Recursos Humanos nessa situação descrita, diante do desafio de mudar o Banco Holandês fisicamente do Rio de Janeiro para São Paulo e ao mesmo tempo promover a modernização administrativa da organização.

1. O que você faria primeiro?
2. Como poderia ser desenhado um programa de desenvolvimento da cultura organizacional para o BHU?
3. Quais seriam suas prioridades de curto, médio e longo prazo?
4. Imagine que você tenha que apresentar, para a diretoria mundial do ABN AMRO em Amsterdam, o seu plano de ação; faça esse plano, em linhas gerais, e formule a apresentação que você faria na Holanda.

Continuação do caso na vida real

No meu primeiro dia de trabalho no Rio de Janeiro, Thissen me pediu que elaborasse rapidamente um plano geral para a mudança da sede, sendo que o primeiro passo deveria ser a formalização do anúncio aos funcionários.

Conversei com cada um dos integrantes de RH, para conhece-los e saber de suas opiniões sobre a situação vivida pelo banco naquele momento. Elaborei o plano e apresente-o primeiramente ao Presidente, que o aprovou; em seguida, apresentei o plano em reunião de diretoria. Foi aprovado, bem como a sugestão de comunicar imediatamente o conteúdo aos funcionários.

Uma semana depois de começar a trabalhar, foi emitida uma carta circular a todos os funcionários do banco e da financeira em todo o Brasil, anunciando que o banco mudaria a sede do Rio de Janeiro para São Paulo antes do final do ano. Na circular foi marcada uma reunião com todos os funcionários do Rio de Janeiro para o dia seguinte, uma quinta-feira, às 17:00, na qual seriam anunciados detalhes sobre o impacto dessa decisão sobre os funcionários da filial.

Essa estratégia de comunicação visava proporcionar clareza imediata a todos os interessados e dar espaço para que reagissem ao anúncio. Nós como diretoria do banco estaríamos então dispostos a enfrentar a sua reação e procurar apaziguar os ânimos. A comunicação verbal foi programada para uma quinta-feira deliberadamente.

A ideia é que a reação a essa reunião aconteceria no dia seguinte, na sexta-feira. Nossa expectativa era de que a sexta-feira seria um dia difícil, com protestos do sindicato, manifestações de insatisfação individuais e coletivas, muita energia dedicada a discutir a mudança e pouca produtividade. Entretanto, eu tinha a convicção de que era necessário criar esse espaço para a reação no dia seguinte, ao invés de anunciar a mudança numa sexta-feira à véspera do fim-de-semana. Isso teria feito com que as pessoas tivessem que ir para casa com a mudança ainda engasgada no peito; era melhor anunciar as condições da mudança na quinta, dando bastante espaço para discussão na própria quinta e ainda no decorrer de uma sexta-feira com pouco trabalho e muita fofoca. Depois disso, viria o fim-de-semana, em que esperávamos que as pessoas refletissem mais a respeito do que ocorrera na semana anterior, voltando ao trabalho na segunda-feira, com mais calma.

Começamos por fazer um anúncio sucinto, por escrito, que logo chegaria ao conhecimento do sindicato de empregados. Essa carta foi expedida, portanto, numa quarta-feira e nela foi marcada uma reunião de viva voz com os funcionários para o dia seguinte. No mesmo momento em que a carta foi expedida, uma carta endereçada aos clientes do banco foi também enviada, bem como um comunicado à imprensa.

Calculamos que 24 horas seria tempo suficiente para os diferentes interlocutores digerirem o impacto inicial, o choque da confirmação daquilo que todos já sabiam informalmente: o banco iria realmente mudar e tinha um prazo definido para que isso acontecesse. Em seguida viriam as reações.

A reunião de viva voz, uma espécie de "town hall meeting", embora na época não se utilizasse esse termo, pois ainda não estava na moda, teve a presença de cerca de uma centena de funcionários. A ideia era dar espaço para que nessa reunião os empregados pudessem discutir suas dúvidas, expressar seus temores e ver suas incertezas esclarecidas. Esse processo ajudaria os funcionários a aceitar uma mudança que, para a grande maioria deles, era algo indesejado, porém inevitável. Preparamos um dos andares do prédio, removendo os móveis de escritório, colocamos cadeiras e improvisamos uma espécie de auditório.

Ao começar a reunião, percebi que o momento era ainda mais decisivo do que eu imaginava: uma espécie de "prova de fogo" para o recém-chegado responsável por RH. Me dei conta de que eu havia sido colocado no papel do ratinho escolhido para colocar o guizo na coleira do gato, na proverbial história da carochinha.

O "gato" era o quadro de pessoal. Até então, a diretoria do Banco Holandês tivera medo de enfrentar a situação, tivera medo da reação dos funcionários quando fosse anunciado o plano de mudar para São Paulo. O que poderia acontecer? Eles entrariam em greve? Seriam tomados por tamanha fúria que quebrariam tudo que estivesse à sua frente e linchariam os diretores? Ou aceitariam a situação com calma e ponderação?

Percebi que o lay-out espelhava a impressão que eu formara na minha cabeça: os diretores estavam todos sentados lado a lado, contra uma parede lateral, perto da porta. Eles não se posicionaram atrás de mim, para demonstrar apoio, enfrentando a plateia; se colocaram numa posição neutra, nem na plateia nem diante dela. Conforme o andamento da reunião, podiam se posicionar de um lado ou de outro da história; e se a situação deteriorasse e a turba multa se enfurecesse, podiam fugir pela porta ao seu lado e escapar do caos.

Não sei se por bravura ou ingenuidade, procurei manter a calma e comecei a apresentar a todos o plano de ação para a mudança. Pedi que fizessem perguntas a qualquer momento, queria estabelecer um clima de abertura e diálogo, o mais informal e franco possível.

A reunião teve momentos tensos, quando alguns gerentes de nível médio da área de informática fizeram perguntas em tom acusatório, dizendo que o banco não havia avaliado bem as consequências do que pretendia fazer, faltava um plano de migração da parte de sistemas, o prazo era curto demais. Houve uma ou outra manifestação de irritação e acusações ao banco pelo descaso para com funcionários que haviam dedicado toda uma vida à instituição.

Fui respondendo às perguntas com aparente tranquilidade. Quando eu não sabia a resposta de alguma pergunta sobre um detalhe ainda não pensado, não hesitei em confessar minha ignorância específica, agradeci à pessoa por levantar um aspecto relevante que precisava ser considerado e prometi esclarecer cada ponto dentro de no máximo uma semana.

À medida em que as dúvidas eram esclarecidas, os ânimos foram se acalmando. Alguns dos diretores, percebendo que o maior perigo havia passado, se arriscaram a fazer pequenas intervenções para complementar um ou outro ponto. Por volta das 18:30 não havia mais perguntas a responder.

Distribuímos, então, um resumo dos principais pontos do plano, para todos os presentes. Lembro que um dos diretores havia se posicionado contra fazermos essa distribuição por escrito. "Isso vai estar na mão do sindicato no dia seguinte!"—ele dissera. Eu sabia disso perfeitamente e insistira que não havia problema nenhum nisso.

Nossa estratégia de comunicação seria simplesmente transparência total e completa; nada de esconder coisa nenhuma. Quanto mais comunicação, melhor. Isso evitaria, justamente, que houvesse um vácuo de comunicação a ser ocupado pelos boatos, pela "rádio corredor", pela ação desagregadora do sindicato dos bancários. A ideia era ocupar todos os espaços e por isso fizemos comunicações escritas, formais e informais, comunicação verbal direta numa reunião geral e anunciamos que nos próximos dias haveriam reuniões complementares em cada departamento, para esclarecer todas as dúvidas a todos os funcionários.

O que fez a reunião ser bem sucedida e fez com que a mudança toda ser bem sucedida foi a combinação de dois fatores: **um plano de mudança consistente, bem pensado, e uma estratégia de comunicação franca e aberta, sem subterfúgios.** Estes dois princípios se aplicam a qualquer programa de mudança organizacional.

O plano de mudança consistia, basicamente, no seguinte:

1. Todas as funções da matriz brasileira do Banco Holandês seriam transferidas do Rio pra São Paulo. Um cronograma detalhado seria elaborado para cada unidade funcional, envolvendo os funcionários afetados.
2. Dos 420 funcionários existentes naquela data na filial Rio de Janeiro, 50 seriam convidados a se transferir para São Paulo. O banco pagaria as despesas decorrentes, prestaria assistência na busca de moradia e transferência escolar para a família e daria a cada um uma gratificação especial no valor adicional de um salario mensal, para despesas diversas. Os diretores comunicariam, no prazo de duas semanas, quem seriam aqueles convidados para mudar e quem seriam os demitidos.
3. A nova matriz brasileira em São Paulo possuía 50 vagas para funcionários do Rio. Se algum funcionário carioca preferisse não aceitar o convite de transferência, aquela vaga poderia ser preenchida por outro, a ser convidado pelo respectivo diretor. As cinquenta vagas seriam definidas pela diretoria ao longo das próximas duas semanas.
4. Cerca de 50 outros funcionários permaneceriam no Rio de Janeiro para constituir a nova Filial Rio de Janeiro. Estas funções eram basicamente as funções já existentes de uma agência bancaria: caixas executivos, pessoal de vendas, pessoal de apoio administrativo da agência em si.
5. Os 320 funcionários restantes a serem demitidos teriam todos os seus direitos legais pagos no momento da demissão, que ocorreria, em princípio, no final de novembro, inclusive multa indenizatória proporcional ao saldo do FGTS, aviso prévio indenizado, etc.

Em tese, o banco poderia reduzir os seus custos de indenização, alegando a extinção das respectivas funções no Rio de Janeiro. A legislação e a jurisprudência ofereciam essa possibilidade, especialmente se houvesse um acordo coletivo com o sindicato dos empregados sobre o tema. Essa possibilidade havia sido discutida com os diretores e descartada. Consideramos que a negociação com o sindicato seria desgastante e demorada. A demora prejudicaria o clima de trabalho. Seria melhor assumir todos os custos e apresentar uma situação clara desde o início. Os funcionários que permanecessem trabalhando com bom desempenho até o final de novembro receberiam também uma gratificação especial no valor equivalente a três salários mensais.

6. Além da compensação financeira anunciada, os funcionários a serem demitidos teriam assistência do banco através da área de Recursos Humanos. Seriam realizados programas de recolocação e treinamento com inscrições livres. Esses programas incluíam, por exemplo, "Como abrir sua própria empresa", "Empreendedorismo", "Como buscar emprego".

7. A área de RH preparou um catálogo de currículos de todos os interessados em continuar no ramo bancário. Nosso pessoal de Recrutamento e Seleção saiu a visitar cada banco do Rio de Janeiro deixando cópias desse catálogo com as respectivas áreas de Seleção dessas organizações. Foram visitadas também algumas grandes empresas que poderiam se interessar pelos profissionais do banco. Os funcionários mais graduados receberam assistência de recolocação prestada por uma conceituada empresa especializada. Os funcionários mais simples tiveram assistência do próprio pessoal de RH do banco.

No dia seguinte, reuni todo o pessoal da área de RH e expliquei que, a partir daquele momento, todas as funções de RH estariam voltadas para administrar a mudança e os impactos decorrentes da mesma. O foco passava a ser a recolocação no mercado de trabalho de todos os 320 funcionários que seriam demitidos no Rio de Janeiro e a preparação dos 50 que seriam convidados a se transferir para São Paulo.

Pedimos aos diretores que escolhessem, em cada área, os 10% de funcionários que seriam convidados para se transferir. Estes deveriam ser ocupantes de posições-chave e/ou profissionais com grande potencial de crescimento, nos quais a organização tinha interesse em investir no longo prazo para uma carreira de sucesso. Não contratamos nenhuma consultoria externa para fazer um trabalho de *assessment*, nada disso. Não utilizamos instrumentos sofisticados de avaliação, não fizemos painéis de discussão. Parti de um pressuposto muito simples: o de que os diretores e seus reportes diretos conheciam o seu pessoal suficientemente bem para fazerem boas escolhas. Talvez eles tenham cometido erros (o tempo nos disse que isso aconteceu, em cerca de 5% dos casos). Considerei que, naquele momento, o mais importante seria chegar a uma definição rápida e clara sobre quem vai, quem fica e quem vai ser demitido. Qualquer demora nesse processo de escolha (o que certamente ocorreria se decidíssemos utilizar métodos mais sofisticados de avaliação, muito mais ainda se contratássemos uma consultoria) aumentaria o sofrimento do quadro que aguardava ansioso por essas decisões. Portanto, optamos pelo caminho mais simples e mais rápido: confiar em que os gestores saberiam fazer aquilo que é sua principal função: conhecer as pessoas que trabalham com eles e tomar decisões com base nesse conhecimento.

Nos meses seguintes, o plano foi sendo implementado. É claro que houveram alguns percalços, aqui e ali; mas, no geral, tudo correu bem.

O primeiro acontecimento inesperado ocorreu no final de junho: o presidente Denis Zing me chamou ao seu gabinete no final do dia e disse que tinha uma notícia importante para me comunicar: ele estava deixando o banco em duas semanas para assumir a função de CEO da filial norte-americana de um outro banco holandês concorrente, o Rabobank. O anúncio me pegou, realmente, de surpresa. Ele explicou que a oferta financeira era tão atraente que ele se sentia no dever de aceitar, para garantir o futuro da sua família.

Naquele final de tarde ele conversou pessoalmente com cada um dos diretores; no dia seguinte, pela manhã, foi emitido um comunicado oficial para clientes e funcionários. Lex Kloosterman, que acabara de chegar para ser o braço direito de Zing, teve de assumir imediatamente a Presidência, com apenas duas semanas de tempo para fazer a transição.

A notícia da saída de Zing teve um grande impacto no quadro de pessoal, como seria de se esperar. O curioso é que no mesmo dia começou a se propagar um boato: o de que a mudança para São Paulo seria cancelada, ou pelo menos adiada. A lógica do boato era a de que os diretores, na verdade, não queriam a mudança. Apenas o presidente Denis Zing esposava essa ideia. Agora que ele estava saindo, a ideia seria abandonada. Lex Kloosterman, recém-chegado ao Brasil, iria pedir tempo para re-avaliar toda a situação. Ao invés de mudar no final do ano, o cronograma todo seria re-agendado para um ano depois. Nesse meio tempo, uma análise mais cuidadosa revelaria que o projeto todo deveria ser simplesmente abandonado, havia sido apenas "uma loucura do Zing".

Ao saber do boato, procurei Lex Kloosterman de imediato. Ele convocou uma reunião geral dos funcionários, na linha daquela "town-hall meeting" que eu havia organizado há poucas semanas. Na reunião, confirmou a todos que ele estava assumindo a presidência do banco no Brasil e reiterou que a mudança para São Paulo prosseguiria exatamente conforme planejado: se tratava de uma mudança estratégica para a organização, que não seria afetada pela troca de comando. Enfatizou que o processo seguiria, mesmo que ele próprio viesse a ser substituído: uma mudança dessa envergadura era independente da opinião e da vontade de qualquer indivíduo isolado.

Suas palavras foram uma ducha de água fria naqueles que já agitavam o ambiente com todo tipo de especulação. Acalmou os ânimos e fez com que todos voltassem ao trabalho de preparar a transferência de suas funções.

Os outros problemas que aconteceram se referiram a casos de exceção: alguns funcionários logo conseguiram uma oferta de emprego em outra empresa e pediam para serem liberados em julho ou agosto, porém recebendo o total do pacote prometido para novembro. Esses casos tiveram seu pedido negado, pois o banco precisava deles até o final de novembro. Além disso, se alguns fossem liberados nessas condições, isso incentivaria outros a fazerem o mesmo. Corríamos o risco de ficar sem as pessoas quando elas ainda eram essenciais para o andamento dos serviços. Mais para o final do ano houve alguns casos de profissionais liberados em outubro, a critério de cada diretor. Se tratavam de funções já assumidas por um novo funcionário admitido em São Paulo, sendo portanto possível liberar o ocupante carioca algumas semanas antes do prazo inicialmente previsto.

A administração das exceções não foi tranquila. Martinus van Beck, meu antecessor e que agora respondia pela unidade de Administração de Pessoal, ficava muito incomodado com exceções, que ele considerava como sendo concessões indevidas.

Antes da minha chegada ao banco ele havia tido vários conflitos com diferentes diretores, justamente por isso. Volta e meia recebia uma ordem para fazer alguma concessão a algum funcionário, contrariando a política do banco. Com a minha chegada, sua expectativa era de que agora as exceções iam acabar, pois eu era mais sênior e me reportava à presidência; não precisaria acatar as ordens de outros.

Para seu desapontamento, eu me mostrava aberto a considerar exceções. Meu ponto de vista sempre foi o de que uma boa política deve ser aplicada em 95% dos casos; mas que era normal que houvesse 5% de exceções, desde que justificadas e bem fundamentadas. Negar exceções seria excesso de rigidez. Desde que eu pudesse explicar as razões para aceitar uma exceção, nada me impedia de autorizá-la.

Minha filosofia de trabalho era inspirada em João Figueiredo e Che Guevara: a mudança seria feita de forma lenta, gradual e imediata (para usar a frase infeliz do General, quando tentara comunicar que a abertura política começaria imediatamente, mas progrediria aos poucos), e na sua condução seria preciso endurecer, mas sem perder a ternura jamais. Talvez esse estilo pudesse ser chamado de "meritocracia carinhosa". O fato é que embora eu defendesse a meritocracia em 95% das situações, achava importante administrar algumas exceções levando em conta a situação pessoal dos envolvidos.

Tivemos também alguns problemas de segurança. Certos funcionários operacionais, sabedores de que estariam fora do banco dentro de poucos meses, começaram a relaxar no desempenho, furtar pequenos equipamentos de escritório como calculadoras ou teclados de computador. Tivemos que aumentar a vigilância, especialmente no período noturno e de madrugada, para quem trabalhava com processamento de dados, e fomos compelidos a fazer uma ou duas demissões por justa causa (para servir de exemplo) ao constatar pequenos furtos. Conseguimos evitar o pior e conduzir o processo até o final sem grandes percalços.

Um dos líderes negativos que havia sido bastante eloquente naquela primeira reunião e que havia posteriormente se manifestado de forma negativa em outras ocasiões, eventualmente teve uma conversa privada comigo, na qual resumiu, de certa forma, todo o sentimento do quadro.

Ele era uma pessoa inteligente, com boa cultura geral; um analista de sistemas bastante sênior e qualificado, articulado e carismático. Ele me disse: "Fica difícil brigar com o banco, pois vocês estão sendo tão bons para todo mundo!".

O maior fator de sucesso do programa foi o fato de o banco dar muita atenção pessoal às pessoas que seriam demitidas. Nessa situação, as pessoas precisam mais de carinho e afeto do que de segurança financeira, e o banco forneceu isso a todos; por isso o programa funcionou tão bem.

Chegou a circular inclusive uma piada, criada pelos próprios funcionários, que dizia o seguinte:

"O Sr. Kloosterman, presidente do ABN AMRO no Brasil, saiu para almoçar fora com sua família no domingo. Ao chegar no restaurante, foi surpreendido com uma alegre recepção pelo dono do estabelecimento.

'Sr. Kloosterman, quanta honra em vê-lo no meu restaurante!'

'O senhor me conhece?' estranhou Kloosterman.

'Sim, eu sou ex-funcionário do banco. Fui demitido e, com o dinheiro do pacote de demissão, pude montar esse restaurante!'

Depois do almoço, Kloosterman e família foram a uma sorveteria. Foram recebidos com uma nova surpresa.

'Sr. Kloosterman! Que prazer em vê-lo aqui na minha sorveteria!'

'O senhor também me conhece?'

'Sim, eu sou ex-funcionário do ABN! Fui demitido e, com o dinheiro do pacote de demissão, abri essa sorveteria!'

Saindo da sorveteria, Kloosterman e família vão de carro para sua casa. No caminho, param num cruzamento, aguardando que mude o sinal. Se aproxima do carro um vendedor de chicletes e exclama:

'Sr. Kloosterman, o senhor por aqui? Prazer em vê-lo'

'Já sei,' diz Kloosterman. 'Você também é ex-funcionário do banco...'

'Não', diz o outro. 'Eu ainda trabalho lá... Faço esse bico nos fins de semana para complementar o pouco salário que eu ganho...!"

Enquanto isso, no "front" paulista...

Ao mesmo tempo em que no Rio de Janeiro se preparava a mudança física e se começava gradativamente a desativar as funções de escopo nacional, em São Paulo se começava a montar um novo banco, a cabeça de uma nova organização.

A oportunidade para formar uma nova cultura organizacional era excepcional: deveríamos admitir cerca de 300 novos funcionários, de todos os níveis e atuando em todas as funções do banco, para formar uma nova estrutura junto com os 50 cariocas transferidos.

Para começar, me empenhei em montar uma equipe de Recursos Humanos voltada para recrutar e selecionar profissionais com um novo perfil: alta qualidade profissional, motivação para enfrentar desafios, ambição para tornar o Banco Holandês um dos cinco maiores bancos estrangeiros do Brasil, postura ética exemplar e habilidades de relacionamento para trabalhar bem em equipe e estabelecer relações duradouras com os clientes.

A ética e o relacionamento de longo prazo eram características que o BHU já tinha e que o ABN AMRO, na Holanda, também possuía e desejava desenvolver internacionalmente. O que faltava ao banco, no Brasil, era uma cultura mais voltada para o bom desempenho e a excelência profissional.

Saí a procurar a melhor profissional de Recrutamento e Seleção do ramo financeiro, para começar essa função com a melhor qualidade possível. Encontrei Maria Julieta Nogueira, do Banco Nacional e ela demonstrou interesse na proposta de trabalho como um todo. Havia, entretanto, um problema: Julieta consolidara uma bela reputação na área de seleção, mas estava crescendo profissionalmente para além desse papel. Ela não queria mais fazer esse papel.

Combinamos, então, o seguinte: ela assumiria a área de Seleção durante um ano, liderando o processo de montagem da nova estrutura. Nesse meio tempo, seria preparada para assumir a área de Treinamento e Desenvolvimento. Julieta sugeriu que fizéssemos um acordo semelhante com outros profissionais de RH: no primeiro ano, estariam todos voltados para Seleção, para dar conta da nossa tarefa imediata, que era povoar a nova estrutura em São Paulo. Depois disso, esses profissionais assumiriam outras funções dentro de Recursos Humanos.

Terminamos, por sugestão dela, por desenhar uma estrutura de RH com cinco áreas funcionais clássicas: Recrutamento & Seleção, Cargos & Salários, Treinamento & Desenvolvimento, Gestão de Benefícios, Administração & Folha de Pagamento. Cada responsável por um papel funcional seria também LPO (Line Personnel Officer, função que depois passou a ser conhecida como HR Business Partner) atendendo um grupo de clientes internos da empresa (Corporate Banking, Tesouraria, Controle Financeiro, etc.) Cada líder dentro de RH teria dois chapéus: um como responsável funcional e outro como LPO de determinada área.

Outros bancos tinham em Recursos Humanos uma estrutura matricial parecida: possuíam um profissional responsável, por exemplo, por Cargos e Salários para todo o banco; e possuíam LPO's dedicados a atender determinadas áreas da organização. A novidade que estávamos introduzindo era designar uma mesma pessoa para fazer esses dois papéis simultaneamente.

Para oferecer variedade e melhores oportunidades de desenvolvimento a esses profissionais de RH que pretendíamos atrair, passamos a oferecer também a oportunidade de fazer rodízios de papéis, de tempos em tempo. O profissional de Seleção poderia assumir Cargos & Salários, depois de um ano; ou a pessoa que atendia a área de Tesouraria poderia passar a atender a área de Corporate Banking. A ideia era a de que, num período de três a cinco anos, cada profissional pudesse ter aprendido a atender diferentes áreas de clientes internos; e também teria trabalhado em diferentes áreas especializadas de RH.

Não queríamos ter especialistas que só sabiam fazer Seleção mas nada entendiam de Treinamento; ou que dominassem Cargos e Salários mas fossem inexperientes em termos de Folha de Pagamento. Queríamos formar ao longo do tempo generalistas de RH. Antes de cinco anos teríamos vários profissionais de RH dentro da equipe qualificados para assumir inclusive o meu lugar como responsável pela função como um todo. O nosso desafio, no longo prazo, seria o de reter esses talentos, pois estaríamos desenvolvendo o seu potencial de crescimento. Se não houvesse novas oportunidades interessantes dentro do banco, corríamos o risco de vê-los deixar a organização para trabalhar na concorrência.

Decidimos bancar esse risco e apostar no crescimento do banco e na abertura de novas necessidades, acarretando a criação de posições maiores e mais interessantes para profissionais de RH qualificados. O tempo demonstrou que tomamos a decisão certa, pois dois anos mais tarde me tornei SVP de RH para a América Latina e Julieta assumiu a função de VP de RH para o Brasil. O banco expandiu seus negócios, abriu novas filiais e cresceu o quadro total em mais de 50% em três anos.

Essa equipe de RH montada em 1992 marcou época e foi apelidada por mim de "carrossel holandês", numa referência à seleção holandesa de futebol que havia deslumbrado o mundo nas Copas de 74 e 78 e revolucionado o futebol porque os jogadores não guardavam posição fixa e frequentemente se revezavam no ataque e na defesa, dando cobertura uns aos outros. No nosso carrossel holandês havia frequente superposição de tarefas; o segredo do sucesso estava em não sentir ciúme do colega, nem queixar-se de que ele estava se intrometendo na sua área. Todos se metiam nas áreas uns dos outros, mas com o claro intuito de complementar e ajudar, sem conflitos de território.

É claro que alguns momentos de atrito ocorreram, mas sempre que isso acontecia pudemos resolver os conflitos com relativa facilidade. No todo, ganhou o banco e ganharam cada um dos profissionais envolvidos.

Durante os primeiros seis meses, de agosto a janeiro, o foco foi dirigido à montagem do novo banco em São Paulo. Alguns dos cariocas começaram a fazer sua transferência de forma antecipada, passando a trabalhar durante a semana em São Paulo e retornando ao Rio nos fins de semana.

Em novembro, conforme o cronograma, quase todas as funções já estavam transferidas; as restantes mudaram na virada do ano, coincidindo também com a mudança do ano escolar. No início de 1993 a matriz do banco estava toda em São Paulo e o Rio de Janeiro operava apenas como filial.

Investimos muito tempo e dinheiro em treinamento e na formação de um novo estilo de gestão. No final de 1993 o banco havia crescido tanto, em volume de negócios e em estrutura, que foi necessário mudar para um novo prédio, muito maior, na Rua Verbo Divino, deixando o antigo prédio no centro de São Paulo, para trás.

Houve percalços, que podemos considerar "dores de crescimento". Nem todos os funcionários se adaptaram à nova cidade e à nova cultura organizacional. No período de dois anos, até o final de 1994, constatamos que mais da metade dos cariocas transferidos não se adaptou e retornou para o Rio de Janeiro.

A própria diretoria do banco se viu bastante mudada: além da saída do próprio presidente, logo no começo do processo, os responsáveis por Controle Financeiro, Planejamento, Tesouraria, Informática e Corporate Finance foram gradativamente substituídos ao longo desses dois anos também, por diferentes motivos. O próprio nome do banco mudou: decidiu-se adotar internacionalmente a marca ABN AMRO e as marcas BHU e Banco Holandês desapareceram.

Aos poucos o padrão de qualidade exigido dos funcionários pelo banco foi aumentando. No momento da mudança, em meados de 1992, havíamos pedido aos diretores que escolhessem os 10% melhores de cada área para se transferirem à capital paulista. Num primeiro momento, esses 10% melhores se sentiram lisonjeados e orgulhosos. "Nós somos os melhores!" era o pensamento deles, na época.

Dois anos depois, em meados de 1994, muitos daqueles que eram os melhores estavam lutando para acompanhar o novo padrão de exigência. Os novos admitidos em São Paulo estavam entre os melhores do mercado brasileiro; aqueles que vieram do BHU precisavam melhorar muito seu desempenho para chegar ao mesmo nível de qualidade. Alguns cresceram profissionalmente e fizeram carreira no banco; outros desistiram e voltaram ao Rio.

Em termos de Gestão de Recursos Humanos, a situação também mudou bastante. Em 1992 tínhamos dificuldade em participar de pesquisas salariais com outras instituições: ninguém queria que o BHU participasse, pois os salários pagos pelo banco eram tão baixos que distorciam os resultados, puxando a média geral para baixo e distanciando-a da mediana. Em 1994 a situação inverteu: éramos convidados a participar de todas as pesquisas e precisávamos declinar alguns convites por absoluta falta de tempo para participar de todas.

O curioso era que pagávamos salários e benefícios na média de mercado, nunca acima disso; mas atraímos os melhores profissionais do sistema financeiro porque oferecíamos melhores condições não-financeiras, tais como perspectivas de crescimento, oportunidades de desenvolvimento e aprendizagem, autonomia decisória, bom clima de trabalho. Nosso lema era "criar um clima organizacional onde os melhores queiram vir trabalhar". Para isso, procurávamos criar em todo o banco um equilíbrio entre a dedicação ao trabalho, com metas desafiantes e alto padrão de desempenho, e a atenção para o lado humano, com um ritmo de trabalho que não fosse alucinante ao ponto de levar as pessoas a prejudicarem sua saúde física e mental.

A mudança para São Paulo permitiu que redesenhássemos todas as estruturas e políticas de gestão da maneira que considerávamos ideal. Não estávamos presos a uma bagagem histórica, podíamos nos dar ao luxo de escolher aquilo que queríamos manter e descartar o resto. Podíamos criar um novo banco de acordo
com aquilo que queríamos ser.

Montamos uma estrutura de cargos e salários com base numa pontuação de cargos usando o sistema Hay. Eu nunca fora um grande adepto do sistema, mas era o mais utilizado pelos outros bancos e isso facilitava comparações e *benchmarking*. Também era fácil e rápido de implantar e o que precisávamos era definir uma referência, o quanto antes. Naquele momento, qualquer referencia era melhor do que não ter nenhuma; por isso adotamos o sistema Hay.

Em termos de recrutamento, fizemos tudo *"in-house"* com uso mínimo de *head hunters*, para desespero daqueles que me haviam contratado para o BHU. Nossa equipe de Seleção tinha senioridade suficiente para dispensar os *head hunters* e no caso de cargos de diretoria eu próprio fazia a abordagem, convidando executivos para um almoço ou café da manhã.

Criamos um Sistema de Informações Gerencias de Recursos Humanos (SIG-RH), um relatório mensal simplificado que apresentava uma página de oito indicadores de desempenho: despesas de pessoal, total de salários, rotatividade total, rotatividade voluntária, rotatividade em cargos gerenciais, despesas com indenizações trabalhistas, índice de aproveitamento interno, número de horas de treinamento, despesas de treinamento. Embora minha ênfase como gestor de Recursos Humanos sempre tenha sido no aspecto de desenvolvimento (Recrutamento & Seleção, Treinamento & Desenvolvimento, Gestão de Talentos, etc.), acredito que a base de todo o trabalho da função Recursos Humanos é ter informações gerenciais disponíveis para fundamentar todas as ações a serem decididas. As informações do SIG-RH eram repassadas regularmente a todos os diretores, para que estivessem ao par da situação sempre que necessitassem tomar qualquer decisão. Sem ter um SIG-RH confiável, a gestão macro de pessoas fica à mercê de opiniões e palpites, ao invés de ser alicerçada em dados concretos e fatos reais.

No relatório do SIG, cada um dos oito indicadores, dispostos em linhas, apresentava uma série de comparações no tempo, dispostas em colunas, formando uma tabela. As colunas eram as seguintes: valor no mês corrente; valor há um ano atrás; diferença bruta; variação percentual; valor acumulado neste ano até o mês corrente; valor acumulado no ano anterior no mesmo período; diferença bruta dos valores acumulados; e diferença percentual dos valores acumulados.

As informações dispostas desta forma permitiam acompanhar facilmente a tendência dos indicadores. Nas páginas seguintes eram apresentados também gráficos de linha e de barras para uma visualização melhor de tendências.

Existe uma escola de pensamento de Desenvolvimento Organizacional que se auto denomina D.O. de Gestalt. Segundo quem segue essa escola, o propulsor principal de mudanças organizacionais é simplesmente tomar consciência plena de toda a situação da respectiva organização. Qualquer esforço de mudança ficará extremamente facilitado se houver efetivamente essa consciência. Por outro lado, sem informações disponíveis, não há como ter essa consciência plena da organização e portanto qualquer esforço de mudança será muito mais difícil e facilmente obstaculizado.

No final das contas, tivemos muito mais acertos do que erros: ao término de 1994 o ABN AMRO Bank se tornou o quinto maior banco estrangeiro no Brasil e o décimo banco privado do país.

Questões para refletir e exercitar os conceitos

Diante do caso narrado, o que você destacaria que se pode concluir ou aprender com esse caso?

Como esse caso se compara com outros a respeito de mudanças físicas da sede organizacional?

17. Segunda mudança: Banco Real adquirido pelo ABN AMRO

Em 1997 eu estava na Holanda como Senior Vice-President encarregado dos LPO's (*Line Personnel Officers*) ou consultores internos da área internacional de Recursos Humanos do ABN AMRO.

O banco holandês, em termos globais, era naquela época uma organização bastante complexa, um grupo financeiro formado por várias instituições diferentes espalhadas pelo mundo. Tinha presença em 65 países e em vários deles essa presença havia se dado através da aquisição de uma instituição local. De uma forma tipicamente holandesa, o banco tinha um histórico de comprar organizações menores quando surgia a oportunidade de fazer um bom negócio, mantendo a marca local.

A estrutura toda do ABN AMRO era bastante descentralizada, conferindo grande autonomia aos gestores de ponta. Apenas o processo de crédito era centralizado em Amsterdam, para operações de grande valor.

A descentralização administrativa estava aumentando gradativamente. Até 1994, por exemplo, os diretores globais responsáveis por diferentes regiões estavam fisicamente localizados no Head Office, na Holanda. Foi somente naquele ano que se decidiu criar escritórios regionais fora da Holanda e enviar os diretores regionais para essas outras localidades. Assim, foi criado um escritório regional para a América Latina e Caribe, com sede em São Paulo e Floris Deckers fora designado como Executive Vice-President responsável pela região a partir de 1º de janeiro de 1995.

Eu havia sido o SVP responsável por Recursos Humanos na região, até meados de 1996. Em agosto daquele ano fui convidado a assumir essa posição mencionada de SVP responsável pelos "*HR Advisors*" da área internacional, com sede em Amsterdam.

Nosso escopo abrangia administrar as carreiras dos expatriados espalhados pelo mundo e ainda oferecer assessoria de RH para os departamentos do Banco Comercial sediados no Head Office, abrangendo as áreas de Risk Management, Treasury, Group Audit, Finance, Staff Services, Communications, Consumer Banking e Private Banking. Não faziam parte do nosso escopo as áreas de negócios do Banco de Investimento (que tinha sua estrutura própria de RH sediada em Londres) e nem as estruturas regionais do Banco Comercial. Entretanto, como fazíamos a gestão de carreira dos expatriados e estes eram mais de 800 em todo o Grupo, acabávamos tendo contato com o ABN AMRO como um todo, que somava na época 70.000 funcionários.

O banco crescia bastante, somando aquisições nos Estados Unidos, no leste europeu (estimulado pela queda do muro de Berlim e pela dissolução da União Soviética), na Ásia e na América Latina. Nessa última região, que eu havia deixado, o ABN AMRO estava presente em 11 países mas, em cada um deles, sua presença era como um banco comercial voltado principalmente para grandes empresas. O banco era desconhecido do grande público; embora em cada país houvesse uma carteira de clientes Pessoa Física, esses clientes eram geralmente apenas os diretores das empresas atendidas pelo banco em termos de Corporate Banking. No Brasil, por exemplo, em que pese o seu mercado gigantesco de varejo, o ABN AMRO tinha apenas 3.000 correntistas.

No final de 1996, Deckers tivera um diálogo interessante com seu chefe Michael Drabbe, o diretor responsável por toda a área internacional do Banco Comercial. Drabbe perguntara sobre os planos de Deckers para a América Latina em 1997, o ano seguinte. Deckers respondera que não havia muito mais o que fazer, especialmente no Brasil. O ABN AMRO, dizia ele, seguiria crescendo organicamente, mas havia atingido um patamar confortável como banco Corporate e não tinha como crescer muito mais, pois o mercado brasileiro era dominado por bancos que tinham uma presença grande no mercado de varejo, além da área Corporate. "Eu não sou louco de propor à diretoria mundial do ABN AMRO que comprem um grande banco de varejo no Brasil, um mercado onde ainda há muitas incertezas, com a implantação recente do Plano Real".

O comentário feito por Deckers visava provocar uma reação contrária em Drabbe, que adorava uma discussão; este mordeu a isca e retrucou:

"e por que você tem tanta certeza de que isso seria uma loucura? Se você identificar uma boa oportunidade, eu defenderei na diretoria a compra de um grande banco brasileiro!"

A partir daí, uma equipe de analistas passou a pesquisar oportunidades de aquisição no Brasil. Ao todo, identificaram 14 instituições potenciais, de diferentes tamanhos. Uma dessas catorze instituições era o Banco Real.

Este era controlado pelo Dr. Aloisio Faria, um médico mineiro que havia se convertido em banqueiro na sua mocidade. Faria se revelara um grande homem de negócios: além de deter 40% do controle do Banco Real, que administrava de forma personalista e centralizada, ele possuía diversos outros negócios em ramos totalmente distintos e que incluíam, dentre outros, a rede de rádio FM Transamérica, o hotel e centro de convenções de mesmo nome em São Paulo, a rede de sorveterias La Basque, uma rede de lojas de material de construção e uma indústria de água mineral.

Ocorre que Dr. Aloisio, como era conhecido, estava já com quase 80 anos de idade e não tinha na família um sucessor que assumisse a gestão do seu império empresarial. Em função disso, especulava-se no mercado se ele estaria disposto a vender o Banco Real, já que diferentes grupos bancários internacionais estavam interessados em aumentar sua presença no Brasil. Recentemente o BBVA havia comprado o Banco Excel e o Banco Econômico, enquanto o Banco Santander havia comprado o Bozano Simonsen, o Meridional e o Banespa.

No final de 1997, um grupo de executivos disputava uma partida de golfe em São Paulo; entre eles estavam Floris Deckers e Aloiso Faria. Um dos jogadores fez uma provocação em tom de brincadeira: "Ô, Aloisio, estão dizendo no jornal que você vai vender o seu banco para o Citibank, é verdade?" O Dr. Aloisio sorriu mineiramente e respondeu "eu jamais venderia o meu banco para o Citibank!".

Deckers percebeu nessa resposta a mensagem de que ele estaria disposto a vender para outro banco, apenas não para o Citi. Num outro momento, puxou conversa com o magnata e marcaram um encontro informal.

Diversas conversas se seguiram, sempre num tom bastante informal e sem compromisso de parte a parte. A certa altura do processo, deu-se um encontro muito discreto mas um pouco mais formal entre o Dr. Aloisio Faria e o presidente mundial do ABN AMRO, Jan Kalff.

O ABN AMRO expressou seu interesse em adquirir o banco e o Dr. Aloisio demonstrou que estaria aberto a negociar. Ele conhecia a reputação do banco holandês em manter a marca e boa parte da estrutura das instituições que adquiria. Sabia que, de certa forma, o Banco Real continuaria existindo após uma venda para o ABN AMRO. Já se o banco fosse comprado por qualquer outro banco, fosse internacional ou mesmo um banco brasileiro como o Bradesco, Itaú ou Unibanco, a marca "Banco Real" estava fadada ao desaparecimento em menos de seis meses. Isso já havia acontecido com várias outras instituições nacionais.

Havia, portanto, interesse de ambas as partes e depois de vários contatos e reuniões envolvendo vários outros executivos, assinaram um memorando de entendimento e anunciaram às autoridades competentes e ao mercado financeiro que as tratativas formais seriam iniciadas, cujos resultados seriam sempre sujeitos a aprovação final dos reguladores envolvidos e dos respectivos acionistas de ambas as partes.

Em meados de 1998 fui convidado a fazer parte do processo de "*due dilligence*", pelo qual diferentes especialistas visitaram o grupo de empresas que constituíam "o Banco Real" como objeto de uma possível aquisição pelo ABN AMRO.

A situação era curiosa: em termos globais, o ABN AMRO era enorme e muito maior do que o Banco Real, que tinha quase 19.000 funcionários no Brasil, algumas subsidiárias no Uruguai, Argentina, Chile, Bolívia, Colômbia e Venezuela, mais escritórios de representação nos Estados Unidos e em alguns países da Europa. O total de funcionários fora do Brasil não chegava a 500. Por sua vez, o ABN AMRO continuava a crescer, tanto organicamente como por aquisições e nessa época já beirava 80.000 empregados.

No Brasil, entretanto, a situação se invertia: o ABN AMRO era muito menor e mal chegava a 1.600 empregados, sendo a maioria deles funcionários da Financeira (antiga Aymoré, agora conhecida como Financeira ABN AMRO).

Para fazer a "*due dilligence*" o ABN AMRO precisou reunir técnicos e executivos de vários países, deslocando-os para a tarefa de fazer um "raio-x" do Banco Real, cada um na sua especialidade. Eu viajei ao Brasil por apenas três dias para participar do processo, liderando a parcela de Recursos Humanos, pois continuava na minha função global baseada em Amsterdam. Montamos uma equipe de quatro pessoas, com Maria Luiza Pinto, que me sucedera como responsável regional por RH na América Latina & Caribe, e mais dois profissionais da área de RH do ABN AMRO em São Paulo.

Equipes semelhantes foram montadas pelas áreas de Auditoria, Gestão de Riscos, Corporate Banking, Tesouraria, Finanças, Serviços Gerais e Patrimônio, Private Banking, Operations, Information Technology, Assuntos Jurídicos, Consumer Banking e Consumer Finance. Ao todo, éramos uma centena de profissionais.

Fábio Coletti Barbosa, presidente do ABN AMRO no Brasil, liderava o processo sob a supervisão de Floris Deckers e com a assessoria de Paul Loven, responsável pela área de Operações (Administração e Finanças) do ROLAC (escritório regional para a América Latina & Caribe). Ele convocou uma reunião geral com os líderes de cada segmento de *due dilligence*, para dar início formal ao processo.

Nessa reunião, Fábio destacou a necessidade de adotarmos todos uma atitude de humildade ao conversar com os profissionais do Banco Real. Essa humildade era uma característica da cultura holandesa e da cultura organizacional do ABN AMRO; era também um dos motivos pelos quais o ABN AMRO tinha o hábito de adquirir outras instituições e manter a vigência das marcas adquiridas. Como vimos no capítulo em que se apresentou a "Matriz de Ghoshal", se tratava de privilegiar a capacidade de resposta local ao invés da eficiência global ou da inovação.

O Banco Real estava sendo adquirido porque era um banco bem sucedido, que não tinha grandes problemas. Estava longe de ser uma instituição falida, ao contrário da maioria dos outros bancos brasileiros recentemente adquiridos, cujas transferências de controle acionário haviam sido autorizadas pelo Banco Central basicamente pelo motivo de que estavam em situação falimentar. No Brasil, até então, o Banco Central autorizava aquisições (principalmente por bancos estrangeiros) de instituições para com isso resolver um problema, evitar uma falência que traria grandes prejuízos a clientes, funcionários e acionistas daquela instituição, para evitar um prejuízo que afetaria a confiança em todo o sistema financeiro nacional.

O caso do Banco Real era completamente diferente: o banco tinha um problema de sucessão, um problema futuro; no presente, estava muito bem, obrigado. Por esse motivo, inclusive, o Banco Central havia tentado evitar que a aquisição acontecesse. A preferencia era a de que o Real fosse comprado por outro banco brasileiro, como o Bradesco, Itaú ou Unibanco. O ABN AMRO, por outro lado, seria mais bem vindo a comprar um dos diversos bancos estaduais que enfrentavam dificuldades na época.

Por tudo isso, a tramitação inicial no BC havia sido demorada. O Dr. Aloisio havia se negado a vender para os bancos nacionais, alegando que eles fariam o Real desaparecer, gerariam demissões e fechamento de agências, além de tentarem negociar o preço para baixo. Chegou a haver um certo estremecimento de relações com os outros banqueiros, com troca de declarações ríspidas na imprensa.

Eventualmente a aquisição foi autorizada pelo BACEN quando o banco holandês se comprometeu a participar da privatização de bancos problemáticos, quando necessário. Em função disso, o ABN AMRO adquiriu, posteriormente, o PARAIBAN e o BANDEPE, honrando o acordo feito com o Banco Central.

Ocorre que, no Brasil, a cultura popular tinha como certos determinados pressupostos nos casos de aquisição de bancos, tais como: "banco vendido é banco falido" e "banco comprador manda e desmanda na instituição adquirida." Quando a notícia foi publicada de que o BC havia autorizado o início do processo de *due dilligence*, no mesmo dia o mercado das mesas de tesouraria, que negociam diariamente milhões entre si por telefone, foi tomado por brincadeiras entre os operadores de ambas as organizações.

Ao primeiro telefonema de um operador do Banco Real para a mesa de dinheiro do ABN AMRO, o operador deste último atendeu com um sonoro "fala, meu funcionário!" entre risadas, antecipando o que se acreditava iria acontecer, nos moldes da cultura popular.

Todavia, o Real era quase dez vezes maior do que o ABN AMRO. Quando a aquisição viesse a se concretizar, o ABN AMRO não tinha capacidade gerencial instalada, no Brasil, para dirigir um enorme banco de varejo, segmento no qual o ABN AMRO não operava nem com os seus próprios funcionários (a folha de pagamento do ABN AMRO era creditada através do Banco Itaú, que gerenciava as contas correntes dos funcionários ABN AMRO).

Portanto, em termos de gestão, o ABN AMRO dependia totalmente de manter o Banco Real funcionando, gerido pelo seu próprio quadro funcional. Talvez um grande banco brasileiro, como o Bradesco, pudesse se dar ao luxo de mandar embora toda a equipe de gestores de um banco recém-adquirido (isso efetivamente aconteceu em alguns casos), substituindo-os por funcionários próprios capacitados para tanto. O ABN AMRO não tinha condições de fazer isso, nem se quisesse.

Na verdade, estávamos também convictos de que era melhor evitar esse tipo de trauma que costumava ser imposto ao quadro de uma instituição adquirida. Nas aquisições que o ABN AMRO fizera nos Estados Unidos, na Europa e na Ásia, o mesmo respeito e consideração pelos profissionais adquiridos havia sido demonstrado e isso resultara em continuidade de gestão e sucesso. Por tudo isso, era também a expectativa no Banco Real de que não haveriam demissões em massa.

Na reunião, Fábio destacou esses aspectos e criticou qualquer atitude de arrogância. Destacou que o ABN AMRO dependia dos profissionais do Banco Real. Se o clima organizacional no Real se tornasse muito ruim, era possível que seu pessoal mais talentoso acabasse deixando a organização, em busca de oportunidades no mercado. Tudo isso viria em prejuízo do ABN AMRO, que não tinha nos seus quadros gente qualificada para administrar uma organização de varejo dez vezes maior.

Saímos da reunião diretamente para os escritórios do Banco Real na Avenida Paulista, cada um já com reuniões marcadas com seus respectivos interlocutores em cada área de atuação. Como eu continuava com minhas funções em Amsterdam a pleno vapor, só pude ficar em São Paulo 48 horas antes de voltar ao meu posto regular. Conversei com diferentes pessoas no Banco Real, examinei os relatórios de informações gerenciais disponíveis para a área de RH e deixei instruções para que a equipe complementasse o *due dilligence* de RH nas semanas seguintes.

O processo total de *due dilligence* deveria durar noventa dias. Ao final, ABN AMRO e Real deveriam negociar os detalhes de condições e preços, submetendo o acordo à aprovação final do Banco Central. A expectativa era de que, se tudo corresse bem, em 120 dias a contar daquela data, o ABN AMRO assumiria a gestão do Banco Real.

Antes de ir para o aeroporto e pegar meu vôo de retorno à Holanda, tive uma reunião com Deckers e Fábio para relatar minhas primeiras impressões. Disse a ambos que, em linhas gerais a perspectiva de compra era boa, do ponto de vista de Recursos Humanos. Havia duas questões a aprofundar, nas semanas seguintes, para verificar os números e o tamanho real do seu impacto financeiro de longo prazo: o passivo trabalhista e a situação do plano de previdência social e aposentadoria. Sabíamos, desde já, que havia problemas em ambas as áreas; desde o início, o pessoal do Real havia expressado sua própria preocupação com esses temas e havia feito uma estimativa sobre seu impacto. O que precisávamos conferir era a precisão dessa estimativa, ou o tamanho da correção eventualmente necessária.

A principal questão a tratar, eu disse, era a diferença cultural. A cultura organizacional do Banco Real era uma clássica cultura paternalista, típica de empresas brasileiras familiares. O Real tinha uma gestão altamente centralizada no topo, girando em torno do próprio Dr. Aloizio Faria e de dois ou três reportes imediatos.

Em termos de gestão de pessoas, isso significava, por exemplo, que qualquer alteração salarial, de qualquer um dos quase 19.000 colaboradores, dos diretores aos contínuos, tinha de ser aprovada pessoalmente pelo presidente. Havia também uma grande dependência e total subordinação à figura do dono: nada acontecia sem que ele autorizasse, nada se fazia sem ser por instrução dele e suas decisões nunca eram questionadas.

Essa era uma cultura bastante diferente daquela do ABN AMRO no Brasil, por sua vez influenciada pela cultura holandesa. O banco era muito mais descentralizado e havia alçadas decisórias para diversos níveis da organização. Havia uma política salarial e os gerentes de diferentes níveis tinham autoridade para aprovar aumentos de salários do seu pessoal, desde que observando os limites da política. Em todos os aspectos de gestão vigoravam princípios semelhantes: descentralização com responsabilidade decisória mediante a observância de determinadas condições, sendo os processos acompanhados por sistemas de informações gerenciais e por auditorias operacionais.

Haveria, portanto, um choque cultural que precisava ser administrado quando as duas organizações fossem unidas. Do ponto de vista financeiro, o negócio era claramente uma aquisição do Banco Real feita pelo ABN AMRO. Do ponto de vista de gestão, se tratava de uma fusão de duas culturas bastante diferentes.

A prioridade, portanto, deveria ser administrar essa integração de culturas; se isso fosse bem feito, todo o resto seria fácil. Caso contrário, teríamos grandes problemas.

Deckers e Fábio concordaram comigo em linhas gerais. O próximo passo estratégico seria contratar um diretor responsável por RH e montar toda uma equipe de gestão para o Banco Real unido ao ABN AMRO a médio prazo. O Banco Real não possuía um gestor de RH com a qualificação necessária, não possuía um diretor de Recursos Humanos. Os próprios funcionários do banco diziam que "nosso diretor de RH é o Dr. Aloisio. Tudo é decidido por ele."

O ABN AMRO não pretendia manter esse estilo centralizado de gestão. Pretendia mudar a cultura organizacional para que o Real desenvolvesse uma cultura de gestão semelhante à do ABN AMRO. Essa mudança, entretanto, não poderia acontecer da noite para o dia.

De volta a Amsterdam, identifiquei três profissionais de Recursos Humanos em São Paulo que possuíam senioridade suficiente para se tornarem diretores de Recursos Humanos do Banco Real. Enviei o curriculum de um deles para Deckers e Fábio, sugerindo que fizessem uma entrevista. A resposta que me deram não foi exatamente o que eu esperava. Disseram que gostariam que eu assumisse a função, ao invés de contratarmos um profissional no mercado.

Inicialmente, recusei. Meu trabalho na função que eu tinha estava pela metade, eu pretendia termina-lo em mais um ano e meio. Não pretendia abandonar esses projetos naquela altura do seu andamento. Entretanto, fui procurado pelo meu chefe em Amsterdam e ele foi bem claro: se tratava de um pedido que eu não poderia recusar. Precisava deixar minha função em Amsterdam e mudar para o Brasil na virada do ano de 1998 para 1999. Estávamos em final de setembro, eu teria três meses para transferir meu cargo e assumir minha nova função em São Paulo.

O Banco Real tinha 18.700 funcionários e cerca de 700 agências espalhadas por todos os estados brasileiros, mas com grande concentração em Minas Gerais, Rio de Janeiro e São Paulo, que de resto eram os principais mercados do varejo bancário brasileiro. Possuía um Departamento de Pessoal, que fazia parte da área Administrativa; e um Departamento de

Treinamento, independente, que se reportava à presidência. Essa unidade de treinamento havia sido fortemente reduzida, para reduzir custos, alguns anos atrás. Na década de 1970 o Banco Real se orgulhava de ter um grande centro de treinamento e desenvolvimento, em Minas Gerais, que era uma referencia nacional. Tinha também um programa de identificação e desenvolvimento de talentos de fazer inveja aos seus concorrentes. Nada disso existia mais, a área de treinamento tinha apenas uma dezena de funcionários que faziam o possível com um orçamento reduzido. Havia um programa de bolsas de estudo para cursos universitários, na época congelado (não concediam novas bolsas).

Um dos problemas a enfrentar seria a evasão de talentos. A venda do banco havia sido praticamente confirmada, era uma questão de tempo. O mercado estava cheio de boatos, alguns afirmando que o Banco Central tentava reaproximar o Dr. Aloisio de algum banqueiro brasileiro para viabilizar uma venda para um banco nacional, ao invés de para o ABN AMRO estrangeiro. O clima de incerteza crescia entre os funcionários do Real e, nessas circunstâncias, normalmente os primeiros funcionários a sair são aqueles de melhor qualificação, pois são os que têm mais possibilidade de conseguir empregos atraentes no mercado e tendem a sofrer o assédio dos concorrentes com propostas de trabalho tentadoras. O ABN AMRO estava arriscado a acabar comprando um banco com mais problemas do que havia estimado, caso o processo demorasse a ter um desfecho.

Outra questão que poderia se tornar um enorme problema se referia à situação na área de Tecnologia da Informação. O acordo de venda do Banco Real previa que, na prática, o Dr. Aloisio venderia algumas das empresas do seu grupo financeiro, mas não todo o grupo como um bloco. Ele ficaria com as licenças de operação de um banco comercial, um banco de investimento, uma distribuidora de valores e algumas subsidiárias. Na prática, isso significava que os sistemas de operações do grupo de empresas precisava ser cindido, de tal forma que o Banco Real continuasse funcionando, sob a administração do ABN AMRO, mas os sistemas pudessem ser utilizados pelo Dr. Aloisio para operar o Banco Alfa e suas subsidiárias, sem começar da estaca zero o desenho de novos sistemas. Essa cisão de sistemas seria uma operação bastante delicada e complexa. Se, durante o processo, alguns profissionais chave da área de Tecnologia decidissem aceitar as propostas que estavam recebendo da concorrência, essa transição de sistemas poderia entrar em colapso; tanto mais porque os sistemas de operação do grupo Real haviam sido desenvolvidos internamente e portanto não havia profissionais no mercado que os conhecessem para substituir analistas de sistema deixando a organização. A respectiva documentação sobre a operação de sistemas, como acontecia por vezes em companhias brasileiras naquela época, era incompleta, acentuando a dependência da instituição em relação aos profissionais que haviam desenhado os aplicativos em uso.

Diante dessa situação, coloque-se no lugar do futuro responsável por Recursos Humanos do Banco ABN AMRO Real no Brasil e América Latina. O que fazer para evitar a evasão de talentos em todo o banco e especialmente na área de Tecnologia? Como integrar a cultura organizacional de dois bancos tão diferentes? O novo presidente da organização seria Fábio Barbosa, na época presidente do ABN AMRO no Brasil. Ele pediu que lhe fosse apresentado um plano estratégico de Recursos Humanos para os próximos três anos: como seria esse plano?

Continuação do caso na vida real

Uma vez aceito o desafio de liderar a futura diretoria de Recursos Humanos de uma organização que ainda não estava autorizada formalmente a ser constituída, comecei a trabalhar com Deckers e Fábio para planejar o novo banco. Partimos de pressuposto que o Banco Central autorizaria a aquisição, era apenas uma questão de tempo. Quanto tempo, ninguém sabia precisar, mas o ABN AMRO pressionava por uma decisão rápida, argumentando que quanto maior a demora em autorizar a concretização do negócio, pior a situação para o Banco Real e para todo o sistema financeiro nacional. A incerteza minava a confiança de funcionários e clientes e isso não era bom para o sistema como um todo, mesmo que os outros bancos concorrentes se beneficiassem procurando atrair profissionais de talento e clientes rentáveis.

Decidimos que seria interessante contar com uma grande empresa de consultoria para nos ajudar na gestão geral do processo. Uma empresa especializada teria uma visão ampla, objetiva e imparcial; agregaria a experiência de ter participado de fusões e aquisições anteriormente; e poderia trazer profissionais especializados e plenamente dedicados à gestão do processo. Os profissionais do próprio ABN AMRO e do Banco Real precisavam continuar dedicando pelo menos 80% do seu tempo à condução dos negócios no dia-a-dia e 20% para o processo de fusão organizacional. Os profissionais da consultoria poderiam ter pessoal 100% dedicado a isso.

Organizamos um chamado "concurso de beleza" entre diferentes consultorias, convidando as maiores e mais renomadas a participar. Conversamos com representantes de cada uma, discutimos propostas e decidimos pela A.T. Kearney por um motivo simples: foram os que melhor enfocaram a questão da cultura organizacional e demonstraram ter experiência em tratar do tema com a importância merecida. As outras empresas pareciam mais focadas em questões de estratégia do negócio e/ou eficiência operacional, mas davam menos atenção à questão da cultura, que para nós era de importância crucial.

Organizamos, então, com a coordenação da A.T.Kearney, um workshop com 25 profissionais que seriam os principais líderes da futura organização. Esse grupo era formado por dois terços de executivos do ABN AMRO (incluindo Deckers, Fábio e eu) e um terço de executivos do Banco Real já identificados como sendo parte da equipe que conduziria o novo banco quando eventualmente a autorização fosse anunciada. O tema do workshop foi: "O banco que queremos ser".

Discutiu-se, por dois dias, em outras palavras, a cultura desejada para a nova organização. Isso incluiu discussões sobre a missão estratégica do banco, a sua proposição de valor para os clientes, o estilo de gestão, o clima e a cultura que essa equipe de líderes gostaria de ver concretizados ao longo dos próximos meses e anos.

Esse alinhamento de ideias foi peça chave para o sucesso posterior do processo. Nas primeiras semanas de funcionamento oficial do novo banco, que só seria autorizado a operar em novembro, vários gerentes do Banco Real expressaram uma reação favorável a essa equipe diretiva porque, nas palavras desses gerentes "vocês estão todos dizendo a mesma coisa, estão repetindo as mesmas mensagens. Isso nos passa uma ideia de coerência, de consistência, isso nos dá segurança, o que é muito importante nesse momento. É bom saber que os líderes estão de acordo sobre o caminho a seguir."

17. SEGUNDA MUDANÇA: BANCO REAL ADQUIRIDO PELO ABN AMRO

A questão mais urgente, em termos organizacionais, dizia respeito à evasão de talentos e a área mais crítica era a de Tecnologia. Edson Fregni era o Diretor de Tecnologia do ABN AMRO e seria o responsável pela área no futuro banco a ser fusionado. Organizamos eu e ele uma grande reunião do tipo *"town hall"* com todos os líderes e principais profissionais de tecnologia do Banco Real e do ABN AMRO, num final de tarde no auditório do hotel Maksoud Plaza. O local tinha capacidade de abrigar as quase 300 pessoas convidadas e ficava a apenas duas quadras de distância da sede do Banco Real na Avenida Paulista.

Nessa reunião Edson e eu apresentamos o plano geral de transição, inclusive com a cisão de sistemas que já havia sido iniciada e delineamos condições especiais de remuneração para garantir que ninguém deixasse a organização durante aquele período crítico que se estendia basicamente por todo o último trimestre de 1998. Na prática, a integração operacional e cultural das duas organizações estava já começando.

Para garantir o engajamento dos profissionais de Recursos Humanos de ambas as organizações, fiz uma reunião específica para cerca de 70 pessoas num restaurante próximo do Real, também no final de uma tarde. Não havia condições especiais de remuneração a garantir, apenas um gesto para mútuo conhecimento. Cerca de 20% dos presentes eram do ABN AMRO, cujo Departamento de RH era menor, já que o banco como um todo era muito menor. Os demais eram do Banco Real, integrantes do Departamento de Pessoal ou da pequena unidade de treinamento.

Esse pequeno gesto teve grande impacto. Aliviou a ansiedade dos presentes e indiretamente de centenas de outros funcionários do Real, pois no dia seguinte a notícia da reunião se espalhou e disseminou-se a boa impressão que o encontro havia causado.

Finalmente, no início de novembro o Banco Central autorizou oficialmente a aquisição, a vigorar a partir de 18 de novembro. Convocamos então uma reunião com cerca de 150 dos principais líderes (executivos da Matriz, diretores regionais e gerentes das maiores agências) do Banco Real, para o próprio dia 18 pela manhã. O encontro aconteceu num salão do hotel Renaissance em São Paulo.

Na ocasião, falaram Floris Deckers, como Executive Vice-President do ABN AMRO para a América Latina; Fábio Barbosa, como Presidente da Diretoria Executiva do novo Banco ABN AMRO Real; Flamarion

Nunes (ex-Banco Real) como Vice-Presidente da Diretoria Executiva; eu, como Diretor Executivo de Recursos Humanos do novo banco.

Em conversas informais ocorridas nas semanas que antecederam essa reunião, alguns comentários merecem destaque. Circulava no Banco Real a anedota de que "ABN" era uma sigla para "Aloisio 'Bandonou Nóis", uma piada com sotaque mineiro. Como todas as piadas produzidas pela cultura de uma organização, encerrava um sentimento importante por trás da brincadeira aparente. O Real tinha uma cultura paternalista, muito centrada na figura do Dr. Aloisio, o grande pai de todos. Com a venda do banco, os funcionários se sentiam órfãos.

Muitos, na verdade, se sentiam libertados: viam no ABN AMRO um salvador da pátria, um libertador que vinha romper as correntes da ditadura mineira. Por tudo isso, havia uma grande expectativa em torno da nova Diretoria de Recursos Humanos, que viria substituir o paternalismo anteriormente vigente. No fundo, a expectativa era de que o ABN AMRO representaria um paternalismo melhorado, mais iluminado e esclarecido, mais moderno; mas, mesmo assim, um paternalismo.

Comecei minha apresentação esclarecendo que, anteriormente, se dizia que o Banco Real não tinha um Diretor de RH; alguns contestavam essa visão e afirmavam que o banco tinha sim, um Diretor de RH: era o Dr. Aloisio. Pois bem; de agora em diante, o banco não teria apenas um Diretor de RH: teria mil, pois cada gerente de agência e de departamento seria o Diretor de RH da sua equipe. A minha função, como Diretor Corporativo, seria fazer as políticas e desenvolver os instrumentos que cada gestor deveria aplicar. RH não avalia ninguém, não promove ninguém, não dá aumento para ninguém. Isso tudo deverá ser feito por cada gestor, seguindo as políticas e aplicando os instrumentos que RH irá desenvolver.

Essa mensagem teve grande impacto. Para alguns, foi desapontante, pois prefeririam ouvir que "RH vai tomar conta de todos, não se preocupem". Outros, ficaram confusos. Alguns poucos ficaram realmente entusiasmados, pois perceberam que a gestão de pessoas seria descentralizada e profissionalizada. A relevância disso tudo é que essa mensagem resumia a principal mudança cultural que se iniciava naquele momento: passar de uma gestão paternalista centralizada para uma gestão profissional descentralizada.

17. SEGUNDA MUDANÇA: BANCO REAL ADQUIRIDO PELO ABN AMRO

Discutir conceitos de cultura organizacional pode ser fascinante no mundo acadêmico. No mundo empresarial, entretanto, o que interessava era a prática. Sendo assim, criamos grupos de trabalho para reescrever a política de recrutamento e seleção; revisar a estrutura salarial; reescrever a política de promoções e aumentos de salario; reescrever a política de avaliação de desempenho; revisar o plano de assistência médica; avaliar a situação dos planos de aposentadoria; revisar os diferentes benefícios; fundir os dois sistemas (do Real e do ABN AMRO) de folha de pagamento; criar um Sistema de Informações Gerenciais de Recursos Humanos; e desenvolver um plano de Treinamento & Desenvolvimento.

Em paralelo a esses temas clássicos de Recursos Humanos e Gestão de Pessoas, desenvolvemos um programa de mudança cultural mais ampla e iniciamos um extenso trabalho de Comunicação Interna.

A equipe de RH do ABN AMRO era pequena para o tamanho da tarefa. Possuía alguns profissionais excelentes, que assumiram postos-chave; mas a equipe precisou ser fortalecida trazendo-se profissionais de destaque no mercado. Aos poucos fomos montando uma equipe de RH onde a maioria dos profissionais não eram nem do antigo Banco Real e nem do antigo ABN AMRO: eram profissionais do mercado, de grande qualidade, que vieram integrar essa nova organização que começava a se formar. Era uma terceira organização, formada a partir da fusão cultural das organizações que lhe deram origem.

Fizemos um programa extenso de mudança cultural, cujo tema central era a junção de dois bancos para formar um terceiro. Chamamos uma consultoria local, em São Paulo, para conduzir uma série de seminários desenhados em torno da pergunta: que banco queremos ser?

O desenho desses seminários, com dois dias de duração, combinou vários elementos descritos nos capítulos anteriores deste livro. Utilizamos o modelo de Hofstede e as imagens mentais de Wursten como referencia. Os participantes eram convidados a descrever as características dos dois bancos anteriores (o Real e o ABN AMRO) e em seguida levados a descrever a cultura desejada no novo banco, em termos práticos e concretos. Ao final de cada seminário, o grupo de participantes produzia uma lista de dez características desejadas por eles para a nova organização.

O primeiro grupo a participar foi constituído pelos vinte diretores executivos do banco. Os grupos seguintes eram compostos por executivos, diretores regionais e gerentes das principais agências. Cada grupo tinha de 15 a 20 integrantes. Ao todo, foram realizadas trinta turmas, totalizando 500 participantes ao longo de um ano e pouco.

Ao concluir-se cada turma, consolidava-se as dez características desejadas pelo grupo com aquelas já descritas pelas turmas anteriores. A coincidência era muito grande, de 80% para mais. A lista consolidada era divulgada a todos os participantes e posteriormente a todos os funcionários, servindo de referência para o estabelecimento de políticas e procedimentos. Esse processo participativo, aos poucos, foi formando uma cultura muito forte, reforçada pela revisão de políticas para garantir coerência e consistência em todas as áreas e em todos os níveis. O novo banco ganhava consistência do atendimento ao cliente até o processamento na retaguarda e nas funções de apoio; e desde à presidência até o funcionário operacional mais humilde, na agência mais remota.

Como eu já disse, nem tudo correu exatamente como desejado, houve alguns percalços.

Logo nos primeiros cem dias, no início de 1999, um fato relevante foi a demissão de um dos diretores provenientes do antigo Banco Real. A demissão, em si, era um fato indesejável; a maneira como tudo aconteceu acabou sendo algo bastante positivo.

Na fusão das duas diretorias, do Banco Real e do ABN AMRO, haviam poucas sobreposições. Nas áreas de negócios ligadas ao varejo, assumiram ex-diretores do Real, pois essas áreas não existiam no ABN AMRO; nas áreas de apoio como Recursos Humanos, Tecnologia, Finanças e Jurídico, assumiram os ex-diretores do ABN AMRO, pois o pessoal do Real que tinha maior senioridade acompanharam o Doutor Aloísio para o Banco Alfa, não permaneceram na nova organização.

Havia uma área, entretanto, onde a sobreposição era clara e evidente: a Diretoria de Atacado, ou *Corporate Banking*. Para atender grandes empresas, tanto o ABN AMRO quanto o Real tinham diretores sênior e equipes profissionais qualificadas. Num primeiro momento, as duas equipes começaram a trabalhar juntas, em paralelo, com dois diretores dividindo responsabilidades.

Todavia, logo ficou evidente que as diferenças de estilo pessoal dos dois líderes respectivos era grande demais para que pudessem trabalhar juntos. A maneira de tratar os funcionários, o estilo de comunicação, a maneira de tomar decisões, tudo isso era muito contrastante. Após algumas conversas e diversas tentativas para fazer com que o antigo diretor do Real se tornasse mais participativo, menos centralizador e mais aberto, concluímos que não seria possível continuar.

Ele foi chamado para conversar e convidado a deixar a organização. Entretanto, a sua demissão foi tratada no estilo típico do ABN AMRO: com muito cuidado, tratamento digno, generosidade no aspecto financeiro e sem nenhuma pressa. Embora contrariado pela decisão de demiti-lo, o profissional em questão se mostrou agradavelmente surpreso pelo tratamento recebido nessa hora difícil. Não era isso que ele esperava.

O auge da surpresa foi quando lhe foi informado que o banco gostaria de lhe oferecer uma festa de despedida, como era hábito fazer no ABN AMRO sempre que um diretor deixava a organização, qualquer que fosse o motivo. Como Diretor de RH, confirmei os detalhes desse processo com ele e informei que a ideia era realizar um coquetel, nas dependências do banco, para cerca de uma centena de convidados. A lista de convidados deveria ser elaborada por ele mesmo.

"Posso convidar quem eu quiser?" ele me perguntou, incrédulo.

"Com certeza", assegurei. "A festa é sua."

"Posso convidar mesmo quem não seja funcionário do banco?"

"Sem dúvida. Convide seus amigos, clientes, funcionários ou não. Você escolhe."

Na data marcada, num salão preparado num dos andares do prédio, lá estavam todos os diretores do ABN AMRO Real, o diretor homenageado e os seus quase cem convidados. O presidente e o vice fizeram breves discursos, agradecendo os anos de dedicação do diretor em questão e desejando-lhe sucesso em suas novas atividades. Ele, por sua vez, fez um discurso emocionado rasgando elogios à diretoria do novo banco. Declarou nunca ter sido tão bem tratado em todos os seus anos de serviços prestados ao Banco Real; e expressou especial gratidão por ser autorizado a convidar e poder rever velhos amigos, ex-colegas que haviam saído do Banco Real para trabalhar em bancos concorrentes e que haviam sido proibidos de entrar no prédio, até então, pela diretoria do Real (leia-se: pelo Dr. Aloisio).

Aquele discurso foi o melhor aval que a nova diretoria poderia ter. No dia seguinte, a notícia se espalhava por toda a organização. O resumo da mensagem era: poderiam haver demissões decorrentes da fusão, mas elas seriam poucas e os demitidos seriam tratados com dignidade e respeito, de maneira exemplar.

O processo de Comunicação, em paralelo, dava reforço e sustentação ao programa de mudanças. A unidade de Comunicação Interna passou a se reportar à Diretoria de RH. Na fase inicial do processo de mudança da cultura organizacional, é essencial que haja total alinhamento entre RH e CI; o reporte das duas áreas à mesma pessoa ajuda a garantir esse alinhamento. Minha diretoria passou a ser responsável por RH e CI, conjuntamente.

O trabalho de Comunicação foi crucial para o sucesso da mudança da cultura organizacional e teve sua qualidade reconhecida pela conquista de vários prêmios ao longo dos anos. A ideia central era respeitar o histórico das duas instituições (Real e ABN AMRO) e fazer uma mudança gradual de estilo que representasse a nova cultura.

Um exemplo disso foi a fusão dos veículos de comunicação interna. O Real tinha o "Jornal Real" e o ABN AMRO tinha o "Conta Corrente". Durante alguns meses, ambos os veículos co-existiram, mas foram aos poucos mudando suas características (pauta, lay-out, uso de tipos de letra). A criação de um novo veículo foi anunciada por ambos e se concretizou com a criação de uma revista interna com o nome de "Juntos", que sintetizava a fusão das organizações e as características do "banco que queremos ser".

Além do "Juntos", várias ações internas de comunicação aconteceram de forma periódica e regular. Criou-se um site interno de intranet, fizeram-se várias campanhas honrando o histórico anterior e a formação de um novo banco, houve campanhas de premiação, de divulgação de políticas, de promoção da diversidade.

Uma característica importante da estratégia de Comunicação do banco foi também o alinhamento da Comunicação Interna com a Comunicação Externa, que se reportava a outra diretoria, responsável por Marketing. Esse alinhamento teve alguns soluços, não foi sempre fácil, mas em linhas gerais ocorreu muito bem. Conseguimos privilegiar o público interno, algo que considero fundamental para a credibilidade da comunicação e para o engajamento de todo o pessoal. Muitas empresas não cuidam disso e os funcionários acabam sendo surpreendidos por ações de marketing e publicidade lançadas sem o conhecimento prévio de quem precisa sustentar essas ações: os próprios empregados.

Os exemplos negativos são muitos, mas vou citar apenas um, de outro banco, até porque as instituições envolvidas já desapareceram. Quando o Banco Nacional foi comprado pelo Unibanco (para evitar a quebra desastrosa do Nacional), a aquisição foi anunciada primeiro na imprensa e só depois para os funcionários. Dois dias depois do anúncio público, os funcionários do ex-Nacional foram mais uma vez surpreendidos de maneira desagradável: ao chegarem para o trabalho nas agências, viram que a placa "Nacional" que existia em todas as fachadas, havia sido substituída por uma faixa de pano com a marca "Unibanco".

É claro que se entende que o Unibanco queria comunicar com rapidez que todas as agências do Nacional passavam a fazer parte da rede Unibanco; todavia, fazer essa mudança sem antes comunicar aos funcionários que isso iria acontecer, criou um clima de revolta. Quando os clientes chegaram às agências, igualmente surpresos e irritados com a mudança tão repentina, encontraram funcionários ainda mais irritados, que uniram sua raiva àquela dos clientes, todos criticando o Unibanco.

Um princípio básico do ABN AMRO Real era o de que para que tivéssemos bom atendimento aos clientes do banco, precisávamos começar por tratar bem os próprios funcionários. Quem é bem tratado está mais disposto a tratar os outros. Funcionários satisfeitos prestarão melhor atendimento aos clientes, em todos os segmentos.

Para tanto, dávamos conhecimento prévio aos funcionários sobre todas as ações de publicidade e comunicação externa. Desta forma, se garantia o apoio de cada funcionário a cada campanha de publicidade.

A mudança de marca do banco foi o melhor exemplo disso. Na verdade, inclusive, a marca não mudou: o que mudou foi a apresentação visual da marca "Banco Real". Criou-se uma nova forma de apresentar as marcas Banco Real e ABN AMRO no Brasil, usando o logotipo do ABN AMRO (um escudo verde e amarelo) com o nome Banco Real escrito em letras prateadas sobre um fundo verde, sendo que esse fundo verde tinha uma tarja amarela na sua parte inferior.

Essa forma de apresentação visual foi criada no Brasil e depois exportada para o ABN AMRO em todo o mundo. O processo de criação contou com pesquisa de opinião entre os funcionários e o lançamento externo foi precedido por uma extensa campanha interna, semanas antes de mudar as placas das agências e anunciar a nova logotipia ao público em geral. Isso garantiu total apoio do quadro à identidade visual da nova organização.

Em paralelo, as políticas de gestão iam sendo revisadas de maneira coerente com a cultura desejada: um banco profissionalizado, mais meritocrático do que paternalista, porém mantendo um lado afetivo que era uma característica do antigo Banco Real e que se desejava manter. Na época, dizíamos que os processos do banco deixavam a desejar em termos de rapidez e precisão; entretanto, os clientes permaneciam fiéis ao banco em virtude do bom relacionamento com os funcionários de atendimento. Queríamos preservar esse relacionamento afetivo (um exemplo dentre milhares: uma cliente trazia seu bolo de aniversário para os funcionários da agência) e gradativamente melhorar a qualidade dos processos, modernizando os equipamentos e os aplicativos de software, para agilizar o atendimento.

Começamos a descentralizar a gestão, dando alçadas de autoridade e responsabilidade para gerentes de nível médio na matriz e para os gerentes de agência. A ideia era delegar progressivamente, para que o funcionário na ponta pudesse resolver problemas do dia-a-dia sem depender de aprovação da diretoria em São Paulo. Esse processo não ocorreu da noite para o dia, ele foi paulatino; mas seguiu progredindo ao longo de meses e anos, junto com a profissionalização do quadro através de treinamento.

Nem todas as decisões tomadas contaram com aprovação imediata dos afetados. Delegar responsabilidade significava, para muitos que recebiam essa responsabilidade delegada, um fardo indesejado. Eis alguns exemplos.

Acabamos com a prática de muitos funcionários da matriz na Avenida Paulista de trazer de casa uma marmita com seu almoço e esquentá-la em fogões que existiam no quarto sub-solo do prédio. Ao invés disso, passamos a distribuir vales-refeição a todos os funcionários, para que eles assumissem a responsabilidade de deixar o prédio na hora do almoço e escolher onde almoçar e o que comer.

Durante meses fechamos o refeitório que havia no prédio, para reformas. Quando ficaram prontas, o local abriu como um restaurante, no qual os funcionários pagavam pelo que consumiam (podiam usar seus vales-refeição ou dinheiro). O restaurante não tinha capacidade para atender os mais de quatro mil empregados do prédio, de modo que muitos optavam por comer fora para não ter que esperar. Tudo isso era consistente com a ideia de que o funcionário deveria desenvolver maior autonomia e depender menos do banco.

De maneira semelhante, mudamos o plano de assistência médica para um plano de livre escolha, possibilitando que o funcionário decidisse os médicos e clínicas para o seu atendimento. Chegamos a fechar o ambulatório que existia no prédio da matriz, mas depois de alguns meses reabrimos o mesmo, sob operação terceirizada, para fazer atendimentos de pequena urgência, exames admissionais e exames periódicos exigidos pela legislação trabalhista.

Ainda seguindo a mesma linha de pensamento, fechamos uma sala de ginástica que existia no prédio, trocando esse benefício por um convênio com quatro diferentes academias de exercícios físicos que se localizavam cada uma a cerca de uma quadra do prédio.

Os gerentes de agência passaram a ter autoridade para recrutar, selecionar e admitir seus funcionários, desde que respeitassem o número de vagas autorizadas para cada agência. Não mais precisavam encaminhar todos os processos de admissão para uma unidade centralizada na capital paulista.

Os aumentos de mérito passaram também a serem autorizados pelos gerentes, desde que obedecessem determinados critérios e mantivessem a folha de salários num nível que não excedesse a um crescimento de 2% sobre o orçamento previamente aprovado. As promoções seguiram o mesmo caminho, sendo aprovadas pelos gerentes dentro de critérios pré-determinados. Isso tudo fez com que os gerentes aprendessem a tomar decisões e arcar com as consequências das mesmas, assumindo responsabilidades como verdadeiros gestores, ao invés de "delegar para cima", culpando a diretoria por tudo que acontecia de errado na sua esfera de atuação. Fizemos, na prática, um verdadeiro processo de "*empowerment*", embora jamais tenhamos utilizado o termo (por ojeriza aos modismos e ao uso exagerado de termos estrangeiros).

Por essa mesma ojeriza, decidimos manter a denominação da área como "Recursos Humanos", deixando de lado a ideia de chamar a diretoria de "Desenvolvimento Organizacional" ou "Pessoas e Gestão". Esses termos mais modernos começavam a surgir no mercado, mas eu tive uma preocupação em me aproximar o mais possível da realidade anterior do Banco Real, que tinha um estilo mais conservador. Eu temia que o uso de uma terminologia moderna pudesse afastar o funcionário comum do Real. A mudança de denominação da área acabou acontecendo anos mais tarde, quando eu já não estava mais no Brasil. Na época em que ocorreu, a organização já estava pronta para a mudança e não houve choque cultural com isso.

Manter credibilidade e consistência através de todas as políticas e ações de gestão era o que tínhamos como valores norteadores na área de Recursos Humanos e na Diretoria do banco como um todo.

Ao final do primeiro ano de gestão, na virada de 1999 para 2000, surgiu um questionamento que foi, para mim, inesperado. Alguns funcionários manifestaram uma certa frustração no primeiro aniversário da mudança. Consideravam que sua expectativa era de que, depois de um ano, o Banco Real estaria completamente mudado e seria, sem dúvida "o melhor banco do Brasil".

Conversei com várias pessoas a respeito dessa expectativa frustrada. A "lua de mel" com a nova gestão havia acabado. Os funcionários do antigo Real "caíram na Real" e constataram que (1) nem tudo o que o ABN AMRO trazia para a gestão do banco era perfeito ou mesmo melhor do que a situação anterior; e (2) o banco ainda estava longe de ser "o melhor" na comparação com seus concorrentes.

Efetivamente, o estilo de gestão do ABN AMRO era mais profissional e mais participativo; isso trazia alguns inconvenientes. O processo decisório, mais descentralizado, era por isso mesmo mais lento. O processo decisório centralizado era mais rápido. As decisões que subiam para a decisão do Dr. Aloíso, na época do Banco Real, eram tomadas rapidamente. Já na gestão ABN AMRO Real, havia a necessidade de envolver as diferentes funções relevantes: consultar a área Jurídica, a área de Tecnologia, o pessoal Recursos Humanos, a turma de Compliance... Até que todo mundo desse seu parecer, o assunto demorava mais.

As responsabilidades estavam mais distribuídas; isso fazia com que, muitas vezes, não estivesse tão claro quem era responsável pelo que. Quem deveria decidir sobre determinado aspecto? Quem teria a palavra final? É certo que Fábio Barbosa era o novo presidente, mas antes de decidir ele perguntava: "consultaram Recurso Humanos? O Jurídico já deu seu OK? O que diz o pessoal de Marketing?" Uma gestão profissionalizada implicava em fazer uma análise mais complexa de um novo produto ou política.

O processo de melhoria da eficácia geral do banco levava mais tempo do que se imaginava. Nas minhas conversas, procurei administrar essas expectativas de resultados rápidos e imediatos. Esclareci que a mudança cultural do banco levaria, pelo menos três anos. Ao final do primeiro ano não estávamos sequer na metade do caminho.

No decorrer do segundo ano os ânimos foram melhorando, ao se tornarem mais visíveis alguns resultados. As mudanças físicas, como a renovação do prédio sede e de algumas agências, a nova logotipia e novas cores corporativas, as novas práticas de avaliação de desempenho, tudo isso começou a aparecer mais a partir do segundo ano, dando novo alento ao processo de mudança.

Nessa época instituímos também o "Nosso Modelo" de satisfação do cliente e contratamos a consultoria de José Carlos Teixeira Moreira para enfatizar o foco no atendimento dos clientes em todo o banco.

O "Nosso Modelo" aparece na Figura 13.

Figura 13 – O "Nosso Modelo"

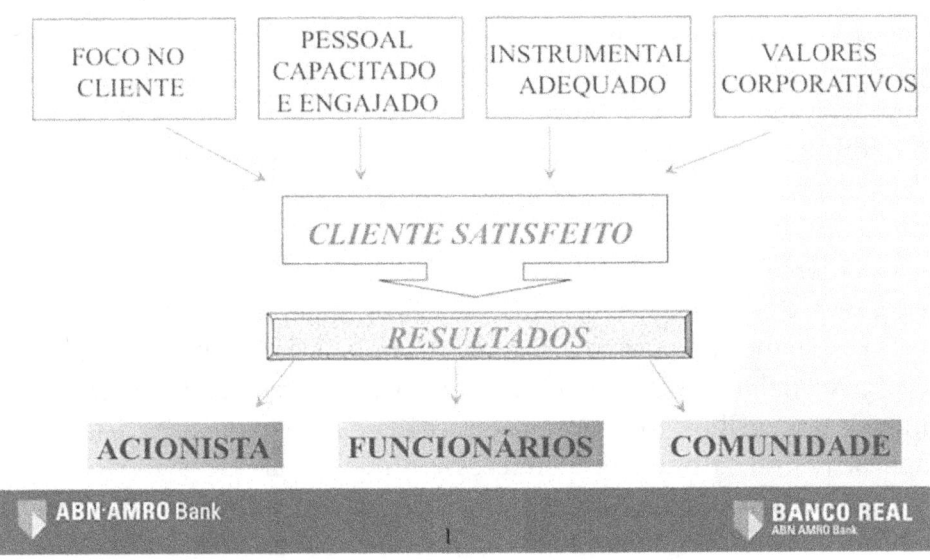

A Satisfação do cliente está no centro do modelo. Essa satisfação é determinada por quatro fatores cruciais, que são:

O Foco do Cliente – Esse fator foi trazido por José Carlos Teixeira Moreira. Até então utilizávamos a expressão Foco no Cliente e modificamos para "Foco do Cliente" para caracterizar que o importante é colocar-se no lugar do cliente e enxergar o banco com a mesma perspectiva que o cliente tem ao enxergar o banco. Não se trata, portanto, de olhar para o cliente, mas sim de se colocar no lugar do cliente e olhar para o banco com os olhos do cliente, ver o banco como o cliente vê o banco. Desta forma, se pode entender o cliente melhor e, com base nesse entendimento, desenhar produtos e serviços que melhor atendam ao cliente de acordo com sua perspectiva.

Esse conceito se tornou central para o ABN AMRO Real e norteou boa parte da sua mudança de cultura organizacional. Colocar-se no lugar do outro para gerar valor (de acordo com a percepção do outro) passou a ser um objetivo comum a todos os colaboradores do banco, dos diretores aos funcionários mais humildes da agência mais distante da sede central.

O segundo fator descrito no modelo foi "Pessoal Capacitado e Engajado". A ideia central desse fator é a de que é preciso contar com pessoas que sejam capazes de fazer e que estejam dispostas a fazer o necessário para satisfazer o cliente. Motivação e capacitação precisam estar juntas; não basta saber fazer, é preciso também querer fazer. Portanto, toda a estratégia de Recursos Humanos era voltada para esse binômio: educação e motivação. Todas as políticas do banco se dirigiam também para isso e deveriam responder ao questionamento: isso nos ajuda a ter pessoal capacitado e motivado para satisfazer nossos clientes? Em caso positivo, vamos em frente.

O terceiro fator dizia respeito a "Instrumental Competitivo". Com isso, se pretendia dizer produtos e serviços, equipamentos e instalações físicas. O banco precisava de sistemas tecnológicos, sistemas de informação gerencial, controles financeiros, agências físicas, caixas automáticos, móveis e utensílios, toda uma parafernália de equipamentos físicos e de aplicativos de software que oferecessem meios para satisfazer os clientes. Desde o nosso diagnóstico preliminar de *due dilligence* sabíamos que os funcionários do Banco Real estavam motivados para o atendimento da clientela. O que mais lhes faltava era o conhecimento necessário e os instrumentos requeridos para que o cliente ficasse plenamente satisfeito. Por conta do aperfeiçoamento desse fator, o ABN AMRO Real fez enormes investimentos em tecnologia e na modernização de suas agências. Ao começar suas operações como novo banco no final de 1998, várias agências não possuíam PCs e sim apenas terminais ligados a um servidor. Em muitas delas, os funcionários traziam um computador pessoal de casa para fazer trabalhos do banco na agência, ou levavam serviço para casa para processar em seus computadores pessoais durante a noite.

O último fator dizia respeito aos valores corporativos do ABN AMRO adotados como referencia em toda a organização: Trabalho em Equipe, Respeito, Integridade e Profissionalismo. A prática desses valores também norteava a conduta de todos no seu dia-a-dia.

Portanto, a ideia central era de que esses quatro fatores levariam naturalmente a gerar a satisfação dos clientes. Por sua vez, esses clientes satisfeitos pagariam de bom grado ao banco pelo valor percebido que o banco agregava com seus produtos e serviços. Esses pagamentos geravam receita ao banco e, em última instância, geravam lucro merecido decorrente da satisfação obtida e do valor agregado.

Esse lucro merecido, ou "Resultados", como expresso no modelo, deveriam ser distribuídos aos acionistas do banco, aos seus funcionários como participação nos lucros, e à comunidade em geral na forma de programas de responsabilidade social da organização.

Explicado desta maneira, o modelo parece simples, quase óbvio. Sua implantação, no entanto, não foi tranquila e nem rápida. Durante vários meses houve muitas discussões, inicialmente entre os diretores e posteriormente em diversos níveis da organização.

Num primeiro momento, alguns diretores se manifestaram frontalmente contra o modelo, alegando que ele seria mal interpretado pelo quadro e resultaria em "dar dinheiro emprestado de graça (sem cobrar juros ou taxas de serviço) a quem não tem condições de pagar." Segundo esse argumento, o que o cliente quer é tirar vantagem do banco, algo que não podemos permitir, se não o banco quebra. Foram necessárias muitas conversas para esclarecer o significado do modelo, bem como garantias de que ao ser divulgado, o modelo necessitaria também de extensas discussões para que fosse bem entendido e aplicado na prática.

Uma vez alinhados os diretores e seus reportes diretos, iniciou-se uma ação permanente de comunicação interna e depois de comunicação externa. Note-se o termo "ação permanente", ao invés de uma campanha transitória. Quadros com o modelo foram colocados em todas as salas de reuniões em todas as dependências do banco. Nas agências, inicialmente esses quadros se localizaram na parte interna, longe da vista dos clientes. Num segundo momento, após vários meses, os quadros das agências foram colocados nos espaços de atendimento, à vista dos clientes.

Esse foi um momento crucial, pois à partir de então os clientes passaram a perguntar aos gerentes e funcionários sobre o significado daqueles componentes do modelo e passaram a exigir do nosso pessoal um comportamento consistente com aquilo que o modelo apregoava. O banco endossava tudo isso deliberadamente, apoiava que os clientes cobrassem um bom atendimento. Por isso mesmo os cartazes só foram colocados à vista dos clientes quando se considerou que os funcionários dominavam plenamente suas funções e estavam capacitados e motivados para tornar o modelo uma realidade na prática diária de cada agência.

Mais uma vez, esse processo não foi tranquilo; houve reclamações de clientes, críticas ao mau atendimento, reclamações de funcionários insatisfeitos. Todavia, entre mortos e feridos salvaram-se todos. As críticas foram utilizadas para melhorar serviços e processos, serviram para aperfeiçoar políticas, procedimentos e comunicação. Os resultados começaram a aparecer: ao final de 2002 a marca "Banco Real" se tornou a mais admirada do Brasil entre os bancos, segundo pesquisa do Instituto Greenwich. O "Nosso Modelo" cumpriu sua função: tornou-se uma referência para todos e ajudou a consolidar uma identidade organizacional, uma cultura corporativa de verdade que não existia apenas nos cartazes das paredes, mas fazia parte da cultura viva da organização.

18. Terceira mudança: ABN AMRO como GUNBO – ascensão e queda de um cíclope

O ABN AMRO era um banco global e universal, no jargão dos analistas do mercado financeiro, ou seja: um banco que oferecia uma gama universal de produtos, abrangendo todos os produtos e todos os segmentos, desde o financiamento a consumidores de baixa renda até à gestão de grandes fortunas; e tanto de pessoas físicas como de grandes corporações multinacionais. O banco era considerado "global" porque tinha presença física (e posteriormente virtual, por meios eletrônicos) em 65 países.

Internamente, usamos a expressão em inglês "*Global Universal Network Bank*", um banco global, universal, de rede. Isso porque o ABN AMRO valorizava muito a sua rede internacional de agências e tinha uma gestão bastante descentralizada, no melhor estilo da "capacidade de resposta local" explicada através da Matriz de Ghoshal apresentada anteriormente. Acrescente-se a palavra "Organization" e se forma o acróstico "*GUNBO*", uma espécie de jumbo, um enorme elefante financeiro internacional.

No início de 2003, fui convidado a voltar a Amsterdam e assumir a área de *Leadership Development* do Grupo ABN AMRO como um todo, abrangendo as diferentes instituições financeiras que o compunham (vários bancos comerciais, bancos de investimento, seguradoras e outras instituições em diferentes países no mundo inteiro).

O escopo de atuação da função era desenvolver a capacidade de liderança dos 200 principais executivos do Grupo, que lideravam mais de cem mil funcionários ao todo. Incluia, também, a gestão de programas de desenvolvimento gerencial para aqueles que tinham potencial para chegar ao seleto grupo de 200. Esse grupo de potenciais excedia a 1.000 profissionais.

O ABN AMRO havia crescido muito nos dez anos anteriores, de 1992 (quando ingressei na organização, no Brasil) a 2002. Havia dobrado de tamanho em termos da quantidade de funcionários, através de inúmeras aquisições nos cinco continentes. Havia conquistado o prêmio de "Banco do Ano" em 1995, no mesmo ano em que lançou suas ações na Bolsa de Nova Iorque. Sua história de sucesso, entretanto, estava ameaçada pela concorrência.

Ao ser criado, pela fusão dos bancos ABN e AMRO, em 1991, o banco pretendia se tornar "um dos cinco maiores bancos do mundo". Na ocasião, ocupava a décima posição, competindo diretamente com o Citibank, que aparecia em alguns *rankings* logo atrás do ABN AMRO, em décimo-primeiro, e em outros logo à frente, em nono.

Dez anos depois, em 2002, o banco havia caído para décimo-sexto e o Citibank subira para o quinto lugar. A cúpula do ABN AMRO se perguntava, com toda a razão, o que estava acontecendo. Como podia ser que dois bancos de tamanho e estratégias semelhantes (o Citibank também se posicionava como um banco global e universal, juntamente com o HSBC e o Deutsche Bank) pudessem ter desempenho tão diferente? Por que o Citibank subia no ranking enquanto o ABN AMRO caía?

Olhando apenas para seu próprio desempenho, o ABN AMRO parecia estar indo muito bem: o banco seguia crescendo ano a ano e seus resultados também cresciam anualmente, a taxas superiores a dez por cento ao ano. Acontece que os concorrentes cresciam ainda mais.

O ABN AMRO quebrava seus próprios recordes históricos de crescimento e rentabilidade, a cada ano que passava. Esses resultados eram comemorados e enchiam a todos de orgulho e satisfação. Entretanto, outros bancos estabeleciam novos recordes, cresciam ainda mais. O ABN AMRO fez diversas aquisições? Pois outros bancos fizeram aquisições ainda maiores e aumentaram ainda mais de tamanho. O ABN AMRO era um gigante que dobrara de tamanho, um feito notável. Todavia, o HSBC havia triplicado seu tamanho no mesmo período, feito conseguido também pelo Barclays, pelo Royal Bank of Scotland, pelo Citibank e pelo Santander.

18. TERCEIRA MUDANÇA: ABN AMRO COMO GUNBO – ASCENSÃO E QUEDA DE UM CÍCLOPE

Com a crescente consolidação entre as grandes instituições, o ABN AMRO precisava crescer mais e mais rápido, pois caso contrário seria ele também engolido por um dos outros.

Essa análise, entretanto, não era compartilhada por todos em 2003 dentro do próprio banco. Havia muitos que consideravam que o ABN AMRO estava desempenhando bem e precisava apenas consolidar seu posicionamento em determinados segmentos e mercados; crescer ainda mais rápido seria um erro. Como se veria anos depois, a falta de um consenso interno sobre qual a estratégia a seguir, talvez tenha sido o principal fator determinando o destino final da organização.

Alguns anos antes, em 1997, o ABN AMRO havia patrocinado a cadeira de Estratégia de Instituições Financeiras no INSEAD, no seu curso de MBA em Fontainebleau. O titular da cadeira era o professor Dominique Héau, um francês genial e genioso, de cabelos despenteados, terno amarrotado e estilo desorganizado. Assisti à sua aula inaugural, fazendo parte de uma plateia de cerca de sessenta pessoas, das quais dois terços eram executivos do banco especialmente convidados.

A aula do professor girou justamente em torno das estratégias dos grandes bancos. Ao falar do ABN AMRO em comparação com seus concorrentes diretos na época (Deutsche, Citi e HSBC) Héau destacou que os bancos que pretendiam ter sucesso como instituições globais e universais precisavam adotar uma estrutura matricial; e tal estrutura exigia duas condições para ser bem sucedida: capacidade gerencial e sistemas de informação gerencial de grande qualidade.

Seguiu-se um debate que logo se tornou acalorado, quando, estimulados pelo professor, os presentes foram quase unânimes em apontar a falta de um SIG (Sistema de Informações Gerenciais) adequado como sendo o principal problema do ABN AMRO. Disse "quase unânimes" por que um dos presentes era o diretor responsável pela área de Controle Financeiro do banco, que discordou da análise e se sentiu ofendido pelas críticas.

Comentando o ocorrido com meus colegas durante o belo jantar oferecido após a sessão, ouvi que não adiantava muito discutir o tema com o dito diretor, pois ele se opunha ferrenhamente à tão necessária reforma do sistema de controle financeiro do banco. Os colegas já haviam desistido de bater boca com ele e se limitavam a contar os meses que faltavam para que ele se aposentasse (restavam cerca de dois anos). Somente com a sua saída da organização seria possível avançar com o projeto.

Esse é um aspecto problemático da cultura de negócios holandesa: a cultura está longe de ser meritocrática e tem grande dificuldade para lidar com profissionais de baixo desempenho. No caso, todos concordavam que esse alto executivo estava prejudicando toda a organização com sua atitude; entretanto, era mantido no cargo em respeito a seus anos de lealdade e dedicação.

A situação era quase inacreditável: eu havia chegado do ABN AMRO Brasil há cerca de um ano, em 1996, para assumir uma função global na matriz mundial do banco. Os sistemas dos quais eu dispunha na filial brasileira eram muito mais avançados do que aqueles disponíveis então na matriz. Em Amsterdam meu departamento não tinha correio eletrônico (disponível na filial brasileira desde 1993); como gestor de um departamento eu não tinha acesso a relatórios de despesas do meu centro de custos. Portanto, eu não tinha como gerir os custos do meu departamento... e nenhum outro gestor dispunha dessas informações em Amsterdam.

O ABN AMRO tinha sucesso e funcionava bem nas suas filiais: no Brasil, nos demais países da América Latina, nos Estados Unidos, em diferentes países da Europa, África e Ásia. Na própria Holanda, contudo, a Matriz apenas consolidava os relatórios contábeis das diferentes regiões e países, sendo que cada país utilizava diferentes aplicativos de software e diferentes formatos e critérios de contabilidade. Em termos da Matriz de Ghoshal, o ABN AMRO estava muito bem em termos de capacidade de resposta local; e estava péssimo em eficiência global. Seu SIG global era zero, não existia. A integração contábil global era feita manualmente, demorava semanas e tinha critérios altamente questionáveis, que mal e mal atendiam os requisitos legais. Certamente não atendiam os requisitos de gestão para um banco que pretendia ser global e universal.

Seis anos depois, quando cheguei mais uma vez em Amsterdam para assumir a área de *Leadership Development*, fiquei desapontado ao saber que o progresso em termos de SIG, passados seis anos, havia sido mínimo. O tal diretor que se opunha ao progresso havia, finalmente, se aposentado. Entretanto, no ano 2000, o ABN AMRO havia passado por uma mudança radical na sua diretoria mundial: o *Managing Board* havia trocado de presidente e mudado quase todos os seus integrantes.

Essa mudança visava modernizar o banco e torna-lo mais agressivo comercialmente. O presidente anterior, Jan Kalff, havia liderado o banco no seu período de maior crescimento, de 1992 a 2000. Entretanto, havia fracassado em duas tentativas de adquirir outros bancos na própria Europa, tentativas essas que, se houvessem tido sucesso, teriam mantido o ABN AMRO no mesmo patamar de crescimento do Citibank e do HSBC. Como fracassaram, o banco perdeu dez posições.

Quando Kalff atingiu a idade de aposentadoria compulsória, no ano 2000, os acionistas decidiram escolher como sucessor uma pessoa bem mais jovem e agressiva: Rijkman Groenink. Este, por sua vez, exigiu liberdade total para substituir os demais membros da diretoria e promoveu uma renovação substancial no *Board*. Esses acontecimentos pareciam sinalizar muita coisa positiva para o futuro do banco a curto e médio prazo. Um dos integrantes do nova diretoria era o brasileiro Sérgio Rial, que havia tido uma carreira meteórica no ABN e se tornara o membro mais jovem do *Managing Board*, além de ser o único não-europeu.

O novo Board havia feito promessas corajosas ao mercado: o ABN AMRO pretendia crescer significativamente e se tornar o quinto maior banco do mundo até o final de 2005, alcançando o Citibank e galgando dez posições no ranking em cinco anos. Os analistas de mercado se mostravam um tanto céticos, mas impressionados pela confiança e audácia demonstrada pelo novo presidente.

A estrutura geral do ABN AMRO é apresentada na Figura 14:

Figura 14 – Estrutura geral do ABN AMRO

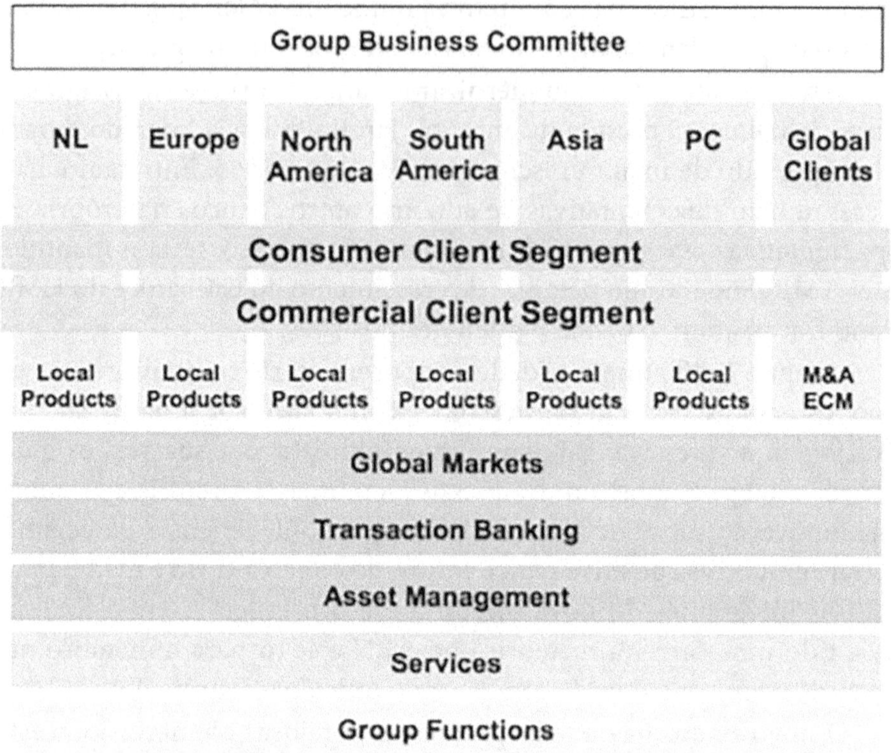

Group Business Committee							
NL	Europe	North America	South America	Asia	PC		Global Clients

Consumer Client Segment

Commercial Client Segment

Local Products	Local Products	Local Products	Local Products	Local Products	Local Products	Local Products	M&A ECM

Global Markets

Transaction Banking

Asset Management

Services

Group Functions

Em termos hierárquicos, a cúpula de gestão do ABN AMRO se distribuía da seguinte forma.

O CEO Rijkman Groenink e nove integrantes do *Managing Board* formavam a Diretoria Global do Grupo.

Vinte SEVP's (*Senior Executive Vice-Presidents*) lideravam as regiões, negócios e funções apresentadas na figura 14, sendo que "Group Functions" era composta por *Financial Control, Human Resources, Group Audit, Information Technology, Operations*, cada uma com um SEVP responsável.

Cerca de 170 EVP's (*Executive Vice-Presidents*) se reportavam aos trinta executivos mencionados, completando o grupo de 200 principais executivos da cúpula.

Cerca de 800 SVP's (*Senior Vice-Presidents*) vinham a seguir na hierarquia, se reportando aos EVP's.

18. TERCEIRA MUDANÇA: ABN AMRO COMO GUNBO – ASCENSÃO E QUEDA DE UM CÍCLOPE

Eu me perguntava se a organização conseguiria vencer os desafios apontados pelo professor Dominique Héau em 1997: capacidade gerencial e sistema de informações gerenciais. Melhorar a capacidade gerencial seria minha principal responsabilidade na nova função e isso me enchia de entusiasmo e energia. Saber que o SIG não havia progredido quase nada em seis anos me deixava deveras preocupado.

Ao aceitar o desafio de assumir a nova função, recebi outra notícia que me preocupou: Sérgio Rial havia renunciado ao cargo no *Managing Board*. Ele estava mudando para Nova Iorque para assumir uma função chave num dos grandes bancos de investimento americanos. Em Amsterdam, sua saída foi considerada uma verdadeira traição. Para alguns amigos ele confidenciou que tentara realizar diversas mudanças importantes durante os meses em que integrou o *Board*; quase todas foram rejeitadas e ele concluiu que, sem fazer essas mudanças necessárias, o ABN AMRO estava condenado a fracassar. Infelizmente, o tempo mostrou que ele tinha razão.

A função de responsável por *Group Leadership Development* havia sido exercida, até o final de 2002, por Tom Cummings, um colega e amigo com quem eu gostava de trabalhar e que, ao pedir demissão para assumir função semelhante na Unilever, havia sugerido que eu assumisse o seu lugar.

Tivemos poucos dias juntos em Amsterdam quando ele me passou o cargo. Ele me garantiu que estava saindo porque acreditava que havia completado um ciclo na função depois de dois anos; a proposta da Unilever era muito atraente e acarretava aspectos pessoais interessantes também, pois ele morava longe do banco e gastava duas horas por dia no trajeto de casa ao escritório. Na Unilever seriam 20 minutos.

O ABN AMRO havia promovido uma convenção mundial dos seus 200 principais executivos em novembro de 2002 (da qual eu participara), organizada pelo meu antecessor Tom Cummings. Nessa ocasião havia se chegado a um consenso de que seria necessário promover seis fatores que levariam o banco a ter uma cultura de alto desempenho:

Maior sinergia entre as diferentes unidades de negócios
Liderança notável
Viver os valores corporativos na prática
Pessoal qualificado e motivado

Foco no cliente

Gestão focada em gerar valor agregado

No início de 2003, o desafio da área de *Leadership Development* era criar um programa de desenvolvimento que disseminasse esses seis fatores e levasse os 200 principais executivos do banco a se tornarem líderes efetivos do processo de crescimento agressivo do banco.

Diante da situação descrita, coloque-se no lugar de responsável global pelo desenvolvimento da capacidade de liderança dos 200 principais executivos do ABN AMRO.

Quais seriam seus principais desafios?

Quais seriam suas prioridades?

Quem poderiam ser seus aliados para vencer os desafios identificados?

Quais seriam os principais obstáculos a vencer e como poderiam ser vencidos?

Continuação do caso na vida real

Assumindo a nova função, foquei minha atenção na criação de um programa de desenvolvimento para os 200 principais executivos que desse continuidade ao trabalho realizado na *Management Conference* de novembro de 2002. Acreditava que impactando esses 200 executivos seria possível mudar a cultura de toda a organização.

Resolvi começar pela seleção de uma consultoria externa que pudesse trabalhar junto com minha pequena equipe de seis pessoas, pois nenhum dos integrantes dessa equipe tinha experiência prévia no desenho de programas de desenvolvimento. Na cultura holandesa ninguém é demitido a não ser por desonestidade comprovada; eu não pude escolher minha equipe e nem substituir qualquer dos seus integrantes; precisava trabalhar com a equipe que herdei do meu antecessor, que por sua vez sempre trabalhava com consultores externos.

Promovi um "desfile de beleza" que incluía diversas grandes consultorias, mas optei por escolher uma equipe pequena de consultores independentes (na época se chamavam "*Leadership 6*") liderados por Chris Parker e Didier Marlier, dois ex-professores do IMD em Lausanne. Esse grupo oferecia a possibilidade de fazer um verdadeiro trabalho em conjunto de co-criação: tinham grande flexibilidade e não estavam amarrados a modelos pré-fixados como aqueles utilizados por consultorias de renome tipo McKinsey, Cap Gemini e KPMG. Também estavam mais abertos a trabalhar junto com outras consultorias.

Montei uma equipe formada pelo meu próprio time, os consultores da *Leadership 6*, alguns consultores da *Marakon*, que prestava consultoria ao Managing Board e à Diretoria de Controle Financeiro no tema de *Managing for Value* (Gestão para Gerar Valor) e mais uma terceira consultoria que havia trabalhado com Tom Cummings no ano anterior para montar a *Management Conference*.

Começamos uma série de reuniões de trabalho para desenhar o programa e logo essa terceira consultoria optou por abandonar o processo, pois se mostrou incapaz de trabalhar em conjunto com os demais, habituados que estavam em aplicar seus próprios modelos sem precisar discutir sua abordagem com uma equipe maior.

O trabalho foi difícil, pois tínhamos pouco tempo: 60 dias para fazer um piloto e mais 30 para iniciar o programa regular, que deveria abranger os 200 executivos. Na verdade, aumentamos o tamanho do nosso desafio: para maximizar o impacto do que pretendíamos fazer, optamos por um desenho no qual os 200 executivos seriam convidados, em grupos de 10, a liderar um workshop de dois dias com seus reportes diretos, promovendo os seis fatores identificados como cruciais para o sucesso do ABN AMRO no final de 2002.

Nosso raciocínio era simples: a melhor maneira de fazer com que alguém aprenda um determinado conteúdo é pedir que esse alguém ensine esse conteúdo a outras pessoas. Portanto, a melhor maneira de garantir que os 200 principais executivos do banco assimilassem os seis fatores de sucesso, era pedir-lhes que liderassem um workshop sobre os seis fatores, cada um com sua equipe de trabalho na vida real, cada um com seus reportes diretos.

Em termos de garantir mudança de comportamento e melhoria de desempenho nos participantes, o desenho do programa era brilhante. Colocava cada executivo no papel de líder da sua equipe de trabalho da vida real, junto com essa equipe dentro da sala de aula, conduzindo um workshop sob a supervisão e coaching dos consultores/facilitadores. Cada equipe discutia seus verdadeiros desafios de trabalho, nada de teoria de gestão; porém essas discussões de trabalho tinham feedback e coaching de consultores especializados para garantir a eficácia do processo.

Para maximizar o impacto, o desenho implicava em trazer dez equipes simultaneamente, totalizando uma centena de pessoas trabalhando em paralelo num enorme salão. Planejamos fazer 20 sessões, cada uma com 10 dos 200 principais executivos liderando uma equipe de 5 a 8 reportes diretos. Ao todo, 1.000 pessoas participariam do programa em 8 meses, de abril a novembro.

Vender a ideia ao Managing Board foi mais fácil do que eu temia. O CEO Rijkman Groenink comprou a ideia de imediato e seu apoio foi fundamental. A principal desvantagem do desenho proposto era o fato de retirar dos seus postos de trabalho, simultaneamente, dez equipes inteiras de Executive Vice-Presidents e seus reportes diretos (Senior Vice-Presidents), durante cerca de quatro dias (contando o tempo de viagem até o local de cada evento).

O desafio de logística era considerável: decidimos realizar eventos em diferentes regiões onde o banco atuava, mas trazendo para essas regiões equipes do mundo inteiro. E decidimos realizar os 10 workshops simultâneos sempre num único salao, sem salas separadas, para maximizar a vivencia de ver a diversidade de negócios do banco representada num mesmo espaço físico e fomentar também a troca de experiências entre uma equipe e as outras.

Desta forma, por exemplo, ao realizar o evento em São Paulo, no grande salão de convenções de um hotel cinco estrelas da zona Sul, participaram quatro equipes baseadas em São Paulo (Controle Financeiro Brasil, Seguros Brasil, Asset Management Brasil e Marketing Brasil), uma equipe dos Estados Unidos (Corporate Finance), uma equipe da Ásia (Operations), uma equipe de Zurich (Private Banking Europa), uma equipe de Amsterdam (IT Holanda) e uma equipe de Londres (Produtos de Atacado para Instituições Financeiras). Em cada evento procuramos reunir a maior diversidade possível de equipes em termos de funções, negócios e geografias diferentes.

O programa foi batizado de "*Velocity*" e teve enorme sucesso, marcando época na vida do ABN AMRO. O sucesso foi tamanho que os participantes pediram que fosse disseminado "em cascata" para outros níveis. Fizemos mais dez eventos no ano seguinte e estendemos o impacto para mais 1.000 pessoas, totalizando 2.000 participantes no decorrer de dois anos. Clientes do banco ouviram falar do programa com tamanho

18. TERCEIRA MUDANÇA: ABN AMRO COMO GUNBO – ASCENSÃO E QUEDA DE UM CÍCLOPE

entusiasmo que vieram solicitar que conduzíssemos programas para eles, porém isso o *Board* não aprovou, temendo que minha equipe perdesse o foco ao levar o evento para fora da organização.

O desenho de Velocity era o seguinte:

Sempre ao cair da tarde de uma terça-feira, chegavam ao local do evento os dez EVP's que iriam liderar suas equipes durante dois dias. Eram apresentados os facilitadores e coaches do programa, que eram uma equipe de três ou quatro profissionais da Leadership 6 e mais três ou quatro profissionais do ABN AMRO (geralmente eu mesmo e mais um integrante da minha equipe e mais um ou dois profissionais de Treinamento e Desenvolvimento convocados ad hoc para cada evento).

Fazíamos as apresentações, explicávamos o programa em linhas gerais durante 45 minutos e jantávamos todos juntos.

Na quarta-feira, das 8:00 às 18:00, ensinávamos os dez EVP's a conduzir o workshop com suas equipes, que chegariam na quarta à noite para participar dos workshops paralelos durante a quinta e a sexta-feira. Os workshops terminariam às 16:00 de sexta.

Descrevíamos cada atividade, respondíamos a perguntas e fazíamos algumas simulações resumidas para que eles pudessem vivenciar os exercícios que constituiriam os workshops.

Havia um detalhe extremamente importante: eles deveriam liderar suas equipes usando um estilo de liderança do tipo *"coaching"*. Isso significava dar um mínimo de instruções e exercer sua liderança através de perguntas e questionamentos, levando suas equipes a encontrarem suas próprias respostas. Os líderes precisavam focar sua atenção em escutar e questionar, mais do que em instruir e dirigir.

Isso, na prática, se revelava extremamente difícil para eles, exigia um esforço enorme. Vários relatavam posteriormente que ficavam exaustos de tanto escutar e passavam o fim de semana imediato dormindo quase todo o tempo, recuperando as energias gastas durante os workshops.

O efeito sobre suas equipes era extraordinário e justificava todos os esforços. Os participantes assumiam maior responsabilidade sobre suas questões, se engajavam mais nas discussões, tomavam decisões e colaboravam mais entre si. O *Velocity* mudava sua maneira de trabalhar, não apenas durante o workshop, mas também depois, de volta ao ambiente rotineiro de trabalho. O efeito era muito mais duradouro do que o de programas comuns, pois como todos os integrantes de cada equipe haviam vivenciado juntos o evento, posteriormente reforçavam-se mutuamente e seguiam mudando seu comportamento e aumentando sua eficácia como equipe.

Às 18:00 de quarta-feira chegavam os demais participantes e o grupo de cerca de dez se transformava numa multidão de cerca de 100 pessoas.

Cada equipe sentava ao redor de uma mesa redonda num grande salão. Tínhamos sempre em cada evento dois SEVP's como anfitriões, para garantir que se envolvessem também no programa. Eles faziam a abertura oficial desta parte do evento e passavam a palavra para mim. Eu apresentava então os diferentes modelos de "satisfação do cliente" que haviam sido desenvolvidos na rede do banco, inspirados pelo "Nosso Modelo" criado no Brasil e descrito no capítulo anterior. Apresentava também um modelo consolidado (vide Figura 15) elaborado a partir dos demais e incorporando os seis fatores de sucesso levantados na *Management Conference* do ano anterior, destacando que todos os modelos e todas as unidades tinham o mesmo propósito: satisfazer o cliente. E para aumentar a eficácia de cada equipe na satisfação de seus clientes internos e externos, estavam todos ali reunidos para começar o *Velocity*.

Figura 15 – *Client Satisfaction Model*

18. TERCEIRA MUDANÇA: ABN AMRO COMO GUNBO – ASCENSÃO E QUEDA DE UM CÍCLOPE

Em seguida, os facilitadores da *Leadership 6* conduziam um exercício de equipes, em que cada equipe competia com as demais para montar um quebra-cabeças que havíamos deixado em cima de cada mesa. Inicialmente, cada equipe levava de dois a três minutos para montar o *"puzzle"*. As equipes eram desafiadas então a planejar a montagem e executá-la o mais rápido possível, contra um tempo cronometrado. Repetia-se o desafio mais duas vezes até declarar uma equipe vencedora. Geralmente os vencedores conseguiam montar o quebra-cabeças em dez segundos ou menos.

O "debriefing" esclarecia que metas aparentemente impossíveis podiam sim ser atingidas, desde que cada equipe dedicasse atenção e planejamento para encontrar uma forma de aumentar sua eficácia. Em seguida seguíamos para o jantar.

Na quinta de manhã, os EVPs estavam cada um com sua equipe sentado ao redor da mesma mesa. Os facilitadores propunham uma tarefa para todos a ser executada simultaneamente em cada mesa: fazer uma auto-avaliação da eficácia de cada equipe em termos de: (1) satisfazer seus clientes; (2) gerar valor para o banco; e (3) liderança. Cada equipe fazia sua própria avaliação e discutia internamente. Em seguida se pedia que elencassem ações para melhorar em cada aspecto. A seguir, se pedia que dois integrantes de cada equipe permanecessem onde estavam e os demais dessem uma volta pela sala e visitassem uma outra equipe para aprender com os outros como melhorar sua eficácia. Depois de alguns minutos, retornavam todos às suas equipes de origem e revisavam seus planos de ação à luz do que haviam assimilado nas visitas a outras equipes.

Esse exercício gerava enorme quantidade de energia, pois (1) as equipes tratavam de questões verdadeiras que eram relevantes para cada uma; (2) as equipes aprendiam umas com as outras; e (3) se via uma amostra de diferentes unidades de negócios e geografias do ABN AMRO num mesmo espaço físico, reforçando a identidade e a riqueza da diversidade da organização.

Após o intervalo, se iniciava pontualmente às 11:00 um longo exercício de simulação em três rodadas (interrompido para o almoço) que seguia até às 17:00. Durante a simulação, as equipes competiam entre si para criar e vender produtos em diferentes mercados e precisavam tomar decisões sobre o desenho dos produtos, quantidades e características de produção, preços e estratégias de distribuição em diferentes mercados.

Ao final de cada rodada, enquanto os resultados de cada equipe eram computados num laptop pelos facilitadores, cada EVP conduzia uma sessão de auto-avaliação da equipe em termos de sua maneira de trabalhar, avaliando e discutindo aspectos tais como escutar um ao outro, questionar, propor soluções, analisar alternativas, apoiar a ideia do outro, resumir o que foi dito; as equipes também combinavam o que precisariam mudar para melhorar seu desempenho na rodada seguinte.

Às 17:00 os resultados finais eram anunciados e uma sessão geral era iniciada para preparar um diálogo com um dos integrantes do *Managing Board*. Esse diálogo era cuidadosamente planejado para que se criasse um clima informal e aberto.

Isso pode parecer uma contradição em termos (planejar a informalidade), mas eu havia aprendido o quanto era importante criar o clima adequado para que se obtivesse o máximo de uma sessão como essa. O encontro era realizado no bar do hotel, amontoando 100 pessoas num espaço pequeno, cada um com um chope na mão (ou a bebida que preferissem), todos em volta de um banquinho alto onde sentava o membro do Board para responder perguntas. Na sessão preparatória, pedíamos aos participantes que concentrassem suas perguntas no assunto "Liderança", para saber como o executivo que era colocado "na berlinda" havia desenvolvido sua capacidade ao longo da carreira, quais desafios tivera que enfrentar, com quem aprendera mais, etc.

Essas conversas se tornaram bastante profundas e íntimas, sendo muito valorizadas pelos participantes e principalmente pelos próprios membros do Board, que em alguns casos tiveram suas vidas transformadas a partir desses diálogos.

No início, tínhamos dificuldade em conseguir que um membro do *Board* conseguisse espaço na agenda para participar dessas sessões. Depois da terceira sessão a notícia de como a sessão era proveitosa se espalhou, de tal forma que os executivos queriam voltar a participar numa outra turma e tínhamos dificuldade para acomodar todos que queriam realizar essa conversa.

Na sexta de manhã, a primeira sessão era dedicada a colher estórias reais de profissionais do banco que haviam feito algo extraordinário para satisfazer seus clientes. O propósito era disseminar essas estórias de sucesso entre os participantes, estimulando a imitação e repetição desses comportamentos extraordinários. Cada equipe contava histórias internamente e escolhia uma história para contar ao plenário. Ao final do programa Velocity, publicamos um livreto com as histórias mais interessantes para distribuição aos gerentes do banco em todo o mundo.

Após o intervalo no meio da manhã, fizemos um exercício no estilo "aquário", no qual uma equipe se reunia em círculo e planejava como fazer para levar o que haviam aprendido no workshop para sue trabalho diário no banco. Uma outra equipe sentava em torno da primeira, observava a discussão por quinze minutos e depois fornecia *feedback* aos que estavam no círculo interior. Depois de três rodadas, as equipes trocavam de papéis: a equipe externa passava para o centro e discutia seu plano de ação, enquanto que a equipe que estava no centro sentava em volta do círculo, observava e dava "*feedback*".

Tínhamos então o almoço e depois uma atividade de encerramento, um exercício em plenário com todos juntos no qual o grupo todo era capaz de dirigir um avião virtual numa tela de vídeo, fazendo com que ele passasse por diversos obstáculos. Para tanto, era preciso que todos agissem de forma coordenada, como um bando de pássaros voando juntos ou um cardume de peixes. Esse grande final dava um tom de otimismo, demonstrando que cem pessoas diferentes eram capazes de trabalhar juntas como se fossem uma só.

O programa, como já foi dito, teve enorme impacto na organização como um todo. Realizamos avaliações com amostras randômicas para verificar se houve mudanças de comportamento e os resultados foram muito positivos, com cerca de 72% dos respondentes anônimos registrando que seus líderes haviam melhorado seu desempenho após participar dos eventos.

Nos dois anos seguintes, outros eventos semelhantes foram planejados e executados, focando os 200 executivos principais. Programas específicos foram implantados para os SVP's e também para os VP's. Enorme quantidade de tempo e dinheiro foram investidos para melhorar a capacidade gerencial da organização.

Apesar de tudo isso, em meados de 2006 o banco vivia uma crise interna e havia presságios de que uma crise maior surgia no horizonte. No final daquele ano, acertei minha saída do banco, combinada para ocorrer sete meses depois, para que pudessem contratar um substituto no mercado, já que não havia candidatos internos para assumir a função.

Por coincidência, trinta dias depois de combinar minha saída, a crise com os acionistas se tornou de conhecimento público: o ABN AMRO deveria ser vendido e a dúvida era apenas sobre quem seria o comprador. Os candidatos eram o Barclays, de um lado, e um consórcio formado por RBS, Fortis e Santander, de outro.

Os eventos que se seguiram, inclusive os conflitos entre os acionistas e o *Managing Board*, as disputas entre os dois grupos competidores e posteriormente a vitória do consórcio, seguida da crise financeira de 2008 e a quebra dos bancos envolvidos (exceto o Santander, que conseguiu escapar com escoriações leves), tudo isso foi objeto de um best-seller ("A presa", de Jeroen Smit) e até de uma mini-série de televisão.

O que nos interessa aqui é entender o que houve em termos de cultura organizacional, que descrevo a seguir.

Desde a reforma estrutural feita em 2000 o ABN AMRO se viu dividido entre se tornar um Banco Comercial (sua vocação histórica), se tornar um Banco de Investimento, ou se tornar um banco global e universal, juntando as duas opções anteriores.

A verdade é que o banco não conseguiu resolver esse dilema e acabou não se tornando nenhum dos três, ficou preso num conflito de identidade que não se resolveu. O programa Velocity, com todas as suas qualidades, não foi o suficiente para resolver esse "trilema do ciclope".

Falo em trilema porque haviam três opções e nenhuma delas obteve consenso. E falo em ciclope porque o ABN AMRO era um gigante com um olho só, incapaz de enxergar bem sua própria situação.

Ao final do segundo ano do Velocity o banco continuava sem ter um SIG que permitisse uma gestão global ágil e uma gestão mais eficaz do seu Head Office em Amsterdam. As qualidades da organização estavam nas regiões, nas suas partes, enquanto a cabeça continuava mal.

No Brasil a competição interna entre o banco de investimento e o banco comercial havia sido resolvido. O modelo de funcionamento da organização brasileira era admirado e se tentava copiá-lo em outros lugares. Todavia, na Europa a crise de identidade era mais aguda. O banco de investimento tinha sua liderança mundial identificada com Londres e com

18. TERCEIRA MUDANÇA: ABN AMRO COMO GUNBO – ASCENSÃO E QUEDA DE UM CÍCLOPE

o estilo de trabalho dos bancos de investimento ingleses e americanos. Oitenta por cento da liderança do banco de investimento do ABN AMRO estava fisicamente sediada em Londres e tinha como ideal se tornar um novo Goldman Sachs, Merrill Lynch ou Morgan Stanley. Grande parte desses executivos eram oriundos do Hoare Govett, um banco de investimento inglês adquirido pelo ABN AMRO nos anos 1990. Sua identidade organizacional estava ligada ao mundo Anglo-Saxão dos grandes bancos de investimento; a matriz holandesa dpo ABN era considerada apenas uma "holding" e qualquer ingerência nos negócios era vista como interferência indevida de quem não conhecia o negócio. Os holandeses, por sua vez, mantinham seu estilo de respeito e tolerância à diversidade, com administração descentralizada. Com isso, estimulavam a independência do banco de investimento e seu estilo Anglo-Saxão.

Ao se discutir a cultura organizacional do ABN AMRO e sua estratégia global no Managing Board, ficava clara a cisão existente. O Board estava reduzido a seis integrantes e mais o CEO. Metade se identificavam com o banco de investimento e metade com o banco comercial. Não havia ninguém que realmente acreditasse que a organização pudesse se integrar e se tornar um banco global e universal de sucesso.

No final de 2005 o banco não alcançou as metas ambiciosas que havia anunciado ao mercado. Os analistas criticaram a administração duramente, com razão. Um grande desânimo se disseminou entre os 200 principais executivos do banco. Eles culpavam o *Managing Board* e sua falta de sinergia pelo fracasso da organização coimo um todo. Uma pesquisa de engajamento do quadro confirmava essa situação: mostrava que a maioria dos executivos do banco não confiava na capacidade do *Board* em liderar a organização.

Numa reunião da diretoria mundial, alertei para a necessidade de lidar com esse desânimo e lançar novas metas, novos objetivos e ideais a serem perseguidos, para dar novo alento aos líderes da organização. O clima da reunião era de velório. Os diretores culpavam uns aos outros pelo fracasso: os do banco de investimento culpavam o banco comercial e vice-versa.

Perguntei aos presentes: "o banco está na expectativa de novas metas a perseguir: o que vem depois de 2005?" Silêncio. Wilco Jiskoot, o principal líder do banco de investimento, sorriu ironicamente com o canto da boca e respondeu: "2006". Deixei a reunião sem obter uma resposta efetiva.

O que vim a saber posteriormente é que a diretoria já chegara à conclusão de que, diante do fracasso do plano agressivo de crescimento, a venda do banco seria inevitável. Só restava ao *Managing Board* tentar escolher para quem vender a organização e fazer um negócio que mantivesse a marca ABN AMRO intacta. Alguns acreditavam que seria possível fazer uma venda nessas condições para o Barclays.

Na época tive uma discussão importante com meu colega responsável pela área de Remuneração. Ele me disse: "Fernando, não adianta nada você fazer milhares de workshops de liderança para mudar o comportamento dos executivos. querendo que eles colaborem mais uns com os outros para gerar mais "cross-selling" e sinergia interdepartamental, se os sistemas de recompensas continuam os mesmos de dez anos atrás e remuneram resultados individuais e estanques, ao invés de remunerar a sinergia. Você quer mudar o comportamento das pessoas? Então mexa primeiro nos esquemas de remuneração e só depois disso ofereça seminários que vão ensinar as pessoas como mudar sua conduta!"

Ele tinha razão. Sem alinhar a remuneração com a cultura desejada, de nada adiantavam outras iniciativas. O sistema de recompensas reforçava a existência de dois bancos distintos que não colaboravam entre si.

Em determinado momento, tive uma conversa difícil com um dos membros do *Board*. Eu propus uma cirurgia, disse-lhe que seria preciso demitir e substituir pelo menos três SEVPs específicos que estavam desempenhando bastante mal e prejudicavam todo o processo de desenvolvimento do banco. Sua permanência nas funções oferecia um exemplo negativo e impedia mudanças necessárias, sendo uma delas a implantação de um SIG como a organização precisava.

Ele me disse que no ABN AMRO não se faziam as coisas desse jeito. Nenhum executivo tão sênior seria mandado embora. Ninguém seria jogado do barco para cair no mar.

Eu argumentei que a proposta não era jogar ninguém aos tubarões. A proposta era deixar cada um desses três executivos num porto seguro, dando-lhes tratamento digno e generoso. Mas precisavam ser substituídos e isso daria um sinal importante à toda a organização.

18. TERCEIRA MUDANÇA: ABN AMRO COMO GUNBO – ASCENSÃO E QUEDA DE UM CÍCLOPE

Ele insistiu que o ABN AMRO jamais faria isso. Já haviam feito mudanças demais, haviam progredido bastante nos últimos cinco anos. Estava na hora de descansar um pouco, diminuir o ritmo das mudanças. O banco, na sua opinião, precisava era de estabilidade.

O programa de desenvolvimento para executivos em 2006 foi cancelado. Essa mensagem foi clara e tinha endereço certo: eu, que propusera substituições, deveria ser substituído.

Rijkman Groenink nunca se sentiu plenamente à vontade no papel de CEO. Certa vez ele me confidenciou que foi pego de surpresa ao constatar que, na prática, sua função pedia que ele passasse a maior parte do seu tempo administrando os egos dos seus colegas de *Board*, como um psicólogo. Groenink era um "*deal maker*" (fazedor de negócios), um negociador duro apelidado pela imprensa de "street fighter" (lutador de ruas). Extremamente inteligente e arrojado, gostava de correr riscos e enfrentar desafios. Não lhe agradava ter que lidar com os sentimentos de ciúme e com as disputas de beleza entre seus colegas do *Board*.

Ele não conseguiu resolver o conflito entre os líderes do banco de investimento, que achavam que o banco comercial era um peso morto, e os líderes do banco comercial, que achavam que o banco de investimento consumia recursos demais e não ganhava receita suficiente para justificar os altos salários e bônus dos seus diretores. Não conseguiu, também, convencer ambas as partes a trabalharem juntas para formar um verdadeiro banco global e universal.

Justiça seja feita a Rijkman, dificilmente outra pessoa poderia fazer mais do que ele fez naquelas circunstâncias. Na cultura holandesa são muito raros os líderes que conseguem sozinhos mudar o curso de ação de suas organizações. A gestão ocorre sempre em colegiado, por consenso, e isso muitas vezes leva mais tempo do que o tempo do qual se dispõe. No caso do ABN AMRO, os acionistas perderam a paciência e resolveram vender o banco.

O "*timing*" do negócio não poderia ser pior. Após grandes dramas e conflitos dignos de uma novela mexicana, foi realizada a maior aquisição da história, no final de 2007. Poucos meses depois, quando a efetivação dessa transação ainda passava por trâmites complexos, estourou a crise financeira internacional e o grande negócio precisou ser desfeito.

O Royal Bank of Scotland foi encampado pelo governo do Reino Unido para não fechar suas portas. Seu presidente, que havia sido eleito "banqueiro do ano" em 2003, foi demitido e teve sua casa apedrejada. Seu título de "Sir" foi cassado pela Rainha Elizabeth em 2012. O banco Fortis foi estatizado pelo governo belga; o negócio com o ABN AMRO foi desfeito e o que sobrou do ABN AMRO foi estatizado pelo governo holandês. O gigante internacional voltou a ser apenas mais um banco dentre vários bancos holandeses, ficando atrás do ING e do Rabobank. O ABN AMRO ainda existe, mas não figura sequer entre os 50 maiores bancos do mundo. Para se ter uma ideia do impacto que isso tudo teve naqueles que integraram a cúpula do grande banco holandês, basta mencionar que dois ex-integrantes do seu *Managing Board* cometeram suicídio: um deles poucos meses após o desfecho da venda e outro alguns anos mais tarde.

Epílogo

A cultura organizacional existe sim, pode ser diagnosticada, entendida e modificada de maneira intencional e deliberada. Este livro apresenta diferentes instrumentos para tanto e vários exemplos de casos em que os gestores passaram por esse processo de entendimento, manutenção e mudança. É claro, todavia, que isso tudo é demorado e não é fácil.

A essência da cultura organizacional são os valores subjacentes dos seus líderes; e sempre que se discutem valores existe uma ligação direta com as emoções das pessoas envolvidas. Muitos gestores demoram a perceber isso (se chegam a tanto) e se surpreendem ao se dar conta de que mexer com a cultura significa mexer com seu próprio comportamento, seus próprios valores e emoções. Falar de cultura organizacional parece inicialmente tratar de um tema etéreo e distante. De repente, o assunto se torna extremamente próximo, concreto e ameaçador.

Portanto é preciso coragem para se aventurar nesse universo; e muitas vezes é preciso um guia, um consultor externo especializado e experiente que ajude a explorar essa selva. Mesmo assim, o uso de um guia não é algo indispensável. O que é mais importante possuir, acima de tudo, é uma atitude de curiosidade construtiva e uma disposição para agir em cima daquilo que se pode descobrir.

Estudar e entender a cultura organizacional tem seu valor intrínseco para avançar o conhecimento sobre o comportamento das pessoas nas organizações. Em última análise, no entanto, esse conhecimento multiplica seu valor se for aplicado para melhorar a maneira como as instituições organizam o trabalho das pessoas, de forma a torna-lo mais produtivo e gratificante.

EPÍLOGO

Meu objetivo último ao escrever este livro foi justamente o de contribuir para aqueles que querem entender melhor o tema e com isso orientar suas próprias ações e comportamento. Espero que essa obra seja útil para aqueles que querem melhorar as culturas das organizações em que trabalham.

Destaques

Parte 1 – Clima e Cultura

Capítulo 1 – Clima e Cultura Organizacionais

A cultura é um conjunto de valores que rege o comportamento de um grupo e clima é um dos efeitos causados pela cultura.

Clima organizacional é simplesmente, na minha definição, uma medida coletiva de ***como os integrantes de um grupo (ou departamento, ou organização) se sentem,*** como percebem e descrevem as características desse sentimento grupal, num determinado momento.

"A cultura é; o clima está."

A cultura organizacional, por sua vez, na minha própria definição, ***é o conjunto de valores e normas escritas e não escritas que dão a um grupo de pessoas a noção do que é certo e errado, do que é aceito e não aceito naquele grupo*** (vide "Cruzando Culturas", de minha autoria, publicado em 2013). A cultura é mais perene, muda mais devagar e é menos suscetível à influência imediata do líder.

Capítulo 2 – Medindo o Clima e Suas Implicações

As medidas de clima, portanto, **devem ser sempre relativas e não absolutas.**

Em última análise, no entanto, o que interessa para os gestores não é se estão medindo clima, cultura ou tecnologia organizacionais. ***O que lhes*** *interessa é mudar o comportamento de seus funcionários para melhorar o desempenho.*

Capítulo 3 – Mantendo e Mudando o Clima

Para mudar o clima, o primeiro passo necessário é envolver os participantes da pesquisa na análise dos resultados, para chegar a um **diagnóstico compartilhado**. Isso é importante por dois motivos: (1) *a participação é a forma mais eficaz de motivar uma equipe*; e (2) *sem concordar com o problema é impossível chegar a um acordo sobre a solução.*

Parte 2 – O que é cultura?

Capítulo 4 – Cultura Anunciada e Cultura Verdadeira

Embora ele nunca tenha afirmado isto usando estes termos, pode-se dizer que Hofstede conseguiu **medir o inconsciente coletivo**, uma proeza notável que faria Jung dar pulinhos de alegria...

Hofstede tem uma abordagem macrocultural, enquanto que Schein tem uma abordagem microcultural.

O importante é ter credibilidade. Para os públicos internos e externos, mais vale uma promessa tímida cumprida integralmente, do que uma promessa ambiciosa cumprida pela metade. **É melhor uma promessa curta cumprida do que uma promessa comprida de pernas curtas...**

Capítulo 5 – Cultura Organizacional e Liderança

Conforme já dito, **ficar na superfície é o que afunda a organização.**

Capítulo 6 – Cultura Organizacional e Mudança

Vale ressaltar que os modelos das grandes consultorias não são tão ruins assim per se; possuem relativo valor e eficácia **dentro das culturas nacionais em que foram criadas.** O problema existe apenas quando esses instrumentos são aplicados em culturas diferentes; é somente então que o viés cultural se torna realmente problemático e produz diagnósticos incorretos e disfuncionais, que induzem os gestores a grandes equívocos estratégicos.

Parte 3 – Cinco instrumentos

Capítulo 7 – As perguntas de William Reddin

Este método tem outro aspecto diferenciador, que entendo como vantagem, que é o fato de que *os participantes fazem o diagnóstico*, junto com o facilitador.

Capítulo 8 – O "modelo 5D" de Geert Hofstede

A discussão puramente acadêmica da cultura é como tentar saciar a fome discutindo o cardápio. Essa discussão tem um certo valor em si, mas esse valor é restrito. Em última instância, discutir o cardápio não sacia a fome. O saber pelo saber é uma atividade egoísta, que não beneficia a ninguém, salvo o ego daquele que sabe cada vez mais. O saber se justifica ao se tornar útil e produtivo, ao ser colocado em prática para melhorar as condições de vida dos nossos semelhantes e dos nossos sucessores.

Uma vez feito isso, se pode chegar à parte mais importante do triângulo: *o que devemos fazer para transformar a cultura atual na cultura desejada*. Um questionário não é um pré-requisito para tanto; o pré-requisito é a descrição da cultura atual e a descrição da cultura desejada, para identificar "gaps" e direcionar os planos de ação que constituem o terceiro vértice do Eterno Triângulo.

Capítulo 9 – Os "Seis conjuntos" ("clusters") de Huib Wursten

Muitas empresas brasileiras têm uma **cultura anunciada** do tipo Competição. Todavia, essas empresas tendem a ter uma **cultura praticada** do tipo Pirâmide ou do tipo Família.

Capítulo 10 – Os "Quatro Sistemas de Administração de Rensis Likert"

Capítulo 11 – O *"Organizational Culture Scan"* de Bob Waisfisz

Parte 4 – Mudança verdadeira

Capítulo 12 – Antes de começar a mudar

O comportamento dos Diretores determinará como a cultura irá se desenvolver: em que aspectos será mantida, em que aspectos irá mudar.

a cultura organizacional precisa ser personalizada, precisa adquirir significado pessoal para cada pessoa, para que cada um possa se engajar, de forma autêntica, no desempenho do seu papel de refletor dos valores da cultura que se quer ter.

Essa discussão para entender (e poder promover) a cultura desejada é um diálogo perene, nunca termina.

1. **Descrever a cultura atual e a cultura desejada**; (basicamente isso se obtém com o diagnóstico da cultura organizacional, de um jeito ou de outro);
2. **Comunicar** a cultura desejada (através de um amplo programa de comunicação interna, permanente);
3. **Engajar as pessoas** num diálogo autêntico para que adotem genuinamente os valores e a cultura desejados, para que seu comportamento seja um espelho da cultura desejada e para tornar a cultura real coerente com os valores corporativos;
4. **Liderar pelo exemplo** do CEO, dos Diretores e principais líderes formais e informais da organização;
5. **Revisar as políticas** organizacionais para que reforcem a cultura desejada, eliminando discrepâncias e contradições;
6. **Criar mecanismos de acompanhamento e renovação** da cultura (pesquisas de clima com análise e discussão de ações decorrentes, programas de desenvolvimento gerencial, gestão de relacionamentos com fornecedores, clientes e outros *stakeholders*).

Capítulo 13 – Como mudar a Cultura Organizacional

Em resumo, se pode dizer que as dimensões culturais influenciam a cultura organizacional,
que influencia a personalidade,

que influencia o comportamento

Capítulo 14 – Fazendo a mudança acontecer

O fruto dessa discussão não é apenas o enunciado final da mensagem, mas, principalmente, *o entendimento compartilhado dos diretores sobre o significado* desse enunciado.

Ao final do seminário, o seu produto principal será **um conjunto de ações** propostas com responsáveis e prazos para implantação.

Essas propostas somente serão geradas no decorrer do seminário; entretanto, é comum que elas contenham aspectos importantes relativos ao processo de **comunicação** e à **gestão de pessoas**, dentre muitos outros aspectos. Na nossa experiência esses temas sempre fazem parte das propostas apresentadas pelos grupos.

Desta forma se coordenam os **mecanismos primários e secundários** mencionados por Schein e se assegura a coerência geral do programa.

A gestão de pessoas implica, basicamente, em fazer cinco atividades essenciais, indicadas pelo acróstico **"SETAR"**, ou seja:

Selecionar a pessoa certa para o lugar certo.

Estabelecer metas, designar tarefas, definir as expectativas para essas pessoas.

Treinar as pessoas para que saibam desempenhar suas tarefas e atingir suas metas.

Avaliar o desempenho fornecendo feedback e corrigindo rumos.

Recompensar as pessoas através de remuneração e benefícios.

Caso as políticas de remuneração e benefícios estejam desalinhadas de outras intervenções organizacionais, podem botar tudo a perder. Caso estejam devidamente alinhadas, reforçam as demais e geram motivação adicional para a aprendizagem de novas formas de trabalhar.

A comunicação interna, inicialmente, é a mais importante, para passar **consistência, credibilidade e coerência** com os valores desejados.

A comunicação externa está necessariamente junto desse processo, pois **toda a comunicação externa é também comunicação interna.** O público interno vê e escuta toda a comunicação externa. O inverso não é verdade.

É preciso que os líderes da organização estejam conscientes do seu papel: **todo líder é um líder da cultura organizacional**, mesmo que não esteja consciente disso.

Todavia, é muito importante que os rituais **não** venham a ser utilizados como uma forma de **impor** a vontade de poucos sobre a conduta de muitos. O que se quer é reforçar a nova cultura, porém não pela força. Se a cultura desejada realmente o é por todos, não deve haver problema. Se não se deixar espaço para dissidência e discussão, isso tende a diminuir a consistência cultural, ao invés de aumenta-la.

Portanto, de maneira coerente com a proposta de diagnóstico inicial, deve-se fazer, mais uma vez, um "dialognóstico": um **diagnóstico participativo**, com o envolvimento dos colaboradores de cada unidade, para analisar e propor ações relevantes sobre as questões identificadas nas pesquisas de clima.

O "assunto", no caso, deve ser algo o mais específico possível.

É preciso que os líderes todos sintam que "esse processo é de nós todos", ao invés de se referir ao mesmo como "uma coisa do RH".

Coordenar não é centralizar e sim facilitar o andamento de um processo com vida própria.

Capítulo 15 – Considerações gerais para garantir o sucesso de qualquer programa de mudança

Erros comuns:

ênfase exagerada nos aspectos humanos
ênfase exagerada nos aspectos técnicos

falta de informação
falta de planejamento no processo de implantação
benefícios invisíveis
percebida como uma questão pessoal

Parte 5 – Três casos, três mudanças

Capítulo 16 – Primeira mudança: ABN AMRO no Brasil

O que fez a reunião ser bem sucedida e fez com que a mudança toda ser bem sucedida foi a combinação de dois fatores: **um plano de mudança consistente, bem pensado, e uma estratégia de comunicação franca e aberta, sem subterfúgios.** Estes dois princípios se aplicam a qualquer programa de mudança organizacional.

Capítulo 17 – Segunda mudança: Banco Real adquirido pelo ABN AMRO

Um princípio básico do ABN AMRO Real era o de que para que tivéssemos bom atendimento aos clientes do banco, precisávamos começar por tratar bem os próprios funcionários. **Quem é bem tratado está mais disposto a tratar os outros. Funcionários satisfeitos prestarão melhor atendimento aos clientes, em todos os segmentos.**

Para tanto, dávamos **conhecimento prévio aos funcionários sobre todas as ações de publicidade e comunicação externa.** Desta forma, se garantia o apoio de cada funcionário a cada campanha de publicidade.

Capítulo 18 – Terceira mudança: ABN AMRO como GUNBO – ascensão e queda de um ciclope

Sem alinhar a remuneração com a cultura desejada, de nada adiantavam outras iniciativas. O sistema de recompensas reforçava a existência de dois bancos distintos que não colaboravam entre si.

Bibliografia

Alvesson, Mats – *"Understanding Organizational Culture"*, London: Sage Publications, 2012.

Asser, Maarten Nijhoff; e Trompenaars, Fons – *"The Global M & A Tango"*, New York: Infinite Ideas, 2010.

Barrett, Richard – *"The Values-Driven Organization – Unleashing Human Potential for Performance and Profit"* – London: Routledge, 2013.

Beard, Myron; Boyd, La Rue; and Fix Conti, Stacey – *"M & A Integration"*, New York: Professional Growth Press, 2007.

Beckhard, Richard – *"Agent of Change: My Life, My Practice"*, NewYork: Jossey-Bass Business & Management, 1997.

_____ – *"Organisation Development Strategies and Models"*, New York: Addison Wesley, 1969.

Beckhard, Richard e Hesselbein, Frances – *"The Drucker Foundation: The Community of the Future"*, New York: Jossey-Bass, 2000.

Berne, Eric – *"The Structure and Dynamics of Organizations and Groups"*, New York, Ballantine Books, 1975.

Blake, Robert e. Mouton, Jane S. – *"Leadership Dilemmas, Grid Solutions: a visionary look at a classic tool for defining and attaining leadership"*, New York: Gulf, 1991.

Collins, Jim – *"Good to Great: Why Some Companies Make the Leap... And Others Don't"*, New York: Harper Business, 2001.

_____ – "*How the Mighty Fall: And Why Some Companies Never Give In*", London: Random House Business, 2009.

Damasio, Antonio – "*Descartes' Error: Emotion, Reason, and the Human Brain*", London: Vintage, 2006.

Galpin, Timothy J. – "*The Complete Guide to Mergers and Acquisitions: Process Tools to Support M&A Integration at Every Level*", New York: Jossey-Bass Professional Management, 2014.

Ghoshal, Sumantra; e Bartlett, Christopher – "*Managing Across Borders*", London: Cornerstone Digital, 2012.

Herzberg, Frederick; Mausner, Bernard; Snyderman, Barbara B. – The Motivation To Work – New York: John Wiley and Sons, 1956.

Kenneth Blanchard – "Liderança de Alto Nível", São Paulo, Bookman Companhia Editora, 2007.

Cameron, Kim S. e Quinn, Robert E. – "*Diagnosing and Changing Organizational Culture Based on the Competing Values Framework*", New York: John Wiley & Sons, 2011.

Davis, Stanley M. – "*Managing Corporate Culture*", New York: Ballinger Publishing, 1990.

Denison, Daniel R. – "*What is The Difference Between Organizational Culture and Organizational Climate? A Native's Point of View on a Decade of Paradigm Wars*", The Academy of Management Review, Volume 21, Issue 3 (July 1996), 619-654.

Hofstede, Geert et. Al. – "*Cultures and Organizations: Softwares of the Mind*", New York: McGraw-Hil, 2010.

_____ – "*Cultures Consequences: Comparing Values, Behaviours, Institutions and Organizations Across Nations*", London: Sage publicagions, 2003.

Ivancevich, Konopaske, e Matteson – "*Organizational Behavior & Management*", New York: McGraw Hill, 2013.

Kets de Vries, Manfred – "*Mindful Leadership Coaching: Journeys Into the Interior*", London: Palgrave MacMillan, 2014.

Kolb, David A. – "*Experiential Learning: Experience as the Source of Learning and Development*", London: Pearson FT Press, 2014.

Kotter, John P. – "*Leading Change*", Cambridge: Harvard Business Review Press, 2012.

_____ – "*XL R8*", Cambridge: Harvard Business Review Press, 2014.

Lanzer, Fernando – "Cruzando Culturas Sem Ser Atropelado: Gestão Transcultural para um Mundo Globalizado", São Paulo, Editora Évora, 2013.

_____ – "Tire Os Seus Óculos", New York: Create Space, 2014.

Lawrence, Paul R. – "*How To Deal With Resistance to Change*", Harvard Business Review Classics em "Organization and Environment: Differentiation and Integration", Harvard: Harvard Business School Press, 1986.

Likert, Rensis – "Novos Padrões de Administração", São Paulo: Pioneira, 1979.

Likert, Rensis e Likert, Jane Gibson – "Administração de Conflitos: Novas Abordagens", São Paulo: McGraw-Hill do Brasil, 1980.

Lampel, Joseph B., Mintzberg, Henry, Quinn, James e Ghoshal, Sumantra – "*The Strategy Process: Concepts, Contexts, Cases*", London: Pearson, 2013.

Morkougiannis, Nikos – "*Purpose: The Starting Point of Great Companies*", London: Palgrave MacMillan Trade, 2014.

Osterwalder, Alexander; Pigneur, Yves – "*Business Model Generation*", New York: John Wiley and Sons, 2010.

Piepenburg, Kristin – "*Critical Analysis of Hofstede's model of cultural dimensions*", Grin Verlag Gmbh, 2011.

Reddin, William – "Eficácia Gerencial", São Paulo, Editora Atlas, 1989.

Ridderstrale, Jonas e Nordstrom, Kjell – "*Karaoke Capitalism: Daring to be Different in a Copycat World*", Westport: Praeger Publishing, 2005.

Schein, Edgar H. – "*Organizational Culture and Leadership*", New York: Jossey Bass, 2010.

Schein, Edgar H. – "*Corporate Culture Survival Guide*", New York: Jossey-Bass, 2009.

Senge, Peter – "*The Dance of Change: The Challenges to Sustaining Momentum in a Learning Organization*", New York: Crown Business, 2014.

Smit, Jeroen – "*The Perfect Prey*", Amsterdam: Quercus, 2010.

Souza, Edela Lanzer Pereira de – "Clima e Cultura Organizacionais", São Paulo: Edgard Blucher, 1978.

Stein, Steven J. e Book, Howard E. – "*The EQ Edge: Emotional Intelligence and your Success*", London: John Wiley & Sons, 2011.

Taylor, Carolyn – "*Walking the Talk: Building a Culture for Success*", New York: Random House Business, 2005.

Wursten, Huib e Lanzer, Fernando – "*The EU: the third great European cultural contribution to the world*" artigo disponível no site Academia.edu http://www.academia.edu/22416977/The_EU_the_third_great_European_cultural_contribution_to_the_world

Sobre o autor

Fernando Lanzer começou como consultor há mais de 30 anos e logo foi absorvido por um cliente, tornando-se gestor de Recursos Humanos num banco. Uma década mais tarde a história se repetiu e assim viveu uma carreira entre a consultoria e as funções executivas de RH. Trabalhou principalmente em Porto Alegre, São Paulo e em Amsterdã, onde mora desde 2003. Foi diretor do Banco Iochpe, do Banco Real e *Executive Vice-President, Global Group Head of Leadership and Learning* do ABN AMRO.

Fernando viaja com frequência a diferentes cantos do mundo ajudando empresas e profissionais a lidar com questões de gente e gestão de mudanças, principalmente em termos de gestão transcultural, desenvolvimento organizacional e desenvolvimento de lideranças. De 2008 a 2016 integrou a rede de consultores ITIM. Presidiu o *Supervisory Group* da *AIESEC International*, a maior entidade organizadora de estágios internacionais do mundo, integrando o SG de 2004 a 2014.

Publicou os livros: "*Take Off Your Glasses*" (versão em português: Tire os seus óculos); "Cruzando Culturas Sem Ser Atropelado – Gestão transcultural para um mundo globalizado;" "*The Meaning Tree*;" "*Bedtime Stories for Corporate Executives*;" "Era Uma Vez... Mas Não Erra de Novo" (com Jussara Pereira de Souza); e "*Trust Me – How To Build And Keep Trust*" (com Reynold Chandansingh).

Gosta de vinho tinto, cinema, *coaching*, escrever, conduzir seminários, fazer palestras e escutar música.

Pode ser contatado nos seguintes endereços virtuais:
www.LCOpartners.com
Fernando@LCOpartners.com
www.Fernandolanzer.com (blog)

www.ingramcontent.com/pod-product-compliance
Lightning Source LLC
Chambersburg PA
CBHW071411180526
45170CB00001B/56